2010
中国高速公路
运输量统计调查分析报告

交通运输部综合规划司
长安大学运输科学研究院

人民交通出版社

内 容 提 要

2010年底，我国高速公路占公路总里程的1.85%，完成了全社会公路营业性货物周转量40%、全社会公路营业性旅客周转量32%的运输任务。本书系统展现了我国高速公路运输总量和结构性数据，并就高速公路与其他运输方式的比较、高速公路运营状况等内容作了进一步分析，为高速公路规划、设计及科研提供了重要的基础资料，为高速公路建设、管理、运营、养护提供决策依据。

通过报告这个窗口介绍高速公路发展的最新情况，便于全社会更好地了解交通、关心交通、支持交通运输的发展。

图书在版编目(CIP)数据

2010中国高速公路运输量统计调查分析报告/交通运输部综合规划司，长安大学运输科学研究院编. —北京：人民交通出版社，2011.10

ISBN 978-7-114-09454-5

I.①2… II.①交… ②长… III.①高速公路—运输量—调查报告—中国—2010 IV.①U492.2

中国版本图书馆CIP数据核字(2011)第207233号

2010 Zhongguo Gaosu Gonglu Yunshuliang Tongji Diaocha Fenxi Baogao

书　　名：**2010中国高速公路运输量统计调查分析报告**
著 作 者：交通运输部综合规划司　长安大学运输科学研究院
责任编辑：赵瑞琴
出版发行：人民交通出版社
地　　址：(100011)北京市朝阳区安定门外外馆斜街3号
网　　址：http://www.ccpress.com.cn
销售电话：(010)59757969，59757973
总 经 销：人民交通出版社发行部
经　　销：各地新华书店
印　　刷：北京市凯鑫彩色印刷有限公司
开　　本：880×1230　1/16
印　　张：11.75
字　　数：336千
版　　次：2011年10月　第1版
印　　次：2011年10月　第1次印刷
书　　号：ISBN 978-7-114-09454-5
定　　价：68.00元

高速公路旅客周转量

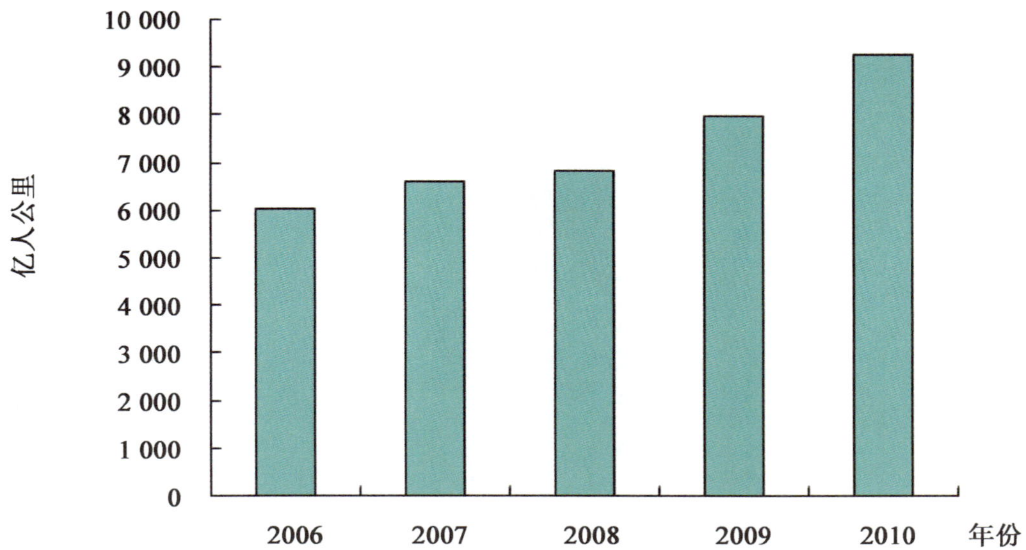

高速公路≥20座客车在全社会营业性客车旅客周转量中的比重

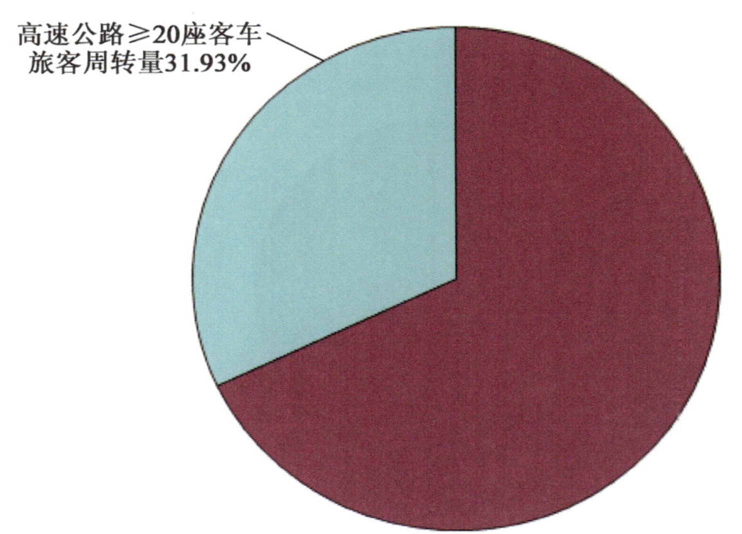

客车组成结构

≥8座客车车数
10.15%
≤7座客车车数
89.85%
≥8座客车客运量
43.44%
≤7座客车客运量
56.56%
≤7座客车旅客周转量
45.09%
≥8座客车旅客周转量
54.91%

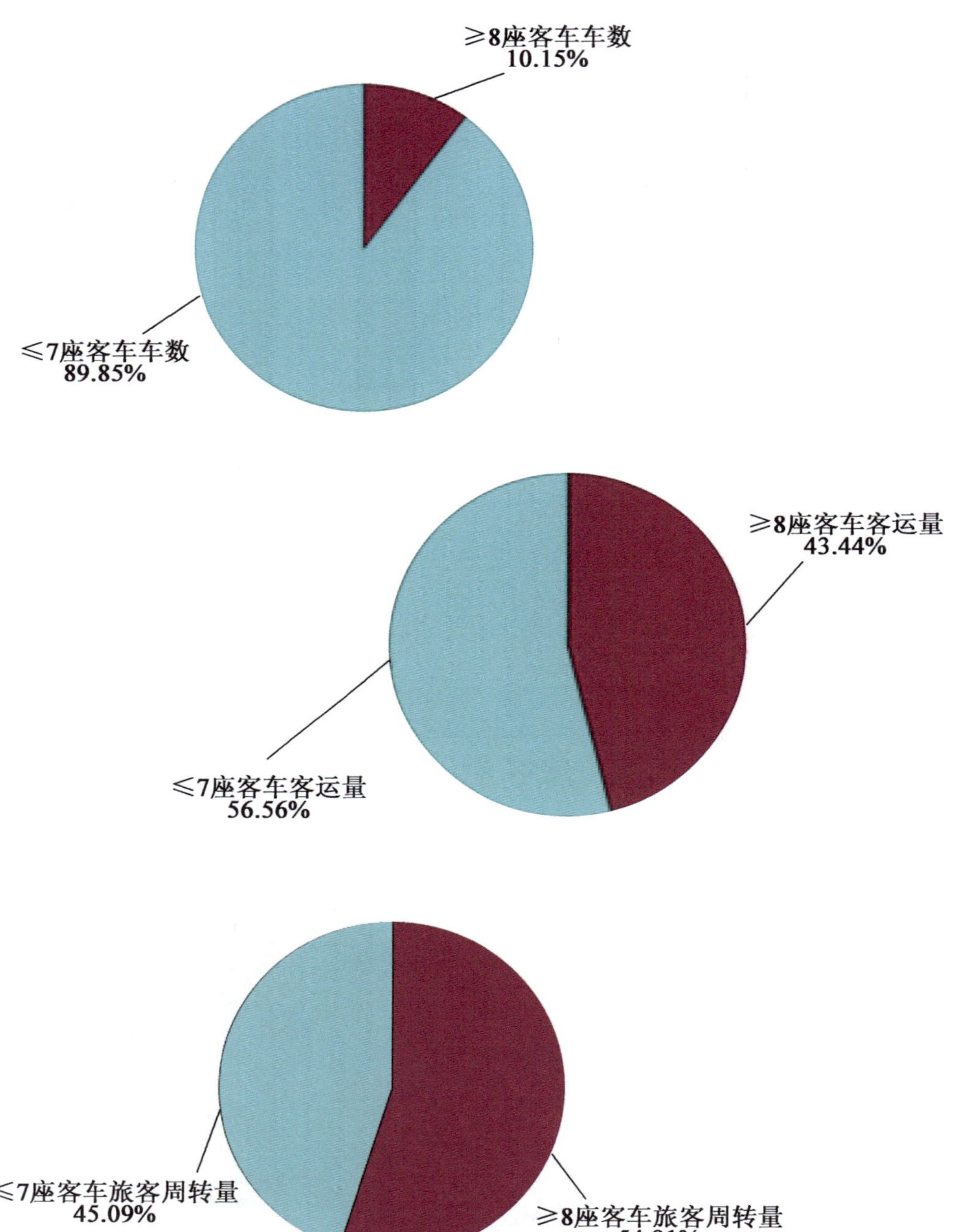

高速公路货物周转量

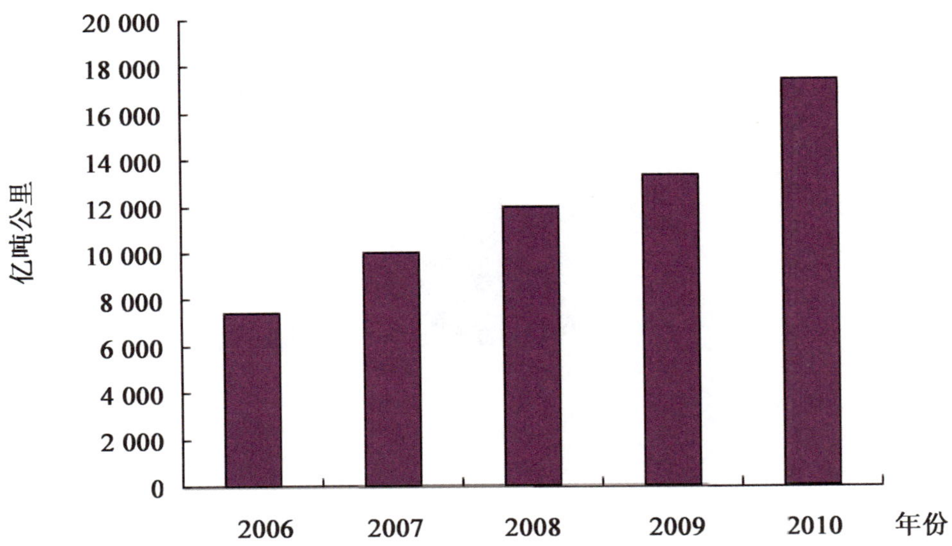

高速公路在全社会营业性货车货物周转量中的比重

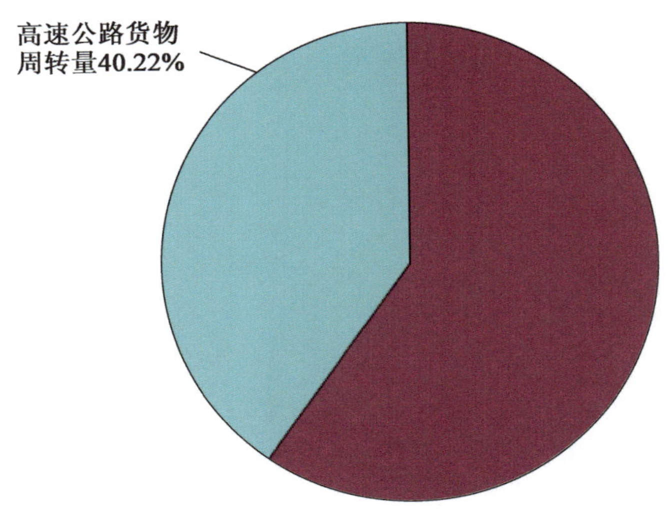

货车组成结构

车数构成
半挂列车
41.81%
2轴货车
42.42%
3轴、4轴货车
15.77%

行驶量构成
2轴货车
29.46%
半挂列车
55.00%
3轴、4轴货车
15.54%
货物周转量构成
2轴货车
6.61%
半挂列车
80.95%
3轴、4轴货车
12.44%

高速公路行驶量
货车行驶量
1145.96亿车公里
40.92%
客车行驶量
1654.52亿车公里
59.08%

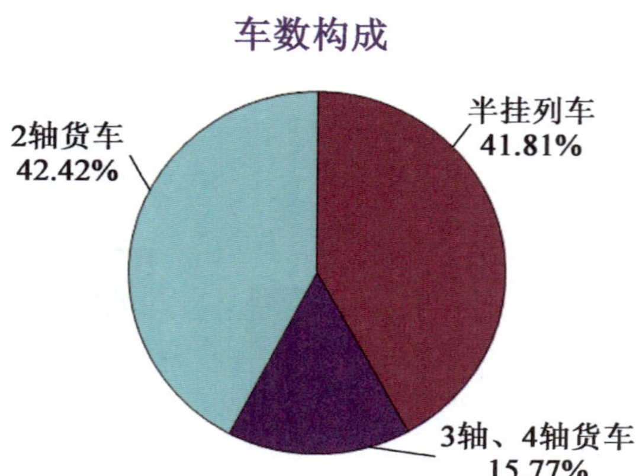

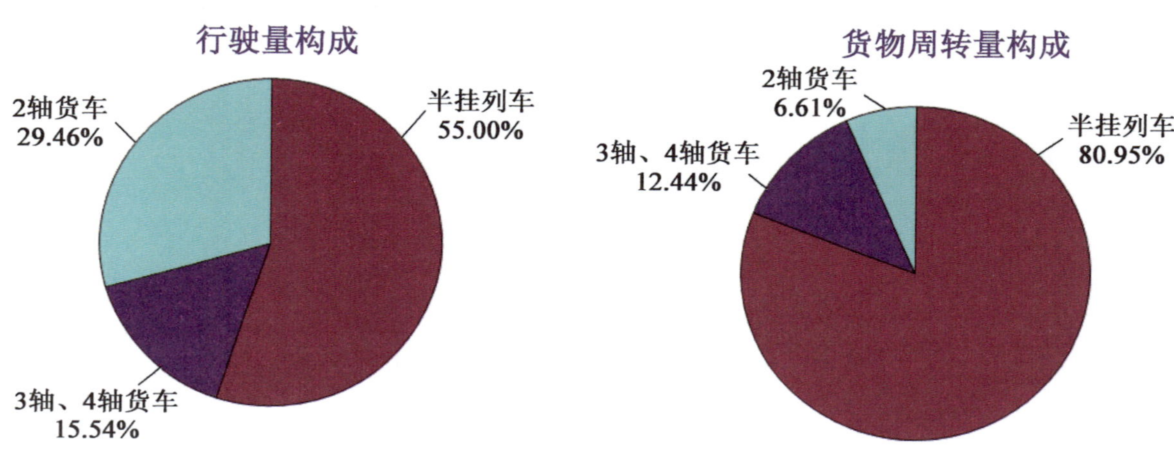

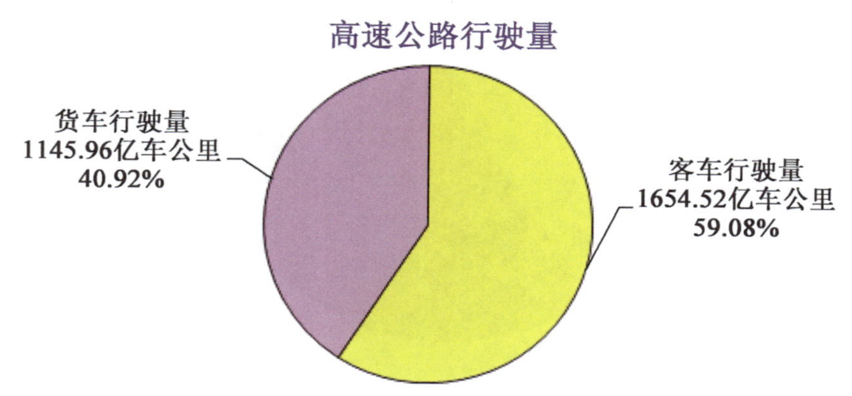

2010年中国高速公路客运密度

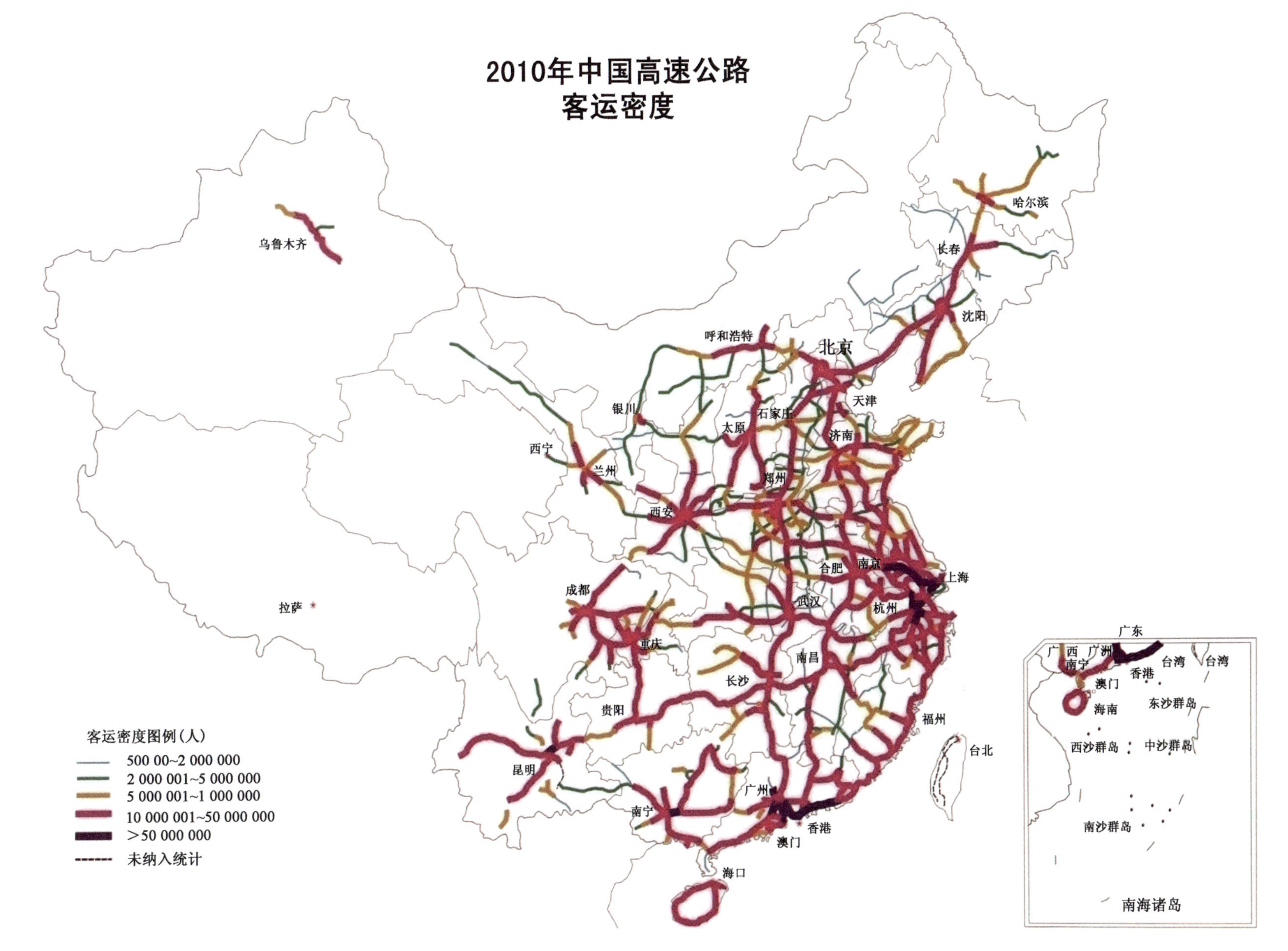

2010年中国高速公路货运密度

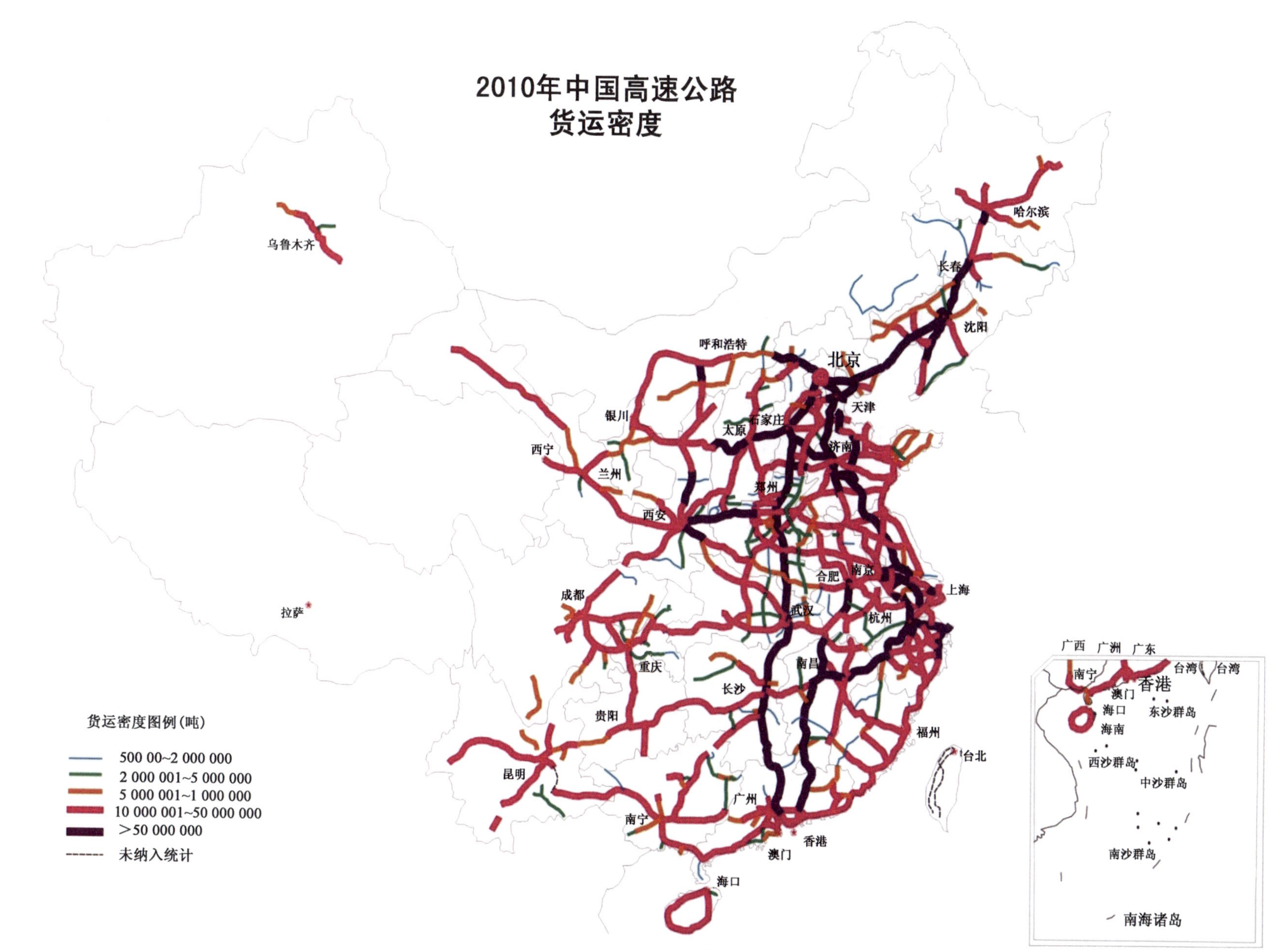

编　委　会

编写领导小组

编　写　组

数据处理和运输分析组

陈荫三　李　彬　王剑波　贾小利　王　平　田　雨
黄　智　王恒凯　朱　敏　刘　博　闫晟煜

报告撰写组

陈荫三　李　彬

各省(区、市)统计组

贾小利　王　平　田　雨　黄　智　王恒凯　朱　敏
刘　博　闫晟煜

文印组

李　彬　贾小利　王　平　田　雨

编制工作参与单位

北京市交通委员会发展计划处
北京市首都公路发展集团有限公司
华北高速公路股份有限公司
天津市市政公路管理局
天津市高速公路管理处
天津市海滨大道建设发展有限公司
天津市高速公路集团有限公司
天津市津滨高速管理有限公司
河北省交通运输厅综合规划处
河北省交通运输厅通信管理局
京沈高速公路联网收费联合结算中心
河北省高速公路管理局
山西省交通运输厅综合规划处
山西省高速公路管理局
内蒙古自治区交通运输厅规划处
内蒙古高等级公路建设开发有限公司
辽宁省交通厅综合规划处
辽宁省高速公路管理局计划处
山东省交通厅规划基建处
山东省交通通信信息中心
河南省交通运输厅综合规划处
河南省高速公路联网监控收费通信服务有限公司
湖北省交通运输厅计划处
湖北省高速公路联网管理中心
湖北省黄黄高速公路经营有限公司
广东省交通运输厅综合规划处
广东省联合电子收费股份有限公司
广西壮族自治区交通运输厅规划计划处
广西壮族自治区高速公路管理局
海南省交通运输厅综合规划处
海南省公路管理局规划财务科
湖南省交通运输厅计划统计处

湖南省高速公路养护收费中心
湖南省高速公路监控指挥中心
重庆市交通委员会规划处
重庆高速公路集团有限公司路网管理中心
吉林省交通运输厅综合规划处
吉林省高速公路管理局
黑龙江省交通运输厅综合规划处
黑龙江鹤佳收费管理处
哈尔滨市太平国际机场收费站
黑龙江省交通科学研究所
上海市城乡建设和交通委员会综合计划处
上海市公路管理处公路网管理中心
江苏省交通运输厅综合计划处
江苏省高速公路联网运营管理中心
浙江省交通运输厅规划计划处
浙江省公路管理局高速公路收费结算中心
安徽省交通运输厅综合规划处
安徽省高速公路联网运营有限公司
江西省交通运输厅综合规划处
江西省高速公路联网管理中心
福建省交通运输厅综合规划处
福建省高速公路有限责任公司
四川省交通运输厅综合规划处
四川省高速公路监控结算中心
四川高速公路建设开发总公司
贵州省交通运输厅综合计划处
贵州高速公路联网收费管理中心
云南省交通运输厅综合规划处
云南省交通运输厅规费征收管理办公室
云南省公路开发投资有限公司征费管理处
云南昆玉高速公路开发有限公司
陕西省交通运输厅综合规划处
陕西省高速公路收费管理中心
甘肃省交通运输厅综合规划处
甘肃省高等级公路管理中心
青海省交通厅规划处
青海省高等级公路建设管理局
宁夏回族自治区交通运输厅规划处
宁夏回族自治区交通信息监控中心
新疆维吾尔自治区交通厅综合规划处
新疆维吾尔自治区交通建设管理局
新疆维吾尔自治区公路局

目录 *Mulu*

第1章　高速公路运输基本概况

2010年年底，我国高速公路通车里程74 113公里(不含港澳特别行政区和台湾省，下同)，同比增长13.92%。

2010年我国高速公路行驶量2 808.29亿车公里，同比增长21.56%。实现货物周转量17 451.81亿吨公里，同比增长29.10%。实现旅客周转量9 292.84亿人公里，同比增长16.48%。

2010年每万元国内生产总值的高速公路货运量2.093 3吨，同比增加0.157 1吨。2010年我国平均每人在高速公路上乘车次数为7.356 5次，同比增加1.164 4次。

2010年我国高速公路占公里总里程的1.85%，实现的货物周转量占全社会营业性货车货物周转量的40.22%，同比上升3.87个百分点。高速公路上≥20座客车实现的旅客周转量占全社会营业性客车旅客周转量的31.93%，同比上升0.87个百分点。

1.1　高速公路旅客运输分析

2010年，高速公路旅客周转量达到9 292.84亿人公里，高于铁路的旅客周转量，相当于铁路旅客周转量的106.06%。从2009年起高速公路旅客周转量增速明显高于铁路，见表1.1和图1.1。

2006～2010年旅客周转量趋势(以2006年为100%)　　表1.1

年份	2006年		2007年		2008年		2009年		2010年	
	亿人公里	%	亿人公里	%	亿人公里	%	亿人公里	%	亿人公里	%
铁路	6 622	100.0	7 217	109.0	7 778	117.5	7 879	119.0	8 762	132.3
高速公路	5 901	100.0	6 591	111.7	6 850	116.1	7 978	135.2	9 293	157.5

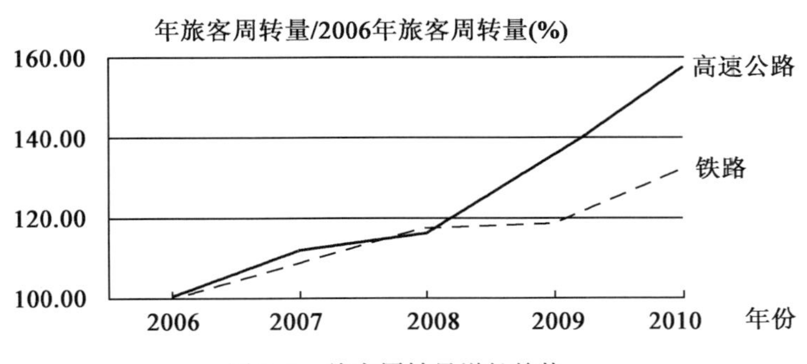

图1.1　旅客周转量增长趋势

1.1.1　乘用车旅客周转量持续快速增长

2010年高速公路乘用车旅客周转量达到4 190.39亿人公里，同比增长21.30%。占高速公路旅客周转量的比重为45.09%，比2009年增加1.79个百分点。

虽然2010年高速公路≥20座客车旅客周转量同比增长13.66%，增幅偏低，由于乘用车客运部分的拉动，2010年高速公路旅客周转量同比增幅仍为16.48%。

乘用车客运比重逐年快速增长态势见表1.2和图1.2。

高速公路客运中≤7座客车客运比重 表1.2

年　份	2006年	2007年	2008年	2009年	2010年
旅客周转量比重	29.75%	38.12%	41.01%	43.30%	45.09%
客运量比重	41.07%	46.54%	48.54%	53.94%	56.56%

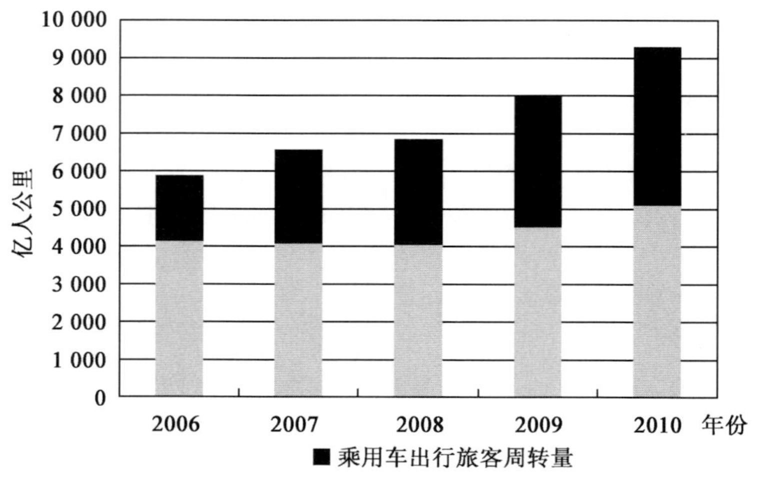

图1.2　2006～2010年高速公路旅客周转量

1.1.2　高铁开通对高速公路客运的影响

据《人民铁道》报报道，2009年底高铁通车里程为2 319公里；2010年猛增6 039公里，达到8 358公里，其中时速350公里的2 154公里，时速250公里的2 995公里，既有铁路提速到时速200公里的3 209公里。2010年高铁日均发送旅客80.4万人，占全国铁路旅客日均发送量的17.51%。高铁开通后，与之并行的高速公路客运受到一定的冲击。

高速公路营业性客运受到高铁开通的影响较大，而乘用车客运受到高铁开通的影响较小。

原来没有直通铁路，由高速公路承担主要运输任务的路段，如福厦高速、甬台温高速、合武高速等，高铁开通后高速公路客运受到冲击比较严重。

原来虽有直通铁路，但铁路客运能力不能满足需求的路段，如京港澳高速湖南段、宁沪高速、沪杭高速、石太高速、连霍高速郑洛段等，高铁的开通对高速公路客运的影响也相当大。

上述路段的高速公路营业性客车旅客周转量在高铁开通后比开通前有所下降。在客运企业积极应对后，不少路段的日均旅客周转量已经与开通前持平，见表1.3。

部分与高铁并行的高速公路路段日均旅客周转量的变化 表1.3

路　段	高铁开通后/高铁开通前(%)		
	乘用车出行	营业性客车	合　计
济南—青岛	135.79	117.81	125.88
福州—温州	132.83	115.67	123.27
武汉—鄂湘界	121.75	119.25	119.64
南昌—九江	118.70	115.56	117.18
合宁高速安徽段	111.64	118.60	116.87
郑州—洛阳	111.36	105.36	108.80
武汉—合肥	113.92	101.20	105.33
宁波—温州	109.30	102.37	104.50
京珠高速湖南段	108.43	100.09	102.24
南京—上海	100.36	88.91	95.67

续上表

路　段	高铁开通后/高铁开通前(%)		
	乘用车出行	营业性客车	合　计
太原—旧关	100.86	85.49	95.09
福州—厦门	84.39	84.04	84.15
杭州—上海	73.81	46.82	59.32

高速公路客运受到高铁开通影响的程度还与高铁的票价、客车开行时点和频次、停靠站点的选择、高铁客站到市区交通的便捷性等因素有关。

1.2　高速公路货物运输分析

1.2.1　高速公路货运周转量持续快速增长

货物周转量反映了货物运输生产的总成果，也是交通运输业发展中与经济增长关系最为密切的指标之一。2010 年，高速公路里程增长 13.92%，而货物周转量同比增长 29.10%。高速公路货物周转量增速继续高于铁路和沿海内河水运。

2010 年铁路里程增长 6.6%，货物周转量同比增长 9.5%。2010 年内河和沿海水运货物周转量同比增长 24.39%。

2010 年度，我国高速公路货物周转量占全社会营业性货车货物周转量的 40.22%。相当于铁路货物周转量的 63.13%；相当于内河和沿海水运货物周转量的 77.81%。

2006～2010 年货物周转量变化趋势如表 1.4 和图 1.3 所示。

2006～2010 年货物周转量趋势(以 2006 年为 100%)　　表 1.4

运输方式	2006 年		2007 年		2008 年		2009 年		2010 年	
	亿吨公里	%	亿吨公里	%	亿吨公里	%	亿吨公里	%	亿吨公里	%
铁路	21 954	100.0	24 214	110.3	25 106	114.4	25 239	115.0	27 644	125.9
内河和沿海水运	12 908	100.0	15 599	120.8	17 413	134.9	18 031	139.7	22 428	173.8
高速公路	7 458	100.0	9 970	133.7	11 981	160.6	13 517	181.2	17 452	234.0

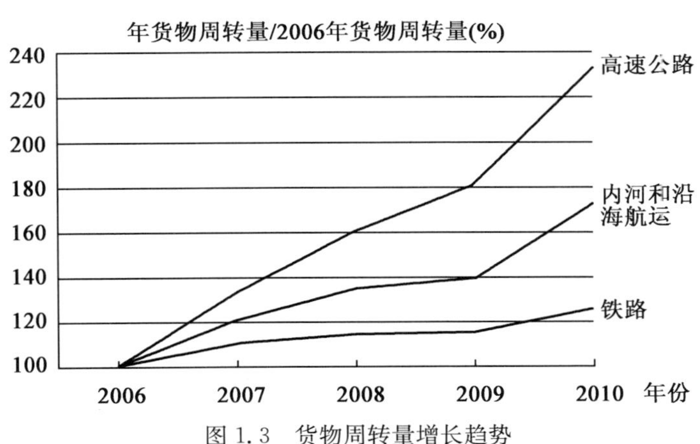

图 1.3　货物周转量增长趋势

1.2.2　玉树地震和舟曲泥石流灾害中的高速公路货运

2010 年 4 月 14 日玉树发生地震。

救灾车辆经京藏高速(G6)青海段转西宁—倒淌河一级公路和 G214 国道转往玉树灾区。铁路运送的救灾物资到西宁站后在京藏高速韵家口收费站转入京藏高速后转西宁—倒淌河一级公路和 G214 国道到玉树灾区。

4 月 14 日至 5 月 14 日，经京藏高速运送救灾物资共计约 90 000 吨，其中外省经高速公路抵达的物资 36 800 吨；铁路西宁站转运的物资约 47 200 吨。

2010 年 8 月 7 日舟曲发生特大泥石流灾害。

救灾车辆经多条路径到达舟曲：集结于兰州的救灾车辆经兰州—临洮高速（G75 兰海高速的一段）到临洮后转 G212 国道、S313 省道到达舟曲；来自东部各省的大部分救灾车辆经连霍高速（G30）集结于天水，转 G316 国道、S205 省道、G212 国道、S313 省道到达舟曲；来自四川方向的救灾车辆经京昆高速（G5）到广元、昭化、剑门关等收费站转 G212 国道、S313 省道到达舟曲。

8 月 7 日至 8 月 30 日，甘肃省高等级公路累计通过救灾车辆 7 831 辆，车队通过的救灾车辆未计在内。

1.2.3　世博保障

上海世博会 2010 年 5 月 1 日开幕后对入沪车辆采取了有效的监管。入沪货车车流平稳，见表1.5、图 1.4。

2010 年 4～9 月入沪货车数　　表 1.5

载质量	4 月		5 月		6 月		7 月		8 月		9 月	
	车数	%	车数	%	车数	%	车数	%	车数	%	车数	%
≤5 吨	478 799	100.00	446 543	93.26	462 863	96.97	496 057	103.60	486 208	101.55	517 443	108.07
>5 吨	432 801	100.00	409 708	94.66	412 222	95.25	433 826	100.24	421 541	97.40	439 157	101.47
合计	911 600	100.00	856 251	93.93	875 085	95.99	929 883	102.01	907 749	99.58	956 600	104.94

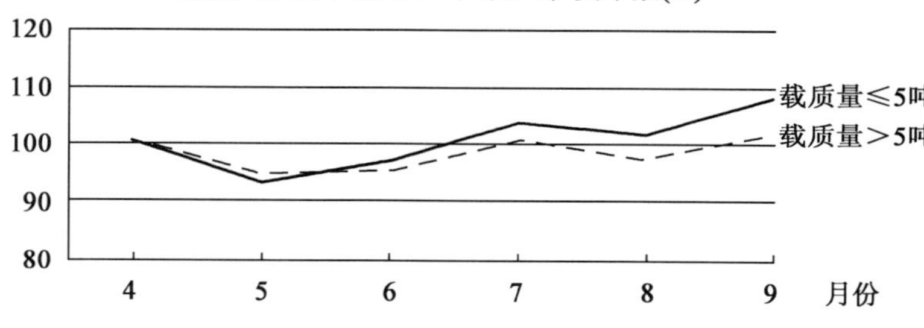

图 1.4　入沪货车车数变化（以 4 月份车数为 100.00%）

1.2.4　京藏高速堵车

近年来，因山西省煤炭行业整顿，内蒙古煤炭出省运量持续猛增。铁路部门修建内蒙古煤炭东向出省大能力煤运通道尚需时日，内蒙古大量煤炭经京藏高速（G6）东运，在北京延庆段形成瓶颈，车辆拥堵时有发生。2010 年 6 月和 8 月两次大拥堵，成为社会关注的公共事件。

京藏高速河北段从蒙冀界到京冀界 178 公里，正常情况下向东行驶的货车全程耗时 4～6 小时。而 8 月份耗时 15 小时以上的占到 10 天；6 月份耗时 15 小时以上的占 17 天，其中有两天耗时竟长达 48 小时，见表 1.6。

2010 年 6～8 月京藏高速货车平均行驶耗时　　表 1.6

耗　时		4～6 小时	7～10 小时	11～14 小时	15～24 小时	>24 小时
天数	6 月份	9	4	0	7	10
	7 月份	17	11	3	0	0
	8 月份	2	4	15	10	0

近期，张家口—化稍营—蔚县—涞源—涿州高速公路有望完工，涿州—廊坊高速公路已经接通。北京大外环高速公路也已列入规划。上述环北京的高速公路网建成后，现在穿越北京的货车可以从环北

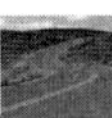

京通道通过。另外增加两条内蒙古经河北省进京的高速公路通道：京蔚高速从河北蔚县抵达北京门头沟区；京尚高速从内蒙兴和经河北省抵达北京昌平区。随着上述高速公路的陆续完工，京藏高速拥堵状况将得到缓解。

必须指出，中长途煤炭运输任务是应由铁路承担的。大能力货运通道建设已列入铁路"十二五"建设重点，相关的大能力煤运铁路通道建成后，内蒙古煤炭出省运输需求才能完全满足。

1.3　高速公路运输量的月度波动

1.3.1　货运月度波动

2010 年货物发送量、货物周转量和货物平均运程的月度波动如图 1.5、图 1.6、图 1.7 和表 1.7、表 1.8、表 1.9 所示。

2010 年货物发送量月度波动(以月均货物发送量为 100.00%)　　表 1.7

货物发送量(%)	1 月	2 月	3 月	4 月	5 月	6 月	7 月	8 月	9 月	10 月	11 月	12 月
高速公路	87.22	44.16	91.41	101.62	105.76	102.64	106.70	106.87	111.22	115.76	117.07	109.56
铁路	100.90	91.79	103.75	95.82	101.35	98.71	102.09	101.80	98.62	103.42	100.57	101.18

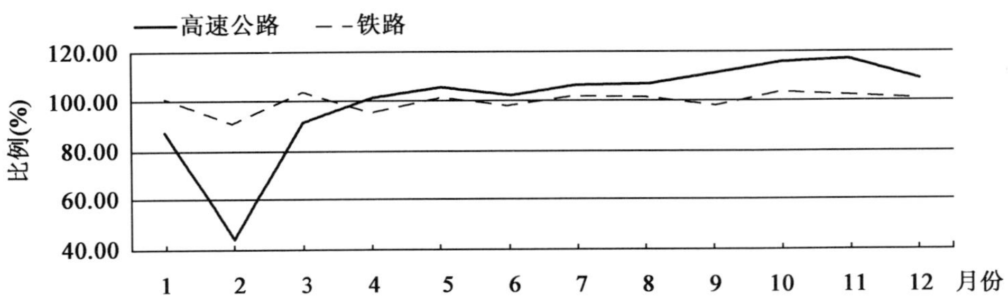

图 1.5　2010 年高速公路与铁路货物发送量月度波动(以月均值为 100%)

2010 年货物周转量月度波动(以月均货物周转量为 100.00%)　　表 1.8

货物周转量(%)	1 月	2 月	3 月	4 月	5 月	6 月	7 月	8 月	9 月	10 月	11 月	12 月
高速公路	92.33	45.85	94.77	102.27	103.89	97.43	102.02	104.05	110.25	115.74	117.67	113.74
铁路	101.41	87.16	101.22	101.17	103.17	98.05	99.06	101.26	96.27	103.13	104.64	103.46

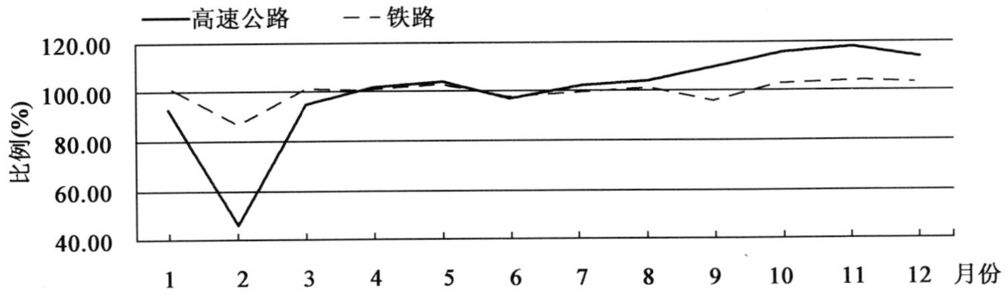

图 1.6　2010 年高速公路与铁路货物周转量月度波动(以月均值为 100%)

2010 年货物平均运程月度波动(以月均货物平均运距为 100.00%)　　表 1.9

货物平均运程(%)	1 月	2 月	3 月	4 月	5 月	6 月	7 月	8 月	9 月	10 月	11 月	12 月
高速公路	105.54	103.51	103.37	100.35	97.94	94.64	95.33	97.07	98.83	99.69	100.22	103.50
铁路	100.52	94.97	97.57	105.60	101.80	99.34	97.04	99.48	97.62	99.72	104.06	102.27

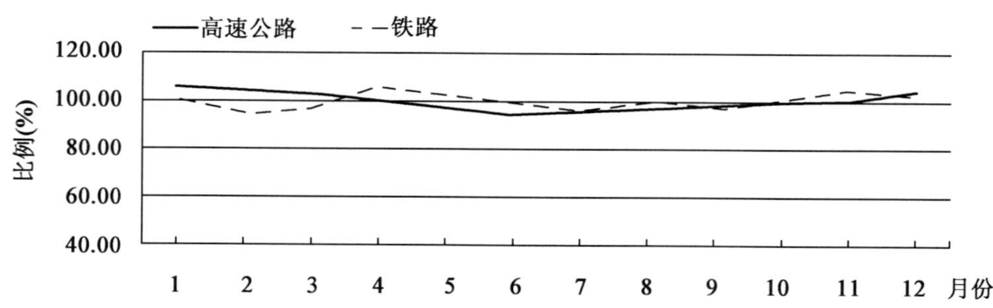

图 1.7　2010 年高速公路与铁路货物平均运程月度波动(以月均值为 100%)

高速公路货物发送量的月度波动曲线在 2 月份有明显低谷,2 月份货物发送量仅为月度平均货物发送量的 44.16%。随后货物发送量逐月扶摇走高,在 11 月份达到最高值,11 月份的货物发送量为月度平均货物发送量的 117.07%。

高速公路货物运程全年波动不大,局限在月度平均运程的 94.64%~105.54%范围内。因此,高速公路货物周转量的月度波动曲线走势与货物发送量的月度波动曲线相似。2 月份货物周转量仅为月度平均货物周转量的 45.85%;而后扶摇走高,11 月份的货物周转量为月度平均货物周转量的 117.67%,是 2 月份的 2.56 倍。

铁路货物运程月度波动范围为月度平均运程的 94.97%~105.60%。但铁路货物周转量月度波动曲线比较平稳。2 月份货物周转量为月度平均货物周转量的 87.16%;11 月份为月度平均货物周转量的 104.64%,是 2 月份的 1.20 倍。

1.3.2　客运月度波动

2010 年旅客发送量、旅客周转量和旅客平均行程的月度波动如图 1.8、图 1.9、图 1.10 和表 1.10、表 1.11、表 1.12 所示。

2010 年旅客发送量月度波动(以月均旅客发送量为 100.00%)　　表 1.10

旅客发送量(%)	1月	2月	3月	4月	5月	6月	7月	8月	9月	10月	11月	12月
高速公路	87.64	97.07	94.55	98.45	100.67	97.46	106.56	107.72	104.53	112.96	97.30	95.10
铁路	91.10	109.29	98.72	89.21	100.66	91.79	117.95	116.60	99.56	114.58	80.69	89.84

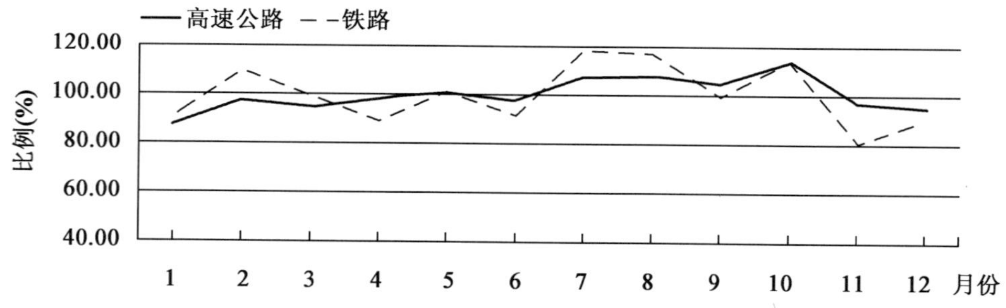

图 1.8　2010 年高速公路与铁路旅客发送量月度波动(以月均值为 100%)

2010 年旅客周转量月度波动(以月均旅客周转量为 100.00%)　　表 1.11

旅客周转量(%)	1月	2月	3月	4月	5月	6月	7月	8月	9月	10月	11月	12月
高速公路	86.14	133.87	103.05	92.58	94.09	92.60	106.39	107.51	98.03	112.47	87.58	85.69
铁路	94.81	122.59	106.17	94.11	88.84	86.43	119.62	126.76	106.20	103.90	70.84	79.71

高速公路旅客发送量在 1 月份最低,为月度平均旅客发送量的 87.64%;10 月份最高,为月度平均旅客发送量的 112.96%。

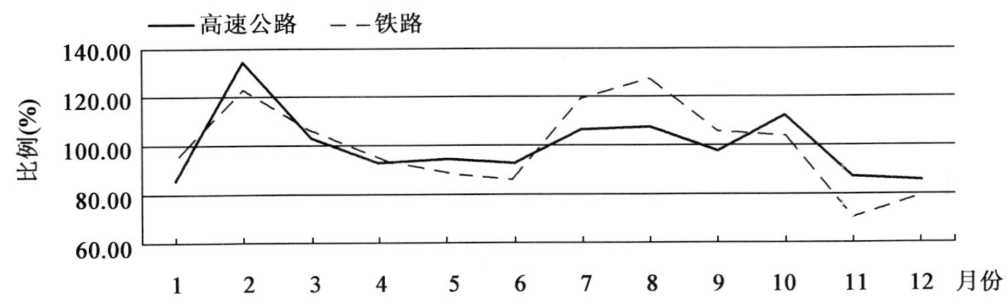

图 1.9　2010 年高速公路与铁路旅客周转量月度波动(以月均值为 100%)

2010 年旅客平均行程月度波动(以月均旅客平均行程为 100.00%)　　表 1.12

旅客平均行程(%)	1月	2月	3月	4月	5月	6月	7月	8月	9月	10月	11月	12月
高速公路	98.30	137.90	109.00	94.04	93.46	95.01	99.84	99.80	93.79	99.57	90.01	90.10
铁路	104.08	112.17	107.55	105.49	88.26	94.16	101.42	108.71	106.66	90.68	87.79	88.72

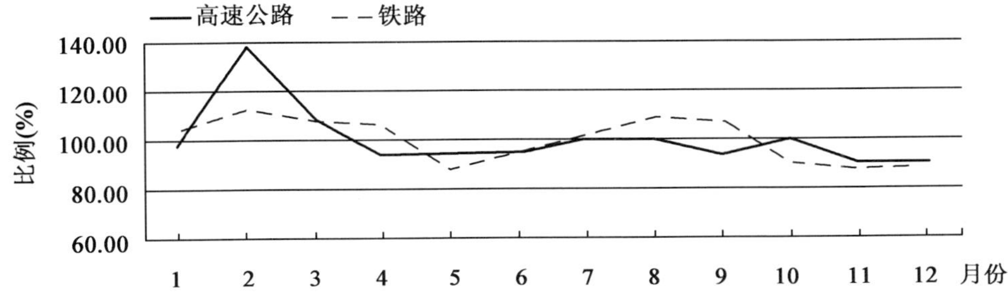

图 1.10　2010 年高速公路与铁路旅客平均行程月度波动(以月均值为 100%)

高速公路旅客行程在 2 月份有明显峰值，达到月度平均旅客行程的 137.90%。随后回落并在 90%～100%间变动。

高速公路旅客周转量的峰值出现在 2 月份，2 月份旅客周转量为月度平均旅客周转量的 133.87%。7～10 月旅客周转量也明显偏高。

铁路旅客发送量、旅客行程和旅客周转量三者都呈现两个峰值。2 月份和 8 月份旅客周转量分别为月度平均旅客周转量的 122.59%和 126.76%。

春运所在的 2 月份，由于中长途探亲客流集中，高速公路旅客行程高出月度平均值 37.90%。而铁路 2 月份旅客行程虽然也有所增加，但因为铁路平均行程较长，所以仅比月度平均值高 12.17%。

高速公路客运在 2 月份春运期间旅客发送量的增加是平稳的，而因为行程达到峰值，拉动旅客周转量猛增达到峰值。

第2章 运输结构指标性数据

2.1 高速公路运输与国民经济

(1)每万元国内生产总值(按现价计算)的高速公路货运量 2.093 3 吨。

(2)每万元国内生产总值(按现价计算)的高速公路货物周转量 434.988 1 吨公里。

(3)全国平均每人高速公路乘车次数 7.356 5 次。

(4)全国平均每人高速公路乘行距离 692.978 4 公里。

2.2 高速公路基础设施

(1)通车里程:74 113 公里。

(2)车道里程:328 642 公里。

(3)平均车道数:4.434 3 条。

2010 年部分省(市)高速公路平均车道数见表 2.1。

2010 年部分省(市)高速公路平均车道数 表 2.1

省(市)	平均车道数(条)	省(市)	平均车道数(条)
上海	5.736 8	广东	4.896 9
天津	5.177 2	辽宁	4.764 8
北京	5.070 8	浙江	4.661 5
河南	5.022 3	河北	4.624 1
江苏	4.951 5	云南	4.471 3

2.3 高速公路交通状况

(1)行驶量 2 808.29 亿车公里,同比增长 21.56%(表 2.2)。2010 年各省(区、市)高速公路行驶量见表 2.2。

(2)货车在行驶量中比重 40.92%,同比增加 1.28 个百分点。

2010 年各省(区、市)高速公路行驶量(亿车公里) 表 2.2

省(区、市)	行驶量	省(区、市)	行驶量
北京	96.496 8	河南	134.556 3
天津	40.301 7	湖北	76.778 9
河北	181.511 0	湖南	82.851 9
山西	80.601 9	广东	316.582 3
内蒙古	74.045 8	广西	73.090 9
辽宁	100.258 7	海南	29.585 3

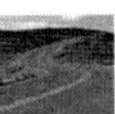

续上表

省(区、市)	行驶量	省(区、市)	行驶量
吉林	24.895 2	陕西	98.620 3
黑龙江	28.828 3	甘肃	37.835 0
上海	57.595 6	宁夏	16.775 3
江苏	223.713 9	青海	7.594 2
浙江	206.138 0	新疆	14.072 6
安徽	103.046 5	重庆	61.297 8
江西	78.992 3	四川	123.404 0
山东	188.061 9	贵州	37.651 1
福建	68.338 5	云南	144.763 9

2.4　高速公路旅客运输

(1)客运量98.65亿人次,同比增长19.27%。2010年部分省(区、市)高速公路客运量见表2.3。

2009年部分省(区、市)高速公路客运量(万人次)　　表2.3

省(区、市)	穿越旅客数	进省旅客数	出省旅客数	省内旅客数	合计
河北	4 369	7 870	7 671	24 959	44 869
山西	119	1 250	1 160	18 972	21 501
辽宁	534	947	932	25 385	27 798
吉林	323	560	603	5 490	6 976
黑龙江	0	274	264	9 945	10 483
上海	0	13 077	13 779	42 964	69 820
江苏	6 385	17 588	21 036	36 664	81 673
浙江	1 770	10 462	10 603	76 670	99 505
安徽	2 724	5 554	5 559	15 492	29 329
福建	95	1 793	1 828	24 145	27 861
江西	750	3 292	3 324	18 834	26 200
山东	542	3 172	3 143	37 204	44 061
河南	918	3 783	3 928	36 402	45 031
湖北	1 195	2 417	2 446	28 092	34 150
湖南	1 254	3 154	3 092	22 198	29 698
广西	48	2 667	2 932	33 274	38 921
重庆	273	3 047	3 105	53 098	59 523
四川	107	3 196	3 183	63 280	69 766
贵州	233	1 627	1 585	19 091	22 536
陕西	232	1 628	1 616	27 708	31 184
甘肃	28	548	552	12 244	13 372
宁夏	139	435	538	5 214	6 326
青海	0	613	623	3 047	4 283

注:陕西省不含铜川—西安路段,河北省不含京津塘过境路段,江苏省为联网路段,湖南省不含长沙—张家界路段。

(2)旅客周转量 9 292.84 亿人公里,同比增长 16.48%。2010 年各省(区、市)高速公路旅客周转量见表 2.4。

2010 年各省(区、市)高速公路旅客周转量(亿人公里) 表 2.4

省(区、市)	旅客周转量	省(区、市)	旅客周转量
北京	307.81	河南	436.87
天津	118.37	湖北	325.44
河北	385.97	湖南	429.90
山西	176.49	广东	1 136.68
内蒙古	126.07	广西	428.90
辽宁	250.29	海南	218.00
吉林	61.14	重庆	183.72
黑龙江	105.96	四川	434.83
上海	184.08	贵州	189.43
江苏	730.66	云南	334.16
浙江	788.18	陕西	244.07
安徽	375.07	甘肃	125.14
江西	338.15	宁夏	41.09
福建	246.45	青海	18.84
山东	499.57	新疆	51.51

(3)客运密度 1 253.87 万人公里/公里,同比增长 2.25%。
(4)旅客平均行程 94.20 公里,同比下降 2.33%。
(5)省(区、市)内旅客平均行程 66.63 公里,同比下降 2.92%。
(6)跨省(区、市)的旅客平均行程 283.73 公里,同比增长 0.75%。
(7)客车平均速度 89.70 公里/小时,同比略有上升。
2010 年各车型客车平均速度见表 2.5。

2010 年各车型客车平均速度 表 2.5

车　型	座　位　数	平均速度(公里/小时)	样本数(万辆)
I	≤7	90.47	94 434
II	8～19	82.48	3 595
III	20～39	82.46	4 558
IV	≥40	84.22	2 607

与 2009 年相比,I 型客车平均速度略有上升,II 型、III 型和 IV 型客车平均速度略有下降。
(8)高速公路客运结构分析如下:
①≤7 座客运车辆在客车车数中的比重为 89.85%,同比上升 0.57 个百分点;
②乘坐≤7 座客运车辆人数在客运量中的比重为 55.38%,同比上升 1.44 个百分点;
③≤7 座客运车辆完成的周转量在旅客周转量中的比重为 45.09%,同比上升 1.79 个百分点;
④客运车辆平均座位数和乘坐率见表 2.6;
⑤轿车平均乘坐人数 2.50 人。

各型客车平均座位数和乘坐率 表 2.6

车　型	座　位　数	平均座位数	乘　坐　率
I	≤7	5.25	48.76%
II	8～19	11.07	51.67%
III	20～39	34.32	78.85%
IV	≥40	49.57	70.18%

2.5　高速公路货物运输

(1)货运量 83.98 亿吨,同比增长 27.91%。其中部分省(区、市)高速公路货运量见表 2.7。

2010 年部分省(区、市)高速公路货运量(万吨)　　表 2.7

省　区　市	穿越货物量	进省货物量	出省货物量	省内货物量	合　　计
河北	35 661	37 021	39 434	49 419	161 535
山西	1 570	10 115	9 051	27 393	48 129
辽宁	3 064	7 604	7 944	24 209	42 821
吉林	2 729	2 100	2 168	7 670	14 667
黑龙江	0	2 610	3 019	11 530	17 159
上海	0	9 590	8 233	29 960	47 783
江苏	19 026	20 761	22 055	20 562	82 404
浙江	3 119	11 859	9 254	27 464	51 696
安徽	8 637	9 078	8 406	15 688	41 809
福建	489	4 471	5 298	16 867	27 125
江西	2 937	6 772	7 325	14 777	31 811
山东	6 924	22 544	22 660	54 446	106 574
河南	8 376	13 586	13 247	24 611	59 820
湖北	8 422	7 079	6 696	14 949	37 146
湖南	5 796	4 620	4 527	8 005	22 948
广西	279	3 928	5 043	22 827	32 077
重庆	549	3 446	3 185	18 787	25 967
四川	278	4 860	4 031	30 682	39 851
贵州	1 054	1 382	1 663	5 881	9 980
陕西	5 190	10 766	14 909	25 403	56 268
甘肃	628	2 057	2 006	11 036	15 727
宁夏	886	4 439	4 208	6 179	15 712
青海	0	1 787	1 443	1 873	5 103

注:陕西省不含铜川—西安路段,河北省不含京津塘过境路段,江苏省为联网路段;湖南省不含长沙—张家界路段。

(2)货物周转量 17 451.81 亿吨公里,同比增长 29.10%。其中各省(区、市)高速公路货物周转量见表 2.8。

2010 年各省(区、市)高速公路货物周转量(亿吨公里)　　表 2.8

省(区、市)	货物周转量	省(区、市)	货物周转量
北京	301.19	河南	1 078.31
天津	352.86	湖北	610.95
河北	1 809.84	湖南	627.28
山西	523.30	广东	1 111.70
内蒙古	822.34	广西	386.02
辽宁	873.59	海南	102.79
吉林	201.27	重庆	131.07
黑龙江	204.08	四川	411.49
上海	180.56	贵州	157.57
江苏	1 071.67	云南	333.64

续上表

省(区、市)	货物周转量	省(区、市)	货物周转量
浙江	1 022.70	陕西	985.17
安徽	715.68	甘肃	323.17
江西	797.23	宁夏	119.70
福建	371.62	青海	43.65
山东	1 725.10	新疆	56.27

(3)货运密度 2 354.76 万吨公里/公里,同比上升 13.32%。

(4)货物平均运程 207.80 公里,同比增加 0.93%。

(5)省(区、市)内货物平均运程 88.30 公里,同比下降 0.84%。

(6)跨省(区、市)货物平均运程 480.85 公里,同比增加 1.87%。

(7)货车平均速度 59.44 公里/小时,同比下降 0.20%。

2010 年各型货车平均速度见表 2.9。与 2009 年相比,3 轴和 4 轴单车以及半挂列车平均速度略有下降,2 轴单车平均速度均略有上升。

2010 年各型货车平均速度 表 2.9

车　　型	轴　　型	平均速度(公里/小时)	样本数(万辆)
单车	2 轴 4 胎	68.66	5 519
单车	2 轴 6 胎	61.97	15 285
单车	3 轴和 4 轴	57.03	7 617
半挂列车	3～6 轴	56.05	20 967

(8)高速公路路网货运分析如下:

①货车轴型构成如表 2.10 所示。

2010 年高速公路货车主要轴型 表 2.10

轴　　型		车数比重(%)	行驶量比重(%)	周转量比重(%)
2 轴 4 胎	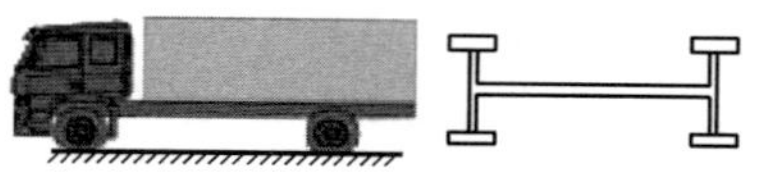	11.43	6.84	0.78
2 轴 6 胎		31.00	22.62	5.83
3 轴、4 轴单车		5.35	5.74	3.52
	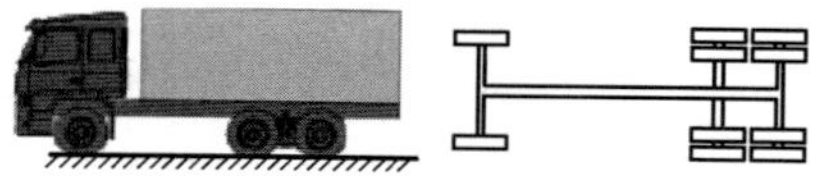	2.96	2.32	1.39
		7.45	7.48	7.53

续上表

轴型		车数比重(%)	行驶量比重(%)	周转量比重(%)
半挂列车	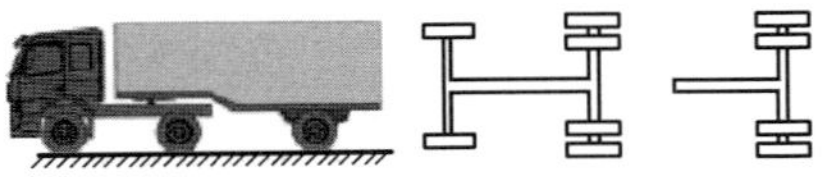	0.61	0.66	0.50
		0.11	0.21	0.18
	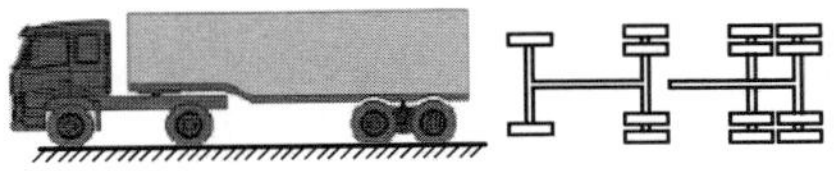	4.38	4.48	3.79
		5.84	7.22	9.06
		0.69	0.98	1.16
	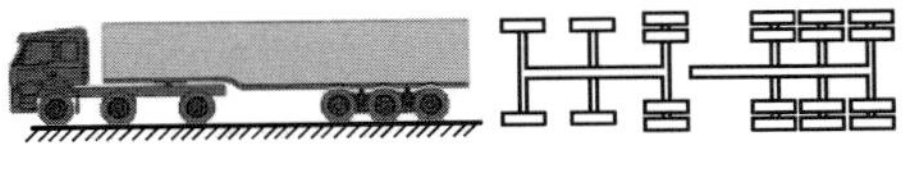	15.39	20.61	33.02
		14.79	20.84	33.24

注:表中比重由江苏、河南、江西、山东、福建、湖北、湖南、重庆、山西、青海、陕西、河北、广西、宁夏和黑龙江合计15个省(区、市)数据整理所得。这些省(区、市)高速公路里程占全国高速公路通车里程的57.64%。

与2009年相比,3轴和3轴以上的大吨位货车比重上升(表2.11),行驶量比重为70.54%,同比增加了3.29个百分点(表2.12),完成的货物周转量比重达到93.39%,同比增加了1.98个百分点(表2.13)。

高速公路货车车数比重的变化(%)

表2.11

轴型	2006年	2007年	2008年	2009年	2010年
2轴4胎	17.48	12.40	10.28	13.39	11.43
2轴6胎	48.79	42.43	35.36	33.31	31.00
3轴、4轴单车	13.26	16.42	19.68	15.97	15.76
半挂列车	20.47	28.75	34.68	37.33	41.81

注:表列数据来源同表2.10。

高速公路货车行驶量比重的变化(%)

表2.12

轴型	2006年	2007年	2008年	2009年	2010年
2轴4胎	7.74	6.25	6.84	7.82	6.84
2轴6胎	38.24	33.67	27.84	24.93	22.62
3轴、4轴单车	17.60	19.13	18.07	17.22	15.54
半挂列车	36.42	40.95	47.25	50.03	55.00

注:表列数据来源同表2.10。

高速公路货车完成的货物周转量比重的变化(%) 表 2.13

轴 型	2006 年	2007 年	2008 年	2009 年	2010 年
2 轴 4 胎	1.42	0.95	0.57	1.12	0.78
2 轴 6 胎	18.60	13.02	9.87	7.47	5.83
3 轴、4 轴单车	20.25	19.83	18.07	15.27	12.44
半挂列车	59.73	66.20	71.49	76.14	80.95

注:表列数据来源同表 2.10。

②货车空驶状况如表 2.14 所示。

高速公路路网空车走行率为 20.05%,同比略有上升。

高速公路空车走行率及其变化 表 2.14

轴 型	年 度	省内运输(%)	跨省运输(%)	总量(%)
2 轴单车	2010	37.60	29.10	33.30
	2009	34.77	24.95	30.48
	2008	32.78	18.84	26.33
	2007	36.17	15.03	24.95
	2006	36.01	15.87	26.52
3 轴、4 轴单车	2010	34.17	12.42	17.93
	2009	35.03	9.46	16.95
	2008	36.40	10.81	18.05
	2007	33.24	8.38	15.00
	2006	32.82	9.38	17.73
半挂列车	2010	31.34	13.14	14.90
	2009	34.14	7.90	14.73
	2008	42.67	10.16	18.37
	2007	28.74	10.37	15.28
	2006	35.02	9.28	13.93
合计	2010	34.42	16.37	20.05
	2009	34.56	11.68	19.84
	2008	36.71	12.37	20.97
	2007	33.30	11.37	18.93
	2006	35.33	10.97	20.13

注:1. 空车走行率=空车行驶量/重车行驶量;
2. 表列数据来源同表 2.10。

③货车超限运输状况如表 2.15 所示。

按国家强制标准《道路车辆外廓尺寸、轴荷及质量限值》(GB 1589—2004)规定的限值,超限率(超限车数/货车总数)为 30.34%,比 2009 年略有上升;其中超限 30%以上的货车比重为 4.85%,比 2009 年略有上升。

按路政部门治超规定的限值,超限率为 8.70%,同比降低 1.03 个百分点;超限 30%以上的货车比重为 1.91%,同比略有上升。

2010 年高速公路各类货车车数比重(%) 表 2.15

类 别	空车	不超限重车	超限 0～30%	超限 30%～50%	超限 50%～100%	超限>100%	超限合计
按 GB1589 标准	26.49	43.17	25.49	2.66	1.76	0.43	30.34
按路政治超标准	26.49	64.81	6.79	1.04	0.72	0.15	8.70

注:表列数据来源同表 2.10。

2.6　县乡区域发送客货比重

县乡区域发送货物量占发送货物总量的59.62%,同比上升4.89个百分点;
县乡区域发送旅客量占发送旅客总量的46.46%,同比上升2.05个百分点。

2.7　省(区、市)的穿越车流状况

2010年部分省份和地区穿越货车车流见表2.16。

2010年部分省份和地区穿越货车车流　　表2.16

省份和地区	穿越货车行驶量(万车公里)	货车总行驶量(万车公里)	穿越货车比重(%)
河南	161 539	564 496	28.62
冀南	159 584	591 802	26.97
苏北	132 911	397 477	33.44
湖南京珠网	123 360	315 261	39.13
湖北联网	81 782	304 718	26.84
冀东	80 011	230 229	34.75
冀西北	47 800	114 001	41.93

第3章　部分高速公路干线运输密度

3.1　京哈高速公路(G1)运输密度

3.1.1　客运密度分布如表3.1和图3.1所示。

2010年京哈高速公路(G1)客运密度　　表3.1

路　段	路段起止点	客运密度(人/日)	路段起止点	客运密度(人/日)
北京段	六环—香河	47 796	香河—六环	46 130
河北段、天津段	香河—丰润	41 841	丰润—香河	41 384
	丰润—秦皇岛	33 673	秦皇岛—丰润	31 016
	秦皇岛—万家主线(冀辽界)	15 874	万家主线(冀辽界)—秦皇岛	18 522
辽宁段	万家主线(冀辽界)—葫芦岛	19 189	葫芦岛—万家主线(冀辽界)	19 329
	葫芦岛—锦州	22 350	锦州—葫芦岛	23 942
	锦州—沈阳西	23 984	沈阳西—锦州	24 272
	沈阳—毛家店(辽吉界)	17 084	毛家店(辽吉界)—沈阳	14 949
吉林段	五里坡(辽吉界)—长春	15 849	长春—五里坡(辽吉界)	16 117
	长春—拉林河(吉黑界)	12 257	拉林河(吉黑界)—长春	10 909
黑龙江段	拉林河(吉黑界)—哈尔滨	10 765	哈尔滨—拉林河(吉黑界)	10 738

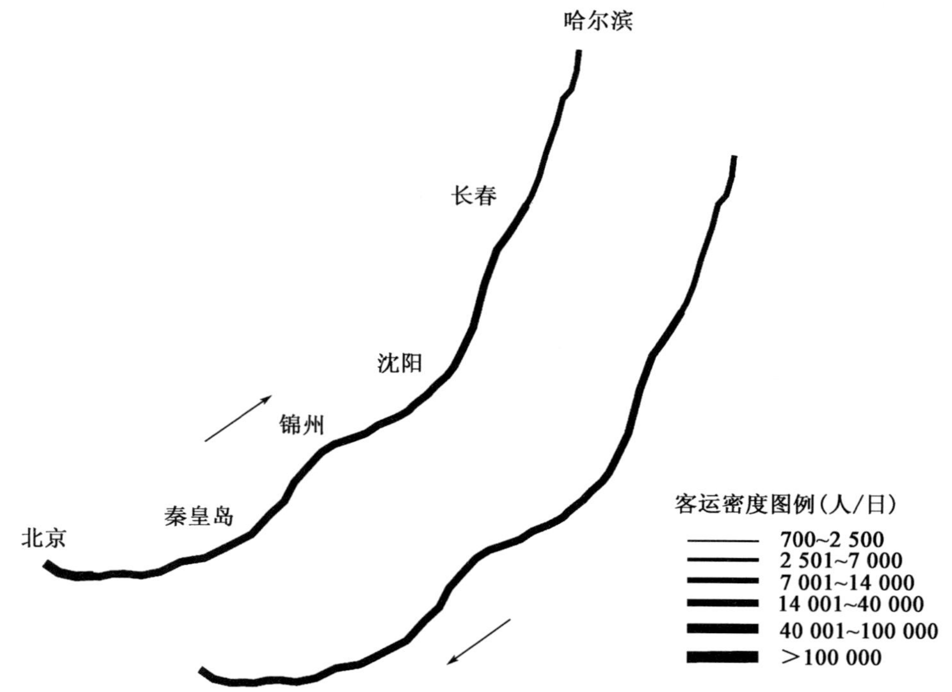

图3.1　2010年京哈高速公路(G1)客运密度

3.1.2　货运密度分布如表3.2和图3.2所示。

2010年京哈高速公路(G1)货运密度　　表3.2

路　段	路段起止点	货运密度(吨/日)	路段起止点	货运密度(吨/日)
北京段	六环—香河	73 976	香河—六环	74 326
河北段、天津段	香河—丰润	11 6735	丰润—香河	112 638
	丰润—秦皇岛	136 808	秦皇岛—丰润	76 646
	秦皇岛—万家主线(冀辽界)	91 720	万家主线(冀辽界)—秦皇岛	78 182
辽宁段	万家主线(冀辽界)—葫芦岛	174 981	葫芦岛—万家主线(冀辽界)	185 024
	葫芦岛—锦州	177 355	锦州—葫芦岛	189 655
	锦州—沈阳西	136 242	沈阳西—锦州	135 557
	沈阳—毛家店(辽吉界)	113 343	毛家店(辽吉界)—沈阳	113 973
吉林段	五里坡(辽吉界)—长春	81 927	长春—五里坡(辽吉界)	74 421
	长春—拉林河(吉黑界)	61 076	拉林河(吉黑界)—长春	51 885
黑龙江段	拉林河(吉黑界)—哈尔滨	68 390	哈尔滨—拉林河(吉黑界)	80 183

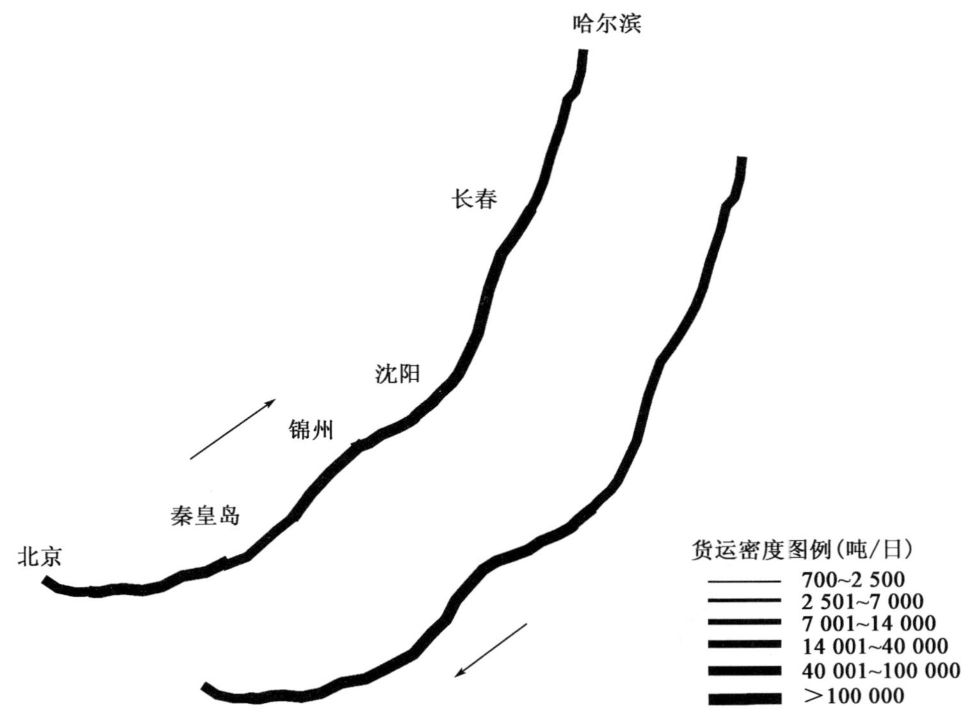

图3.2　2010年京哈高速公路(G1)货运密度

3.2 京沪高速公路(G2)运输密度

3.2.1 客运密度分布如表3.3和图3.3所示。

2010年京沪高速公路(G2)客运密度 表3.3

路 段	路段起止点	客运密度(人/日)	路段起止点	客运密度(人/日)
北京段	大羊坊—廊坊	33 016	廊坊—大羊坊	33 016
河北段	廊坊—泗村店	33 016	泗村店—廊坊	33 016
天津段	泗村店—汉沽	29 766	汉沽—泗村店	29 601
	汉沽—独流	31 488	独流—汉沽	31 679
	独流—九宣闸(津冀界)	24 156	九宣闸(津冀界)—独流	23 874
河北段	青县主线(津冀界)—沧州	33 802	沧州—青县主线(津冀界)	33 547
	沧州—吴桥主线(冀鲁界)	22 418	吴桥主线(冀鲁界)—沧州	22 605
山东段	京福鲁冀(德州)—齐河	20 802	齐河—京福鲁冀(德州)	21 405
	齐河—济南	37 648	济南—齐河	38 597
	济南—泰安	36 786	泰安—济南	36 542
	泰安—京沪鲁苏	14 177	京沪鲁苏—泰安	14 611
江苏段	苏鲁省界—淮安	17 817	淮安—苏鲁省界	18 387
	淮安—江都	43 262	江都—淮安	43 074
	江都—江阴	56 027	江阴—江都	55 755
	江阴—无锡	60 748	无锡—江阴	59 616
	无锡—苏州北	132 322	苏州北—无锡	130 519
	苏州北—花桥主线(苏沪界)	105 939	花桥主线(苏沪界)—苏州北	104 147
上海段	安亭主线(苏沪界)—江桥	108 628	江桥—安亭主线(苏沪界)	107 996

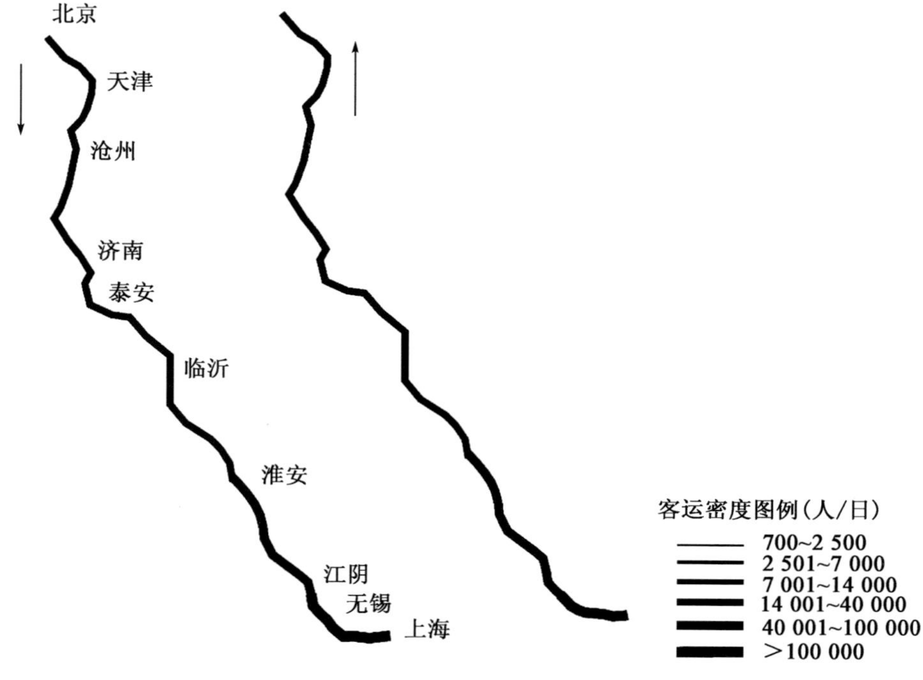

图3.3 2010年京沪高速公路(G2)客运密度

3.2.2　货运密度分布如表 3.4 和图 3.4 所示。

2010 年京沪高速公路(G2)货运密度　　表 3.4

路　段	路段起止点	货运密度(吨/日)	路段起止点	货运密度(吨/日)
北京段	大羊坊—廊坊	181 387	廊坊—大羊坊	128 493
河北段	廊坊—泗村店	181 387	泗村店—廊坊	128 493
天津段	泗村店—汊沽	90 965	汊沽—泗村店	71 081
	汊沽—独流	109 762	独流—汊沽	85 919
	独流—九宣闸(津冀界)	81 103	九宣闸(津冀界)—独流	66 958
河北段	青县主线(津冀界)—沧州	171 194	沧州—青县主线(津冀界)	162 049
	沧州—吴桥主线(冀鲁界)	112 238	吴桥主线(冀鲁界)—沧州	98 991
山东段	京福鲁冀(德州)—齐河	116 191	齐河—京福鲁冀(德州)	117 590
	齐河—济南	184 413	济南—齐河	154 275
	济南—泰安	174 894	泰安—济南	160 732
	泰安—京沪鲁苏	120 520	京沪鲁苏—泰安	112 313
江苏段	苏鲁省界—淮安	157 443	淮安—苏鲁省界	123 631
	淮安—江都	144 715	江都—淮安	112 968
	江都—江阴	59 987	江阴—江都	63 945
	江阴—无锡	51 097	无锡—江阴	43 665
	无锡—苏州北	145 803	苏州北—无锡	102 964
	苏州北—花桥主线(苏沪界)	60 572	花桥主线(苏沪界)—苏州北	64 322
上海段	安亭主线(苏沪界)—江桥	52 081	江桥—安亭主线(苏沪界)	59 186

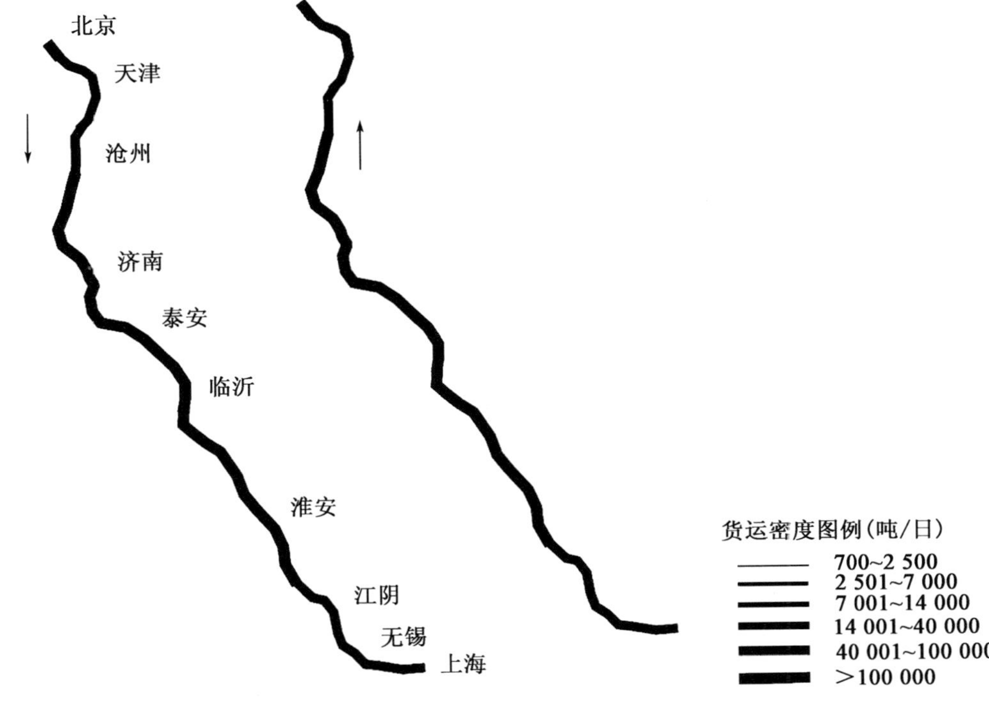

图 3.4　2010 年京沪高速公路(G2)货运密度

3.3 京港澳高速(G4)运输密度

3.3.1 客运密度分布如表3.5和图3.5所示。

2010年京港澳高速公路(G4)客运密度　　表3.5

路段	路段起止点	客运密度(人/日)	路段起止点	客运密度(人/日)
北京段	六环—琉璃河南(京冀界)	65 996	琉璃河南(京冀南)—六环	48 607
河北段	涿州北(京冀界)—保定	45 421	保定—涿州北(京冀界)	45 472
	保定—石家庄	38 686	石家庄—保定	38 783
	石家庄—栾城	38 386	栾城—石家庄	38 585
	栾城—临漳(冀豫界)	24 947	临漳(冀豫界)—栾城	25 544
河南段	京港澳豫冀界—鹤壁	23 596	鹤壁—京港澳豫冀界	23 791
	鹤壁—新乡	30 708	新乡—鹤壁	30 692
	新乡—郑州	36 511	郑州—新乡	36 533
	郑州—许昌	47 606	许昌—郑州	44 737
	许昌—漯河	33 368	漯河—许昌	31 865
	漯河—驻马店	23 524	驻马店—漯河	23 070
	驻马店—京港澳豫鄂界	15 748	京港澳豫鄂界—驻马店	15 148
湖北段	鄂北(豫鄂界)—武汉北	17 056	武汉北—鄂北(豫鄂界)	17 384
	武汉北—鄂南(鄂湘界)	28 079	鄂南(鄂湘界)—武汉北	27 980
湖南段	羊楼司(鄂湘界)—岳阳	22 752	岳阳—羊楼司(鄂湘界)	23 325
	岳阳—长沙	36 726	长沙—岳阳	38 929
	长沙—湘潭	70 815	湘潭—长沙	72 004
	湘潭—衡阳	58 698	衡阳—湘潭	62 999
	衡阳—郴州	42 997	郴州—衡阳	49 186
	郴州—宜章	41 153	宜章—郴州	48 209
	宜章—小塘(湘粤界)	38 169	小塘(湘粤界)—宜章	45 699
广东段	粤北(湘粤界)—广州	36 051	广州—粤北(湘粤界)	16 044
	广州—太平	163 730	太平—广州	165 937
	太平—深圳皇岗	153 325	深圳皇岗—太平	154 482

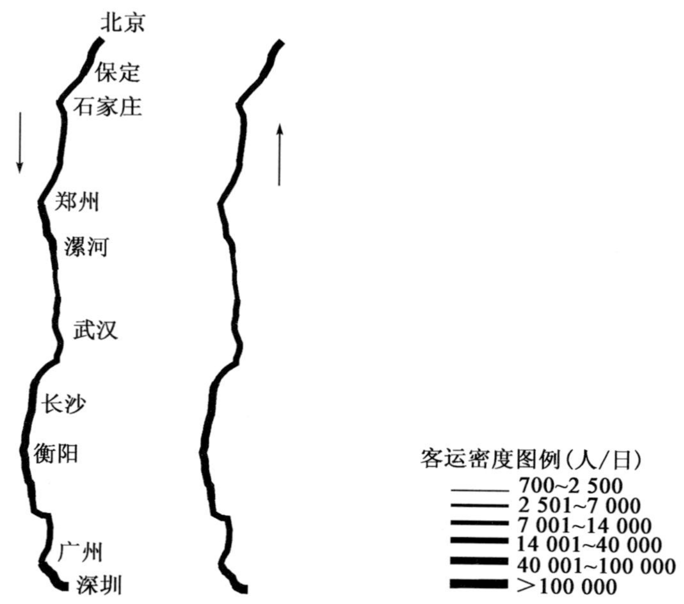

图3.5　2010年京港澳高速公路(G4)客运密度

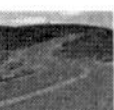

3.3.2 货运密度分布如表3.6和图3.6所示。

2010年京港澳高速公路(G4)货运密度 表3.6

路 段	路段起止点	货运密度(吨/日)	路段起止点	货运密度(吨/日)
北京段	六环—琉璃河南(京冀界)	86 138	琉璃河南(京冀南)—六环	91 071
河北段	涿州北(京冀界)—保定	99 428	保定—涿州北(京冀界)	104 487
	保定—石家庄	108 241	石家庄—保定	138 564
	石家庄—栾城	95 131	栾城—石家庄	93 535
	栾城—临漳(冀豫界)	152 155	临漳(冀豫界)—栾城	110 853
河南段	京港澳豫冀界—鹤壁	116 598	鹤壁—京港澳豫冀界	96 446
	鹤壁—新乡	116 257	新乡—鹤壁	102 753
	新乡—郑州	99 410	郑州—新乡	89 657
	郑州—许昌	93 894	许昌—郑州	86 078
	许昌—漯河	114 148	漯河—许昌	89 117
	漯河—驻马店	119 607	驻马店—漯河	96 331
	驻马店—京港澳豫鄂界	111 827	京港澳豫鄂界—驻马店	86 720
湖北段	鄂北(豫鄂界)—武汉北	107 927	武汉北—鄂北(豫鄂界)	86 253
	武汉北—鄂南(鄂湘界)	121 924	鄂南(鄂湘界)—武汉北	115 316
湖南段	羊楼司(鄂湘界)—岳阳	112 059	岳阳—羊楼司(鄂湘界)	102 744
	岳阳—长沙	123 414	长沙—岳阳	108 371
	长沙—湘潭	132 816	湘潭—长沙	129 545
	湘潭—衡阳	127 544	衡阳—湘潭	133 824
	衡阳—郴州	85 201	郴州—衡阳	77 117
	郴州—宜章	87 098	宜章—郴州	77 096
	宜章—小塘(湘粤界)	84 575	小塘(湘粤界)—宜章	76 768
广东段	粤北(湘粤界)—广州	116 434	广州—粤北(湘粤界)	100 739
	广州—太平	78 093	太平—广州	78 876
	太平—深圳皇岗	52 368	深圳皇岗—太平	52 230

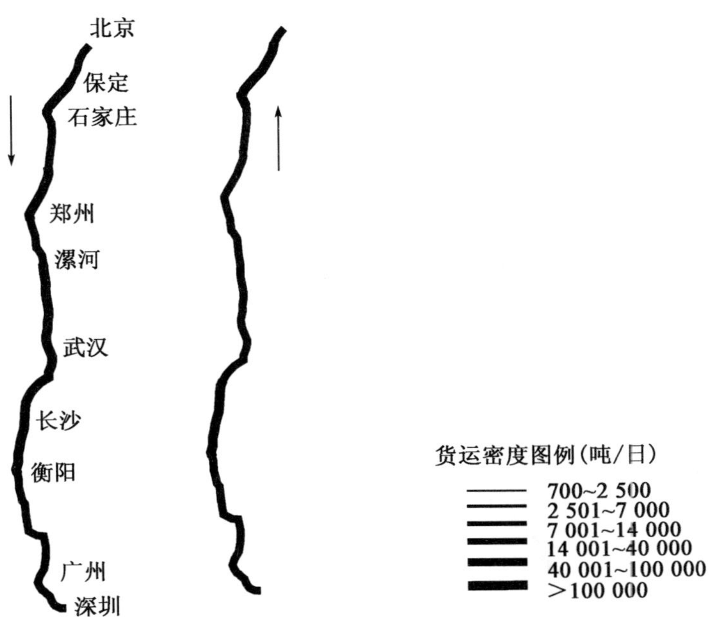

图3.6 2010年京港澳高速公路(G4)货运密度

3.4 京昆高速公路(G5)运输密度

3.4.1 客运密度分布如表3.7和图3.7所示。

2010年京昆高速公路(G5)客运密度 表3.7

路段	路段起止点	客运密度(人/日)	路段起止点	客运密度(人/日)
北京段	六环—琉璃河南(京冀界)	65 996	琉璃河南(京冀南)—六环	48 607
河北段	涿州北(京冀界)—保定	45 421	保定—涿州北(京冀界)	45 472
	保定—石家庄	38 686	石家庄—保定	38 783
	石家庄—井陉西(冀晋界)	12 480	井陉西(冀晋界)—石家庄	12 347
山西段	旧关(冀晋界)—阳泉	7 982	阳泉—旧关(冀晋界)	10 440
	阳泉—太原	13 688	太原—阳泉	13 435
	太原—罗城	30 508	罗城—太原	27 113
	罗城—交城	40 089	交城—罗城	39 563
	交城—侯马	14 308	侯马—交城	13 851
	侯马—龙门大桥(晋陕界)	5 386	龙门大桥(晋陕界)—侯马	4 590
陕西段	禹门口(晋陕界)—西安	15 163	西安—禹门口(晋陕界)	16 070
	西安—汉中	14 600	汉中—西安	14 370
	汉中—棋盘关(川陕界)	7 318	棋盘关(川陕界)—汉中	7 377
四川段	广元—绵阳	16 368	绵阳—广元	17 054
	绵阳—德阳	37 195	德阳—绵阳	37 027
	德阳—成都	56 713	成都—德阳	58 267
	成都—青龙	63 284	青龙—成都	60 743
	青龙—雅安东	17 916	雅安东—青龙	17 094

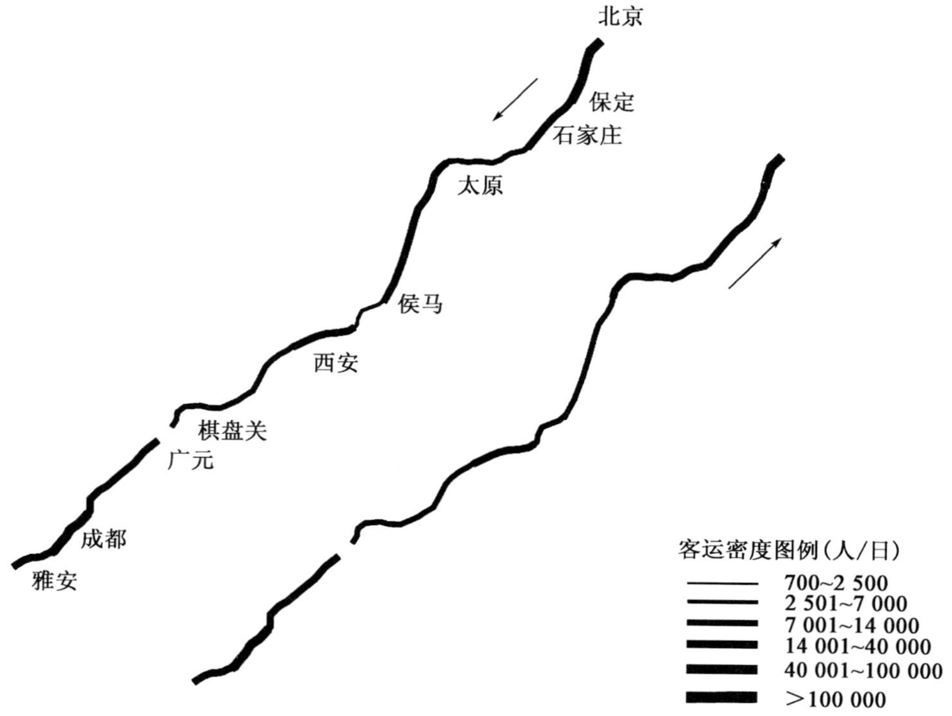

图3.7 2010年京昆高速公路(G5)客运密度

3.4.2　货运密度分布如表3.8和图3.8所示。

2010年京昆高速公路(G5)货运密度　　表3.8

路　段	路段起止点	货运密度(吨/日)	路段起止点	货运密度(吨/日)
北京段	六环—琉璃河南(京冀界)	86 138	琉璃河南(京冀南)—六环	91 071
河北段	涿州北(京冀界)—保定	99 428	保定—涿州北(京冀界)	104 487
	保定—石家庄	108 241	石家庄—保定	138 564
	石家庄—井陉西(冀晋界)	63 837	井陉西(冀晋界)—石家庄	144 535
山西段	旧关(冀晋界)—阳泉	64 926	阳泉—旧关(冀晋界)	126 221
	阳泉—太原	66 709	太原—阳泉	147 883
	太原—罗城	106 920	罗城—太原	148 207
	罗城—交城	68 828	交城—罗城	101 427
	交城—侯马	42 516	侯马—交城	22 851
	侯马—龙门大桥(晋陕界)	33 286	龙门大桥(晋陕界)—侯马	21 517
陕西段	禹门口(晋陕界)—西安	46 161	西安—禹门口(晋陕界)	38 588
	西安—汉中	55 529	汉中—西安	36 497
	汉中—棋盘关(川陕界)	55 796	棋盘关(川陕界)—汉中	34 809
四川段	广元—绵阳	52 257	绵阳—广元	40 300
	绵阳—德阳	48 574	德阳—绵阳	51 422
	德阳—成都	51 048	成都—德阳	53 763
	成都—青龙	35 010	青龙—成都	67 304
	青龙—雅安东	14 525	雅安东—青龙	14 724

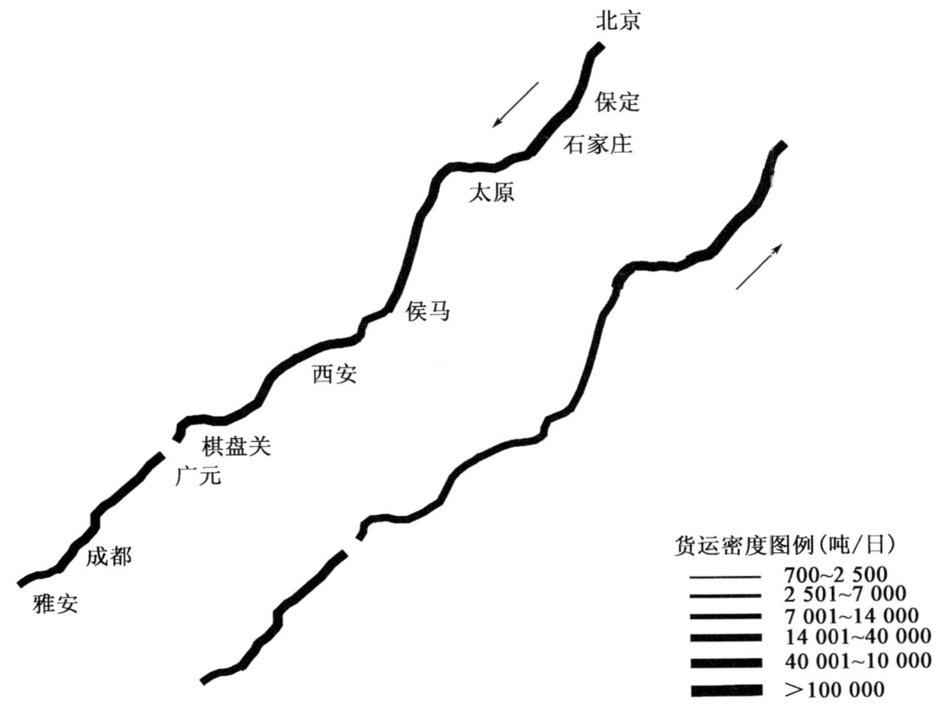

图3.8　2010年京昆高速公路(G5)货运密度

3.5　京藏高速公路(G6)运输密度

3.5.1　客运密度分布如表3.9和图3.9所示。

2010年京藏高速公路(G6)客运密度　　表3.9

路　段	路段起止点	客运密度（人/日）	路段起止点	客运密度（人/日）
北京段	六环—居庸关	73 197	居庸关—六环	85 029
	居庸关—市界	55 960	市界—居庸关	38 668
河北段	东花园—宣化主线	28 674	宣化主线—东花园	28 800
	宣化主线—东洋河	13 445	东洋河—宣化主线	12 826
内蒙古段	蒙冀界—乌兰察布	3 336	乌兰察布—蒙冀界	1 690
	乌兰察布—呼和浩特	8 185	呼和浩特—乌兰察布	6 319
	呼和浩特—东兴	16 481	东兴—呼和浩特	15 025
	东兴—包头	8 595	包头—东兴	9 446
	包头—临河	6 026	临河—包头	5 723
	临河—蒙宁界	4 176	蒙宁界—临河	4 623
宁夏段	惠农主线(宁蒙界)—姚伏	2 542	姚伏—惠农主线(宁蒙界)	3 060
	姚伏—银川	3 898	银川—姚伏	6 006
	银川—吴忠	8 305	吴忠—银川	15 188
	吴忠—中宁	2 961	中宁—吴忠	4 868
	中宁—桃山	1 312	桃山—中宁	1 641
	桃山—兴仁主线(宁甘界)	826	兴仁主线(宁甘界)—桃山	1 563
甘肃段	刘家寨主线(甘宁界)—白银	4 694	白银—刘家寨主线(甘宁界)	4 908
	白银—树屏	13 515	树屏—白银	13 530
	树屏—河口	9 042	河口—树屏	10 089
	河口—海石湾主线(甘青界)	6 616	海石湾主线(甘青界)—河口	8 384
青海段	马场垣主线(甘青界)—平安	5 070	平安—马场垣主线(甘青界)	4 630
	平安—西宁	19 477	西宁—平安	19 037

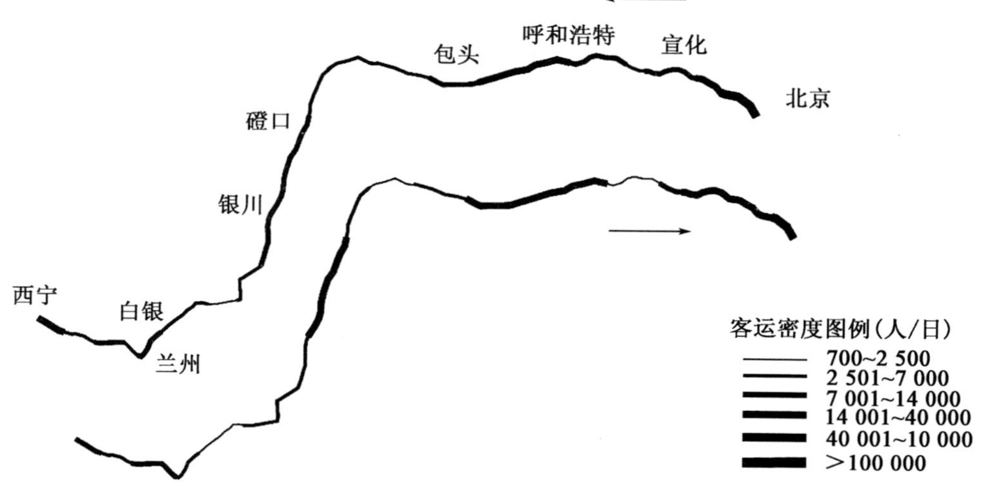

图3.9　2010年京藏高速公路(G6)客运密度

3.5.2　货运密度分布如表3.10和图3.10所示。

2010年京藏高速公路(G6)货运密度　　表3.10

路　段	路段起止点	货运密度（吨/日）	路段起止点	货运密度（吨/日）
北京段	六环—居庸关	135 953	居庸关—六环	47 769
	居庸关—市界	136 322	康庄—康庄	10 088
河北段	东花园—宣化主线	124 145	宣化主线—东花园	244 678
	宣化主线—东洋河	91 800	东洋河—宣化主线	193 333
内蒙古段	蒙冀界—乌兰察布	49 012	乌兰察布—蒙冀界	76 728
	乌兰察布—呼和浩特	53 712	呼和浩特—乌兰察布	102 934
	呼和浩特—东兴	48 974	东兴—呼和浩特	105 571
	东兴—包头	33 390	包头—东兴	42 110
	包头—临河	21 880	临河—包头	36 609
	临河—磴口	17 521	磴口—临河	14 098
	磴口—蒙宁界	45 231	蒙宁界—磴口	38 992
宁夏段	惠农主线(宁蒙界)—姚伏	43 258	姚伏—惠农主线(宁蒙界)	20 945
	姚伏—银川	31 527	银川—姚伏	16 229
	银川—吴忠	11 354	吴忠—银川	13 021
	吴忠—中宁	4 879	中宁—吴忠	6 993
	中宁—桃山	3 303	桃山—中宁	4 017
	桃山—兴仁主线(宁甘界)	7 708	兴仁主线(宁甘界)—桃山	13 114
甘肃段	刘家寨主线(甘宁界)—白银	18 446	白银—刘家寨主线(甘宁界)	17 232
	白银—树屏	34 956	树屏—白银	30 386
	树屏—河口	27 677	河口—树屏	29 948
	河口—海石湾主线(甘青界)	30 199	海石湾主线(甘青界)—河口	31 031
青海段	马场垣主线(甘青界)—平安	14 867	平安—马场垣主线(甘青界)	15 492
	平安—西宁	35 964	西宁—平安	32 700

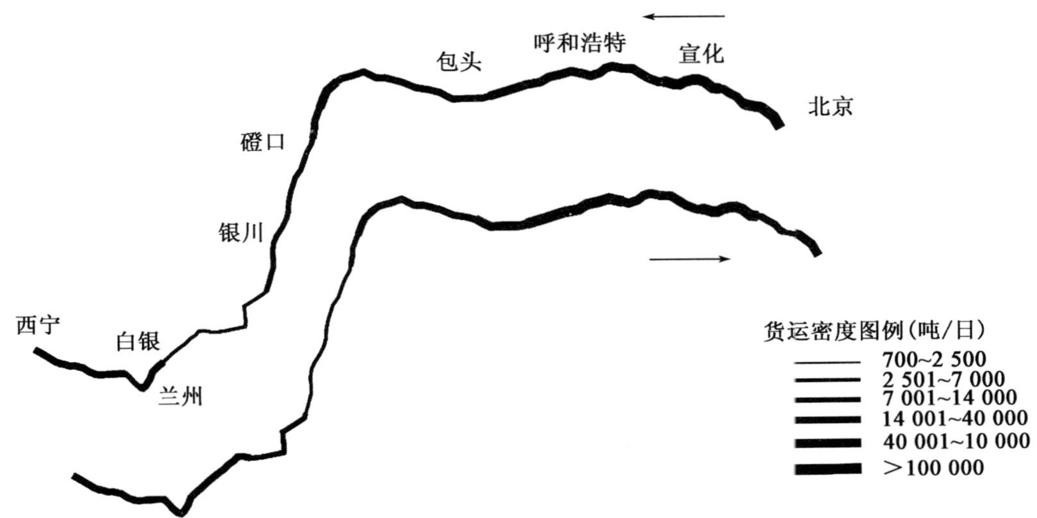

图3.10　2010年京藏高速公路(G6)货运密度

3.6 沈海高速公路(G15)运输密度

3.6.1 客运密度分布如表3.11和图3.11所示。

2010年沈海高速公路(G15)客运密度 表3.11

路段	路段起止点	客运密度（人/日）	路段起止点	客运密度（人/日）
辽宁段	沈阳—鞍山	27 054	鞍山—沈阳	28 911
	鞍山—营口	27 054	营口—鞍山	28 911
	营口—鲅鱼圈	34 407	鲅鱼圈—营口	33 681
	鲅鱼圈—大连	24 822	大连—鲅鱼圈	24 415
山东段	烟台—栖霞	11 285	栖霞—烟台	11 567
	栖霞—青岛	7 358	青岛—栖霞	7 740
	青岛—同三鲁苏	17 302	同三鲁苏—青岛	17 393
江苏段	同三苏鲁—南通	16 739	南通—同三苏鲁	17 762
	南通—常熟	47 912	常熟—南通	48 526
	常熟—太仓(苏沪界)	55 441	太仓(苏沪界)—常熟	53 034
上海段	朱桥(苏沪界)—嘉定	75 118	嘉定—朱桥(苏沪界)	88 682
	嘉定—安亭	12 630	安亭—嘉定	11 876
	安亭—大港	14 026	大港—安亭	13 715
	大港—枫泾(浙沪界)	89 988	枫泾(浙沪界)—大港	89 658
浙江段	大云(浙沪界)—宁波北	61 667	宁波北—大云(浙沪界)	62 189
	宁波姜山—宁海	46 981	宁海—宁波姜山	47 392
	宁海—吴岙	28 410	吴岙—宁海	27 966
	吴岙—台州	50 783	台州—吴岙	50 907
	台州—温州	36 087	温州—台州	36 933
	温州—平阳	73 572	平阳—温州	74 012
	平阳—分水关(浙闽界)	24 509	分水关(浙闽界)—平阳	25 669
福建段	闽浙—福州	21 605	福州—闽浙	21 040
	福州—莆田	44 285	莆田—福州	43 740
	莆田—泉州	38 107	泉州—莆田	37 690
	泉州—厦门	57 828	厦门—泉州	56 094
	厦门—漳州	45 562	漳州—厦门	43 376
	漳州—闽粤界	22 440	闽粤界—漳州	21 546
广东段	汾水关—汕头	21 213	汕头—汾水关	24 794
	汕头—陆丰	63 871	陆丰—汕头	53 793
	陆丰—深圳	93 599	深圳—陆丰	100 518
	深圳—广州	160 209	广州—深圳	158 527
	广州—阳江	59 677	阳江—广州	60 306
	阳江—湛江	30 120	湛江—阳江	30 223

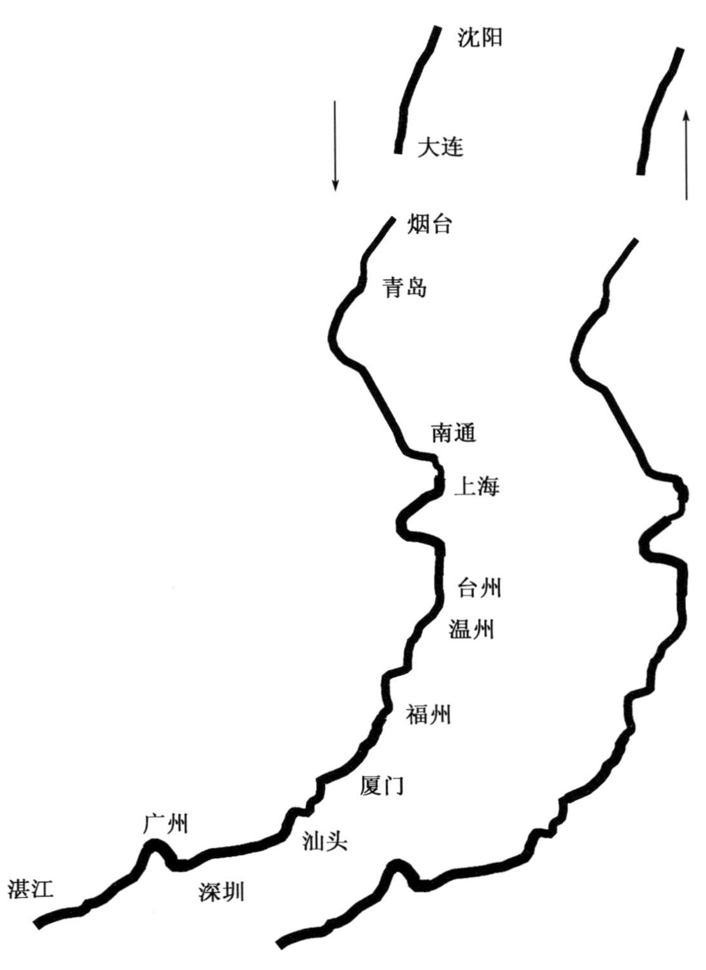

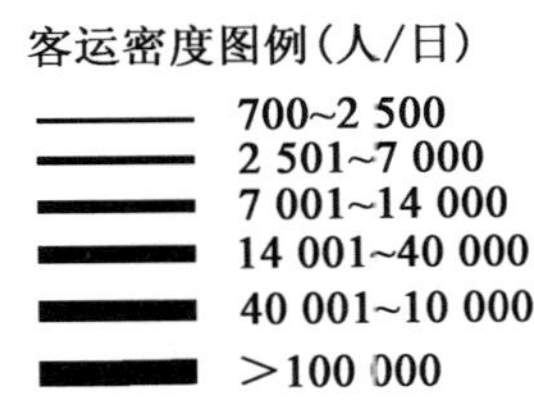

图 3.11　2010 年沈海高速公路(G15)客运密度

3.6.2 货运密度分布如表3.12和图3.12所示。

2010年沈海高速公路(G15)货运密度 表3.12

路段	路段起止点	货运密度（吨/日）	路段起止点	货运密度（吨/日）
辽宁段	沈阳—鞍山	97 368	鞍山—沈阳	77 678
	鞍山—营口	97 368	营口—鞍山	77 678
	营口—鲅鱼圈	73 067	鲅鱼圈—营口	95 862
	鲅鱼圈—大连	37 648	大连—鲅鱼圈	30 171
山东段	烟台—栖霞	13 254	栖霞—烟台	13 813
	栖霞—青岛	21 082	青岛—栖霞	18 232
	青岛—同三鲁苏	46 746	同三鲁苏—青岛	42 437
江苏段	同三苏鲁—南通	44 003	南通—同三苏鲁	33 800
	南通—常熟	53 892	常熟—南通	48 848
	常熟—太仓(苏沪界)	43 417	太仓(苏沪界)—常熟	44 833
上海段	朱桥(苏沪界)—嘉定	81 055	嘉定—朱桥(苏沪界)	83 930
	嘉定—安亭	92 617	安亭—嘉定	90 711
	安亭—大港	59 167	大港—安亭	50 422
	大港—枫泾(浙沪界)	62 117	枫泾(浙沪界)—大港	62 516
浙江段	大云(浙沪界)—宁波北	74 635	宁波北—大云(浙沪界)	64 958
	宁波姜山—宁海	80 376	宁海—宁波姜山	61 400
	宁海—吴岙	75 015	吴岙—宁海	55 431
	吴岙—台州	94 856	台州—吴岙	70 106
	台州—温州	57 457	温州—台州	45 900
	温州—平阳	85 240	平阳—温州	73 164
	平阳—分水关(浙闽界)	66 474	分水关(浙闽界)—平阳	59 686
福建段	闽浙—福州	56 994	福州—闽浙	62 329
	福州—莆田	47 132	莆田—福州	52 013
	莆田—泉州	51 924	泉州—莆田	58 129
	泉州—厦门	60 949	厦门—泉州	57 574
	厦门—漳州	59 997	漳州—厦门	68 064
	漳州—闽粤界	45 472	闽粤界—漳州	38 117
广东段	汾水关—汕头	36 744	汕头—汾水关	36 858
	汕头—陆丰	46 562	陆丰—汕头	45 942
	陆丰—深圳	52 138	深圳—陆丰	53 524
	深圳—广州	65 553	广州—深圳	65 231
	广州—阳江	65 364	阳江—广州	67 785
	阳江—湛江	44 061	湛江—阳江	45 911

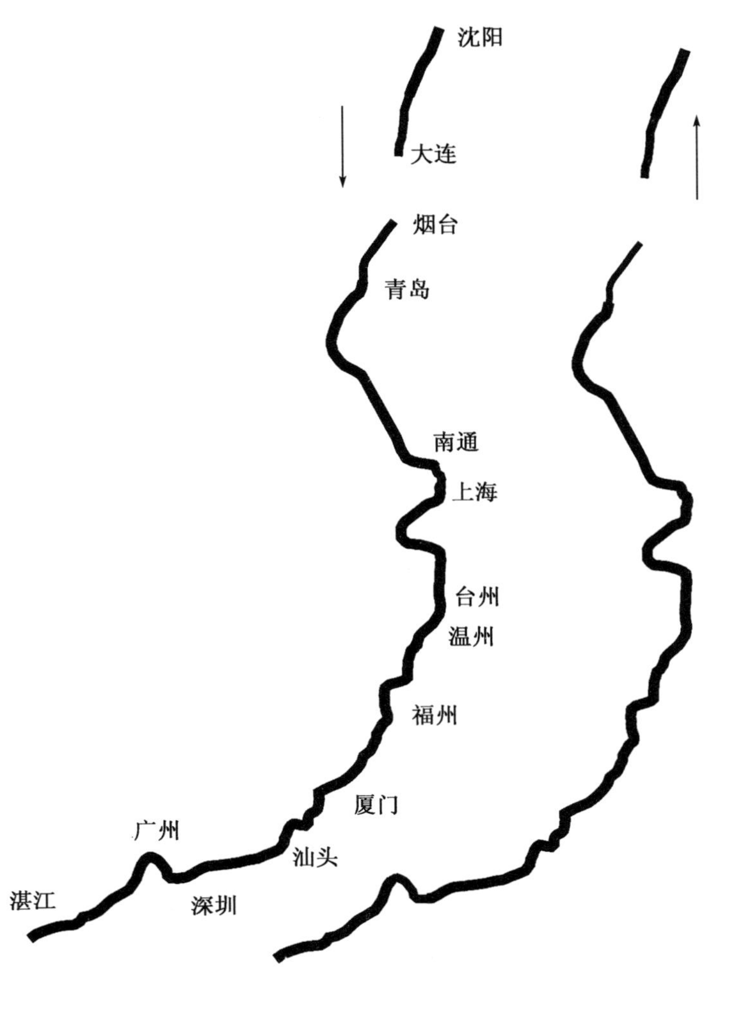

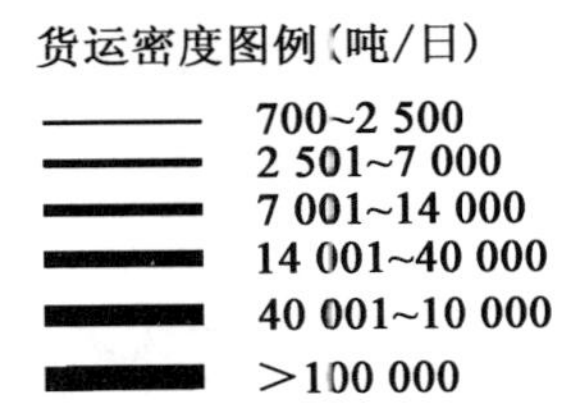

图 3.12　2010 年沈海高速公路(G15)货运密度

3.7 青银高速公路(G20)运输密度

3.7.1 客运密度分布如表3.13和图3.13所示。

2010年青银高速公路(G20)客运密度 表3.13

路段	路段起止点	客运密度(人/日)	路段起止点	客运密度(人/日)
山东段	青岛—胶州	20 722	胶州—青岛	20 181
	胶州—潍坊	13 924	潍坊—胶州	14 091
	潍坊—济南	23 851	济南—潍坊	24 334
	济南—齐河	38 597	齐河—济南	37 648
	齐河—青银鲁冀	6 784	青银鲁冀—齐河	6 615
河北段	清河(鲁冀界)—栾城	8 901	栾城—清河(鲁冀界)	8 746
	栾城—石家庄	6 339	石家庄—栾城	6 453
	石家庄—井陉西(晋冀界)	12 480	井陉西(晋冀界)—石家庄	12 347
山西段	旧关(冀晋界)—阳泉	7 982	阳泉—旧关(冀晋界)	10 440
	阳泉—太原	13 688	太原—阳泉	13 435
	太原—罗城	30 508	罗城—太原	27 113
	罗城—交城	40 089	交城—罗城	39 563
	交城—吕梁	16 360	吕梁—交城	15 939
	吕梁—柳林(晋陕界)	6 895	柳林(晋陕界)—吕梁	4 850
陕西段	吴堡主线(晋陕界)—靖边	3 482	靖边—吴堡主线(晋陕界)	3 454
	靖边—王圈梁(宁陕界)	6 398	王圈梁(宁陕界)—靖边	5 805
宁夏段	盐池主线(宁陕界)—临河	7 163	临河—盐池主线(宁陕界)	7 513
	临河—银川	15 129	银川—临河	19 834

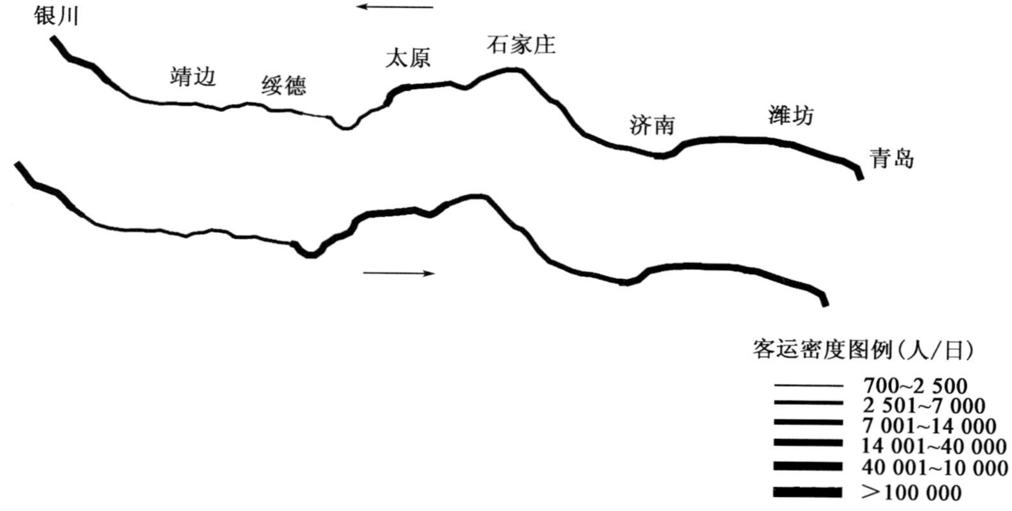

图3.13 2010年青银高速公路(G20)客运密度

3.7.2　货运密度分布如表3.14和图3.14所示。

2010年青银高速公路(G20)货运密度　　表3.14

路　段	路段起止点	货运密度(吨/日)	路段起止点	货运密度(吨/日)
山东段	青岛—胶州	23 462	胶州—青岛	31 916
	胶州—潍坊	33 482	潍坊—胶州	37 964
	潍坊—济南	59 627	济南—潍坊	59 142
	济南—齐河	154 275	齐河—济南	184 413
	齐河—青银鲁冀	62 332	青银鲁冀—齐河	129 620
河北段	清河(鲁冀界)—栾城	45 868	栾城—清河(鲁冀界)	99 306
	栾城—石家庄	51 936	石家庄—栾城	154 034
	石家庄—井陉西(晋冀界)	63 837	井陉西(晋冀界)—石家庄	144 535
山西段	旧关(冀晋界)—阳泉	64 926	阳泉—旧关(冀晋界)	126 221
	阳泉—太原	66 709	太原—阳泉	147 883
	太原—罗城	106 920	罗城—太原	148 207
	罗城—交城	68 828	交城—罗城	101 427
	交城—吕梁	35 921	吕梁—交城	107 823
	吕梁—柳林(晋陕界)	49 702	柳林(晋陕界)—吕梁	155 697
陕西段	吴堡主线(晋陕界)—靖边	40 346	靖边—吴堡主线(晋陕界)	84 780
	靖边—王圈梁(宁陕界)	38 941	王圈梁(宁陕界)—靖边	57 399
宁夏段	盐池主线(宁陕界)—临河	28 491	临河—盐池主线(宁陕界)	33 408
	临河—银川	27 797	银川—临河	41 596

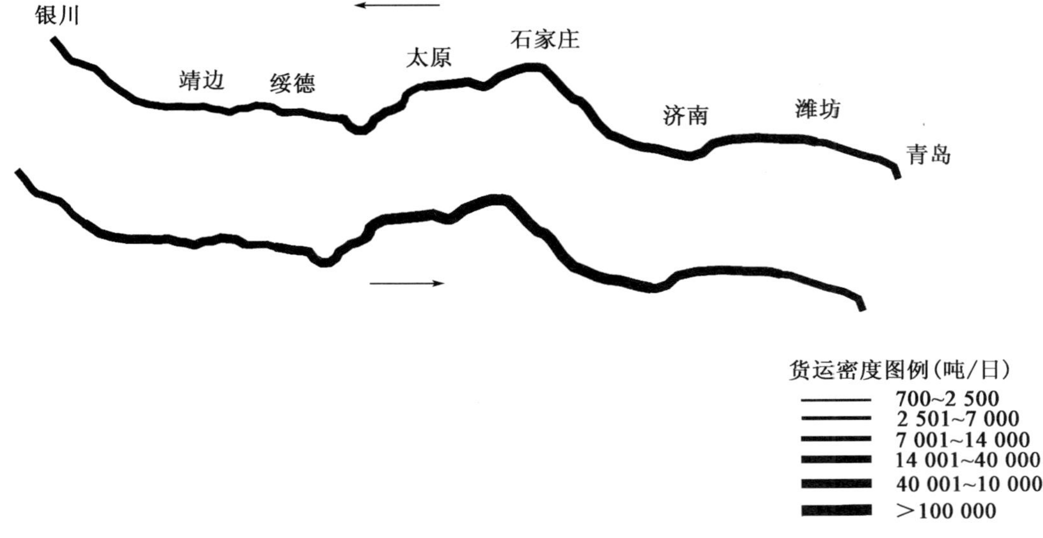

图3.14　2010年青银高速公路(G20)货运密度

3.8 连霍高速公路(G30)运输密度

3.8.1 客运密度分布如表 3.15 和图 3.15 所示。

2010 年连霍高速公路(G30)客运密度 表 3.15

路段	路段起止点	客运密度（人/日）	路段起止点	客运密度（人/日）
江苏段	连云港—徐州	5 713	徐州—连云港	5 751
	徐州—苏皖省界	14 512	苏皖省界—徐州	12 081
安徽段	皖苏—皖豫	12 434	皖豫—皖苏	12 585
河南段	连霍豫皖界—商丘	15 708	商丘—连霍豫皖界	15 829
	商丘—开封	21 241	开封—商丘	21 536
	开封—郑州	28 272	郑州—开封	28 251
	郑州—洛阳	28 003	洛阳—郑州	27 456
	洛阳—三门峡	19 756	三门峡—洛阳	18 825
	三门峡—连霍豫陕界	9 125	连霍豫陕界—三门峡	7 969
陕西段	潼关(豫陕界)—西安	19 868	西安—潼关(豫陕界)	17 295
	西安—咸阳	36 650	咸阳—西安	33 374
	咸阳—杨凌	30 746	杨凌—咸阳	27 801
	杨凌—宝鸡	16 079	宝鸡—杨凌	16 108
	宝鸡—陈仓(陕甘界)	4 035	陈仓(陕甘界)—宝鸡	3 357
甘肃段	陈仓(陕甘界)—天水	3 513	天水—陈仓(陕甘界)	2 907
	天水—定西	7 096	定西—天水	16 487
	定西—兰州	26 574	兰州—定西	18 184
	兰州—龙泉寺	18 736	龙泉寺—兰州	17 931
	龙泉寺—武威	14 394	武威—龙泉寺	12 198
	武威—张掖	3 369	张掖—武威	2 890
	张掖—清水主线	2 623	清水主线—张掖	2 274
	清水主线—嘉峪关	2 635	嘉峪关—清水主线	2 315
	嘉峪关—瓜洲站	3 689	瓜洲站—嘉峪关	3 469

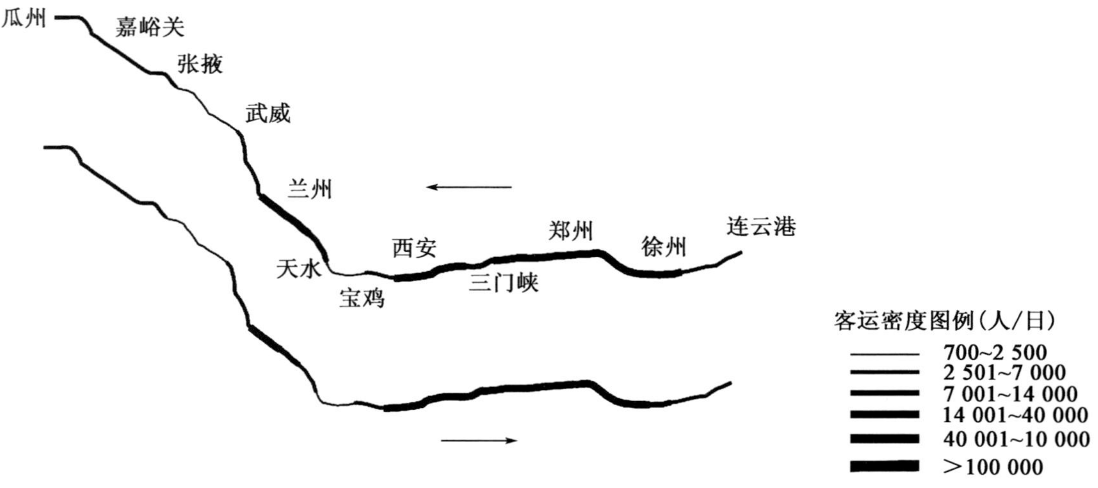

图 3.15 2010 年连霍高速公路(G30)客运密度

3.8.2　货运密度分布如表3.16和图3.16所示。

2010年连霍高速公路(G30)货运密度　　表3.16

路　段	路段起止点	货运密度(吨/日)	路段起止点	货运密度(吨/日)
江苏段	连云港—徐州	19 370	徐州—连云港	16 559
	徐州—苏皖省界	88 026	苏皖省界—徐州	44 106
安徽段	皖苏—皖豫	42 073	皖豫—皖苏	39 054
河南段	连霍豫皖界—商丘	25 346	商丘—连霍豫皖界	35 259
	商丘—开封	36 315	开封—商丘	51 319
	开封—郑州	62 381	郑州—开封	71 753
	郑州—洛阳	60 856	洛阳—郑州	64 592
	洛阳—三门峡	104 790	三门峡—洛阳	110 026
	三门峡—连霍豫陕界	93 920	连霍豫陕界—三门峡	95 873
陕西段	潼关(豫陕界)—西安	98 632	西安—潼关(豫陕界)	73 731
	西安—咸阳	23 276	咸阳—西安	27 404
	咸阳—杨凌	25 266	杨凌—咸阳	24 121
	杨凌—宝鸡	26 226	宝鸡—杨凌	22 383
	宝鸡—陈仓(陕甘界)	26 799	陈仓(陕甘界)—宝鸡	25 160
甘肃段	陈仓(陕甘界)—天水	23 495	天水—陈仓(陕甘界)	21 434
	天水—定西	23 438	定西—天水	29 371
	定西—兰州	51 481	兰州—定西	34 497
	兰州—龙泉寺	27 250	龙泉寺—兰州	23 238
	龙泉寺—武威	5 454	武威—龙泉寺	10 070
	武威—张掖	22 976	张掖—武威	20 235
	张掖—清水主线	21 365	清水主线—张掖	21 105
	清水主线—嘉峪关	22 535	嘉峪关—清水主线	23 082
	嘉峪关—瓜洲站	28 075	瓜洲站—嘉峪关	31 952

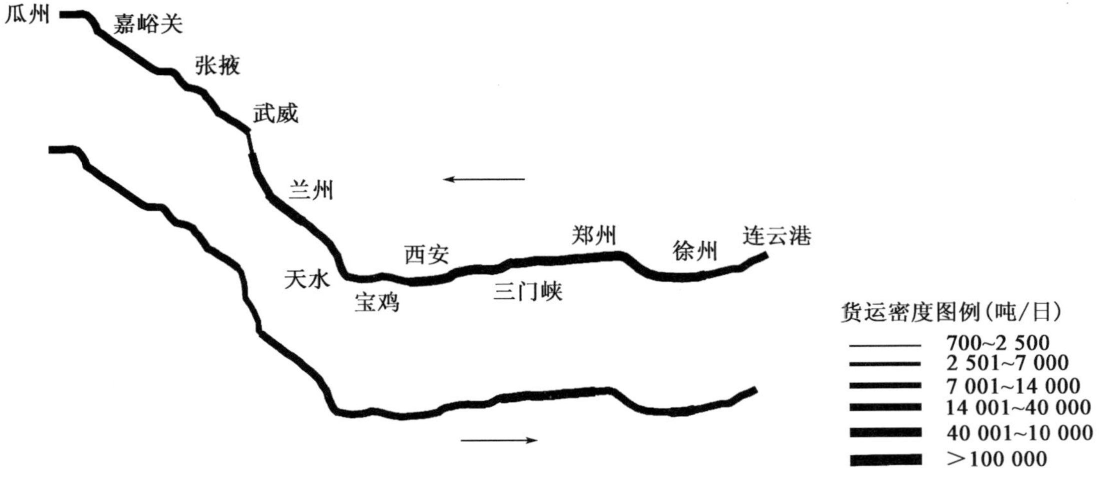

图3.16　2010年连霍高速公路(G30)货运密度

3.9 宁洛高速公路(G36)运输密度

3.9.1 客运密度分布如表3.17和图3.17所示。

2010年宁洛高速公路(G36)客运密度 表3.17

路段	路段起止点	客运密度（人/日）	路段起止点	客运密度（人/日）
安徽段	曹庄(皖苏界)—滁州	34 491	滁州—曹庄(皖苏界)	34 430
	滁州—蚌埠	31 095	蚌埠—滁州	31 257
	蚌埠—界首(豫皖界)	16 817	界首(豫皖界)—蚌埠	16 785
河南段	宁洛豫皖界—漯河	15 924	漯河—宁洛豫皖界	15 772
	漯河—平顶山	10 410	平顶山—漯河	10 426
	平顶山—洛阳	10 495	洛阳—平顶山	10 750

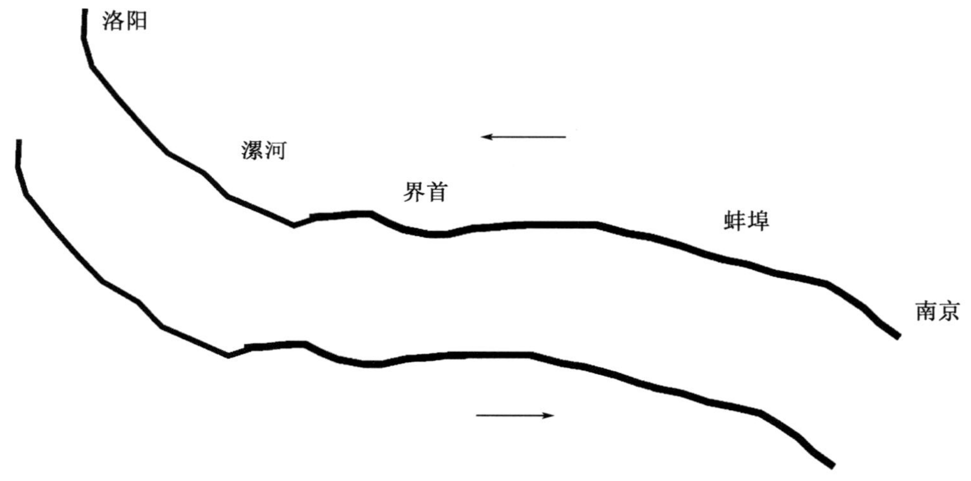

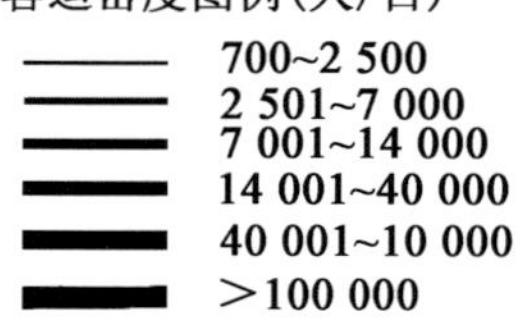

图3.17 2010年宁洛高速公路(G36)客运密度

3.9.2　货运密度分布如表 3.18 和图 3.18 所示。

2010 年宁洛高速公路(G36)货运密度　　表 3.18

路　段	路段起止点	货运密度（吨/日）	路段起止点	货运密度（吨/日）
安徽段	曹庄(皖苏界)—滁州	50 883	滁州—曹庄(皖苏界)	57 836
	滁州—蚌埠	57 989	蚌埠—滁州	55 282
	蚌埠—界首(豫皖界)	40 575	界首(豫皖界)—蚌埠	39 796
河南段	宁洛豫皖界—漯河	39 393	漯河—宁洛豫皖界	33 882
	漯河—平顶山	38 815	平顶山—漯河	26 583
	平顶山—洛阳	34 812	洛阳—平顶山	25 788

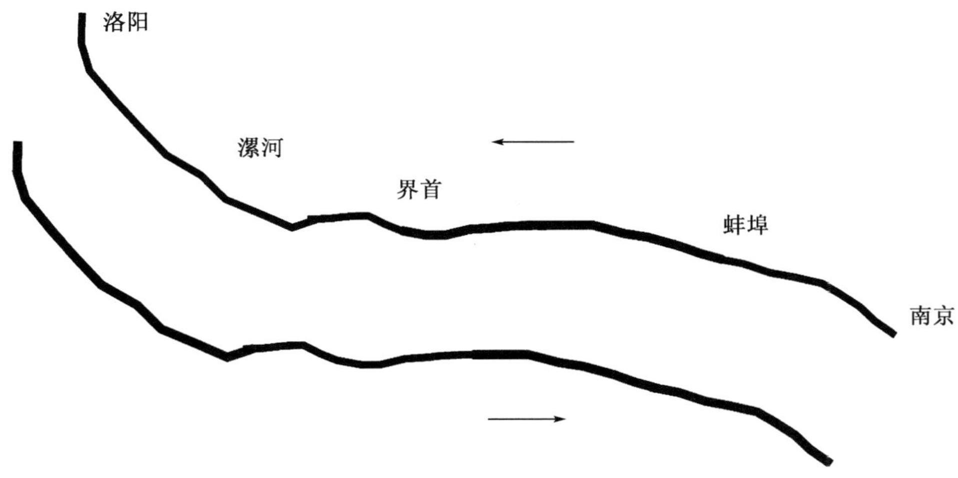

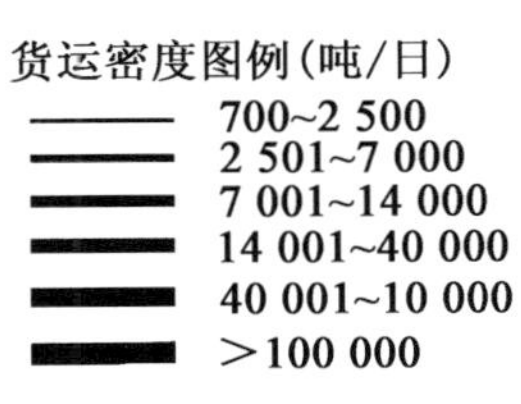

图 3.18　2010 年宁洛高速公路(G36)货运密度

3.10 沪陕高速公路(G40)运输密度

3.10.1 客运密度分布如表3.19和图3.19所示。

2010年沪陕高速公路(G40)客运密度 表3.19

路段	路段起止点	客运密度(人/日)	路段起止点	客运密度(人/日)
江苏段	南通—广陵	16 775	广陵—南通	17 189
	广陵—南京	66 675	南京—广陵	69 125
	南京—皖苏界	27 705	皖苏界—南京	30 108
安徽段	吴庄(皖苏界)—合肥	49 416	合肥—吴庄(皖苏界)	49 821
	合肥—叶集(皖豫界)	19 912	叶集(皖豫界)—合肥	21 579
河南段	沪陕豫皖界—南阳	10 062	南阳—沪陕豫皖界	10 025
	南阳—沪陕豫陕界	8 379	沪陕豫陕界—南阳	8 442
陕西段	界牌(豫陕界)—商洛	5 654	商洛—界牌(豫陕界)	5 952
	商洛—西安	16 950	西安—商洛	17 066

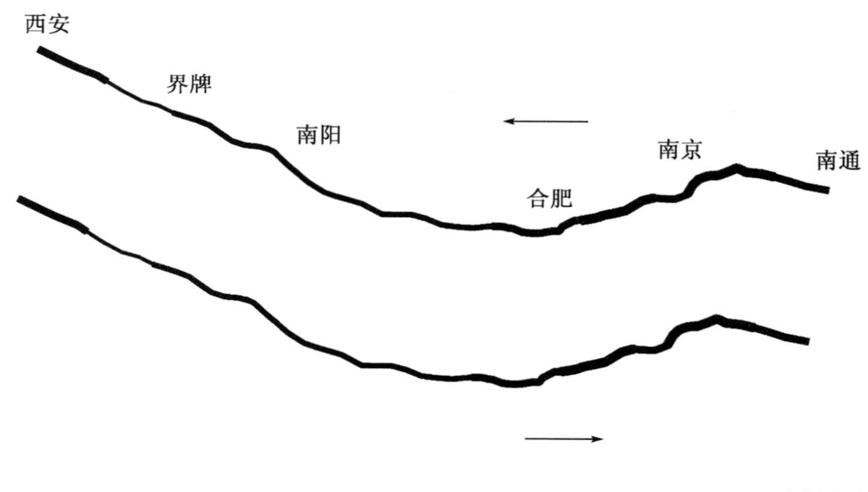

图3.19 2010年沪陕高速公路(G40)客运密度

3.10.2　货运密度分布如表3.20和图3.20所示。

2010年沪陕高速公路(G40)货运密度　　　　表3.20

路　　段	路段起止点	货运密度（吨/日）	路段起止点	货运密度（吨/日）
江苏段	南通—广陵	10 697	广陵—南通	11 070
	广陵—南京	64 410	南京—广陵	80 235
	南京—皖苏界	24 424	皖苏界—南京	24 677
安徽段	吴庄(皖苏界)—合肥	52 079	合肥—吴庄(皖苏界)	48 397
	合肥—叶集(皖豫界)	24 592	叶集(皖豫界)—合肥	34 486
河南段	沪陕豫皖界—南阳	11 289	南阳—沪陕豫皖界	16 782
	南阳—沪陕豫陕界	18 846	沪陕豫陕界—南阳	30 687
陕西段	界牌(豫陕界)—商洛	39 426	商洛—界牌(豫陕界)	64 318
	商洛—西安	49 717	西安—商洛	100 523

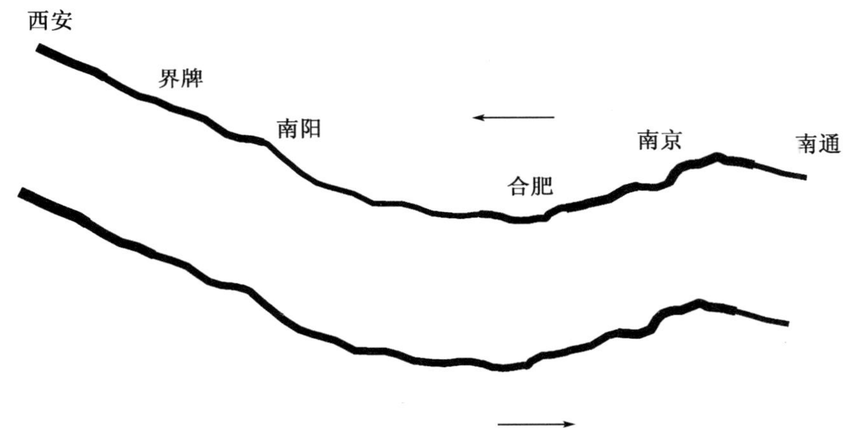

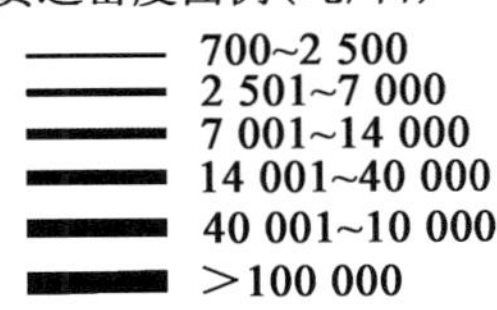

图3.20　2010年沪陕高速公路(G40)货运密度

3.11 沪蓉高速公路(G42)运输密度

3.11.1 客运密度分布如表3.21和图3.21所示。

2010年沪蓉高速公路(G42)客运密度

表3.21

路段	路段起止点	客运密度(人/日)	路段起止点	客运密度(人/日)
上海段	江桥—安亭主线(沪苏界)	107 996	安亭主线(沪苏界)—江桥	108 628
江苏段	花桥主线(沪苏界)—苏州	104 147	苏州—花桥主线(沪苏界)	105 939
	苏州—无锡	130 519	无锡—苏州	132 322
	无锡—南京	74 564	南京—无锡	77 731
	南京—皖苏界	27 705	皖苏界—南京	30 108
安徽段	吴庄(皖苏界)—合肥	49 416	合肥—吴庄(皖苏界)	49 821
	合肥—六安	22 886	六安—合肥	25 434
	六安—长岭关(皖鄂界)	1 605	长岭关(皖鄂界)—六安	1 469
湖北段	麻城—武汉	1 832	武汉—麻城	1 716
	武汉—荆门	3 586	荆门—武汉	3 889
	荆门—宜昌	19 085	宜昌—荆门	13 790
重庆段	云阳—垫江	12 372	垫江—云阳	12 293
四川段	邻水—南充	13 994	南充—邻水	13 781
	南充—遂宁	24 548	遂宁—南充	23 492
	遂宁—成都	42 628	成都—遂宁	42 499

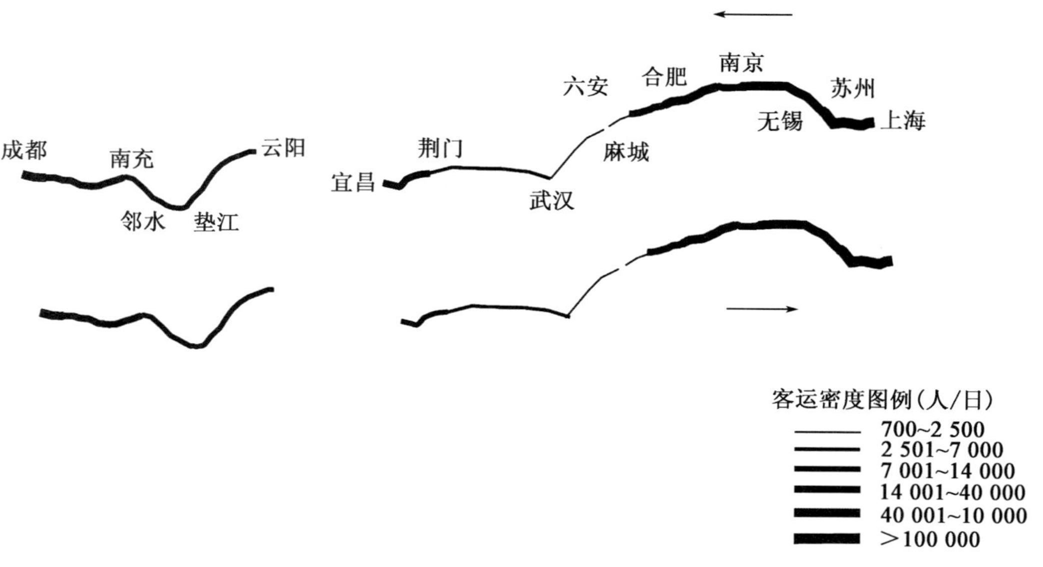

图3.21 2010年沪蓉高速公路(G42)客运密度

3.11.2　货运密度分布如表 3.22 和图 3.22 所示。

2010 年沪蓉高速公路(G42)货运密度　　表 3.22

路　段	路段起止点	货运密度（吨/日）	路段起止点	货运密度（吨/日）
上海段	江桥—安亭主线(沪苏界)	59 186	安亭主线(沪苏界)—江桥	52 081
江苏段	花桥主线(沪苏界)—苏州	64 322	苏州—花桥主线(沪苏界)	60 572
	苏州—无锡	102 964	无锡—苏州	145 803
	无锡—南京	72 966	南京—无锡	92 871
	南京—皖苏界	24 424	皖苏界—南京	24 677
安徽段	吴庄(皖苏界)—合肥	52 079	合肥—吴庄(皖苏界)	48 397
	合肥—六安	25 895	六安—合肥	37 880
	六安—长岭关(皖鄂界)	1 822	长岭关(皖鄂界)—六安	1 595
湖北段	麻城—武汉	1 234	武汉—麻城	1 106
	武汉—荆门	2 460	荆门—武汉	3 674
	荆门—宜昌	19 085	宜昌—荆门	13 790
重庆段	云阳—垫江	3 876	垫江—云阳	6 082
四川段	邻水—南充	22 402	南充—邻水	13 306
	南充—遂宁	17 435	遂宁—南充	18 985
	遂宁—成都	37 902	成都—遂宁	40 994

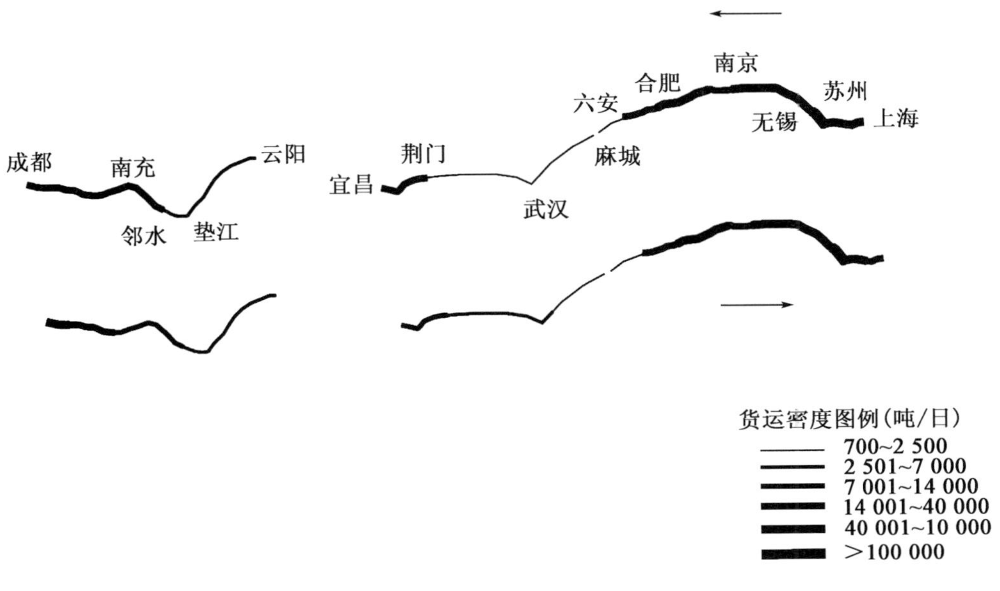

图 3.22　2010 年沪蓉高速公路(G42)货运密度

3.12 沪渝高速公路(G50)运输密度

3.12.1 客运密度分布如表3.23和图3.23所示。

2010年沪渝高速公路(G50)客运密度

表3.23

路段	路段起止点	客运密度(人/日)	路段起止点	客运密度(人/日)
上海段	徐泾—嘉松	96 044	嘉松—徐泾	87 398
	嘉松—沪青平(苏沪界)	39 734	沪青平(苏沪界)—嘉松	39 757
江苏段	苏沪主线—苏浙省界	23 986	苏浙省界—苏沪主线	22 617
浙江段	浙苏主线—湖州	22 496	湖州—浙苏主线	21 622
	湖州—浙皖主线	32 028	浙皖主线—湖州	31 128
安徽段	广德(浙皖界)—宣城	29 208	宣城—广德(浙皖界)	29 131
	宣城—芜湖	19 416	芜湖—宣城	19 363
	芜湖—安庆	19 800	安庆—芜湖	20 042
	安庆—怀宁	23 959	怀宁—安庆	24 217
	怀宁—宿松(皖鄂界)	18 574	宿松(皖鄂界)—怀宁	18 691
湖北段	鄂皖界—黄梅	14 707	黄梅—鄂皖界	14 790
	黄梅—黄石	24 012	黄石—黄梅	23 866
	黄石—武汉	56 537	武汉—黄石	56 540
	武汉—荆州	45 294	荆州—武汉	44 913
	荆州—宜昌	22 178	宜昌—荆州	22 465
	宜昌—白羊塘(鄂渝界)	12 183	白羊塘(鄂渝界)—宜昌	12 291
重庆段	冷水(鄂渝界)—垫江	10 493	垫江—冷水(鄂渝界)	10 219
	垫江—长寿	27 783	长寿—垫江	27 808
	长寿—重庆	50 612	重庆—长寿	50 755

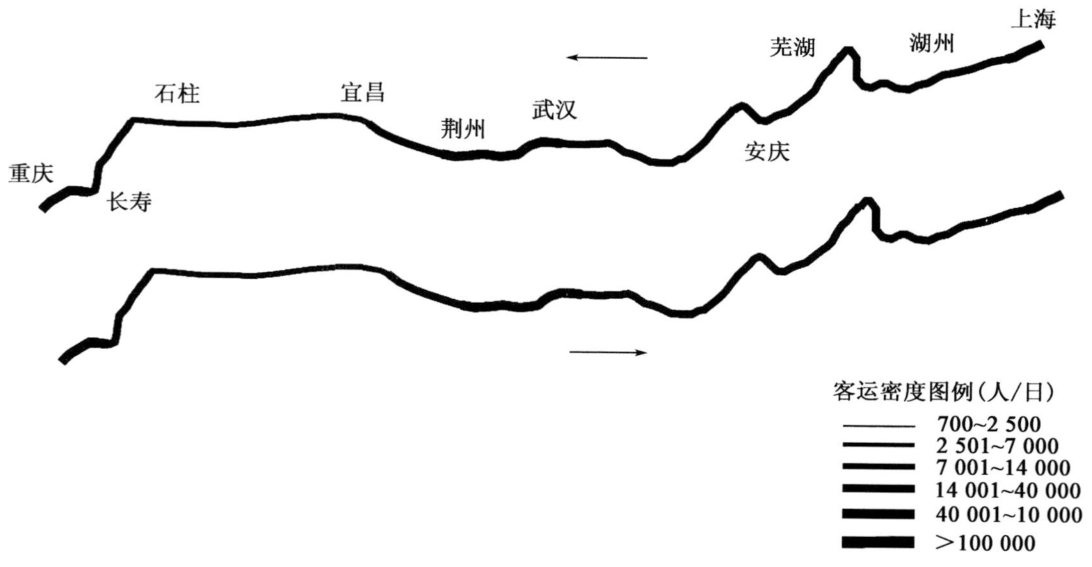

图3.23 2010年沪渝高速公路(G50)客运密度

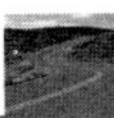

3.12.2　货运密度分布如表3.24和图3.24所示。

2010年沪渝高速公路(G50)货运密度　　表3.24

路段	路段起止点	货运密度(吨/日)	路段起止点	货运密度(吨/日)
上海段	徐泾—嘉松	44 445	嘉松—徐泾	30 137
	嘉松—沪青平(苏沪界)	22 792	沪青平(苏沪界)—嘉松	28 395
江苏段	苏沪主线—苏浙省界	14 060	苏浙省界—苏沪主线	12 239
浙江段	浙苏主线—湖州	15 516	湖州—浙苏主线	16 163
	湖州—浙皖主线	46 423	浙皖主线—湖州	55 065
安徽段	广德(浙皖界)—宣城	52 427	宣城—广德(浙皖界)	53 429
	宣城—芜湖	41 677	芜湖—宣城	47 173
	芜湖—安庆	21 418	安庆—芜湖	21 524
	安庆—怀宁	31 042	怀宁—安庆	35 434
	怀宁—宿松(皖鄂界)	70 213	宿松(皖鄂界)—怀宁	62 692
湖北段	鄂皖界—黄梅	58 126	黄梅—鄂皖界	53 574
	黄梅—黄石	51 842	黄石—黄梅	54 775
	黄石—武汉	59 960	武汉—黄石	61 941
	武汉—荆州	34 403	荆州—武汉	29 472
	荆州—宜昌	26 389	宜昌—荆州	20 672
	宜昌—白羊塘(鄂渝界)	23 482	白羊塘(鄂渝界)—宜昌	15 724
重庆段	冷水(鄂渝界)—垫江	22 678	垫江—冷水(鄂渝界)	16 260
	垫江—长寿	19 327	长寿—垫江	16 864
	长寿—重庆	23 351	重庆—长寿	22 901

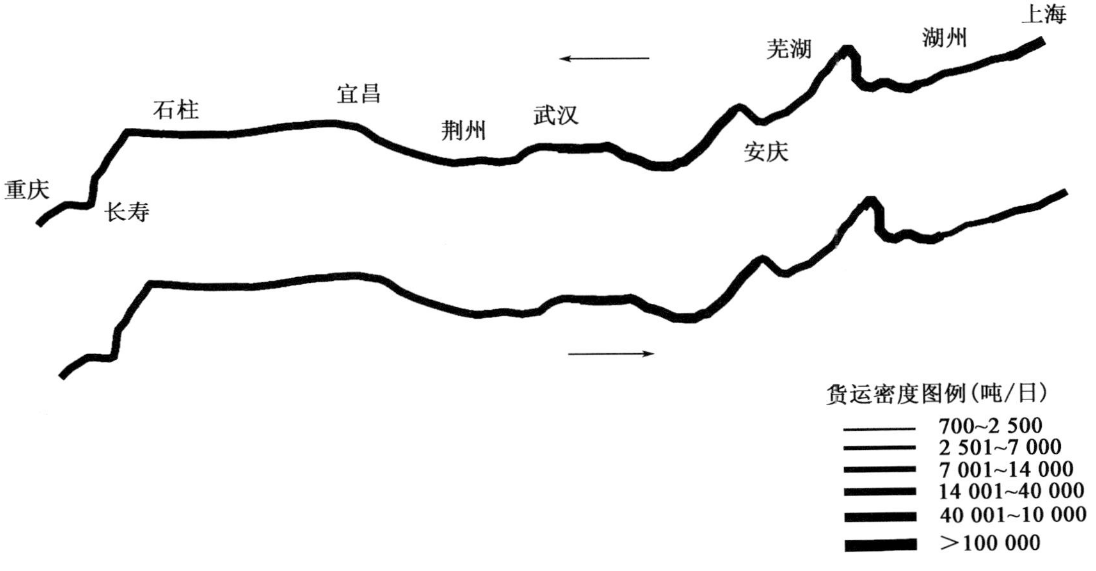

图3.24　2010年沪渝高速公路(G50)货运密度

3.13 沪昆高速公路(G60)运输密度

3.13.1 客运密度分布如表3.25和图3.25所示。

2010年沪昆高速公路(G60)客运密度 表3.25

路　段	路段起止点	客运密度(人/日)	路段起止点	客运密度(人/日)
上海段	莘庄—新桥	161 770	新桥—莘庄	160 806
	新桥—大港	117 511	大港—新桥	118 521
	大港—枫泾(浙沪界)	89 988	枫泾(浙沪界)—大港	89 658
浙江段	大云(浙沪界)—嘉兴	79 410	嘉兴—大云(浙沪界)	83 859
	嘉兴—杭州	99 913	杭州—嘉兴	106 060
	杭州—金华	52 294	金华—杭州	52 485
	金华—龙游	29 955	龙游—金华	31 298
	龙游—浙赣界	43 852	浙赣界—龙游	44 499
江西段	浙赣界—上饶	32 716	上饶—浙赣界	32 303
	上饶—鹰潭	34 103	鹰潭—上饶	33 676
	鹰潭—南昌	34 185	南昌—鹰潭	33 532
	南昌—新余	41 142	新余—南昌	40 531
	新余—萍乡	30 374	萍乡—新余	29 934
	萍乡—赣湘界	25 821	赣湘界—萍乡	25 248
湖南段	赣湘界—株洲	23 675	株洲—赣湘界	23 582
	株洲—娄底	43 846	娄底—株洲	43 514
	娄底—邵阳	31 478	邵阳—娄底	32 953
	邵阳—怀化	28 086	怀化—邵阳	26 659
	怀化—新晃(湘黔界)	15 894	新晃(湘黔界)—怀化	15 667
贵州段	湘黔界—麻江	19 194	麻江—湘黔界	18 654
	麻江—贵阳	38 488	贵阳—麻江	38 250
	贵阳—镇宁	28 980	镇宁—贵阳	28 833
	镇宁—胜境关(黔滇界)	8 900	胜境关(黔滇界)—镇宁	8 713
云南段	胜境关(黔滇界)—曲靖	16 072	曲靖—胜境关(黔滇界)	15 679
	曲靖—嵩明	18 494	嵩明—曲靖	17 811
	嵩明—昆明	76 965	昆明—嵩明	76 075

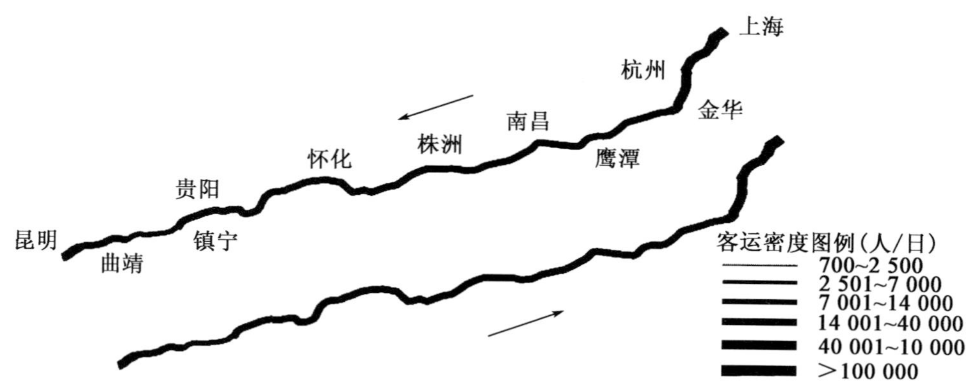

图3.25 2010年沪昆高速公路(G60)客运密度

3.13.2　货运密度分布如表3.26和图3.26所示。

2010年沪昆高速公路(G60)货运密度

表3.26

路　段	路段起止点	货运密度(吨/日)	路段起止点	货运密度(吨/日)
上海段	莘庄—新桥	47 693	新桥—莘庄	47 611
	新桥—大港	38 276	大港—新桥	41 048
	大港—枫泾(浙沪界)	62 117	枫泾(浙沪界)—大港	62 516
浙江段	大云(浙沪界)—嘉兴	53 992	嘉兴—大云(浙沪界)	58 439
	嘉兴—杭州	99 120	杭州—嘉兴	78 707
	杭州—金华	64 616	金华—杭州	50 304
	金华—龙游	40 373	龙游—金华	58 838
	龙游—浙赣界	103 368	浙赣界—龙游	109 552
江西段	浙赣界—上饶	100 397	上饶—浙赣界	100 826
	上饶—鹰潭	99 294	鹰潭—上饶	103 241
	鹰潭—南昌	89 410	南昌—鹰潭	87 728
	南昌—新余	102 936	新余—南昌	100 820
	新余—萍乡	45 126	萍乡—新余	45 060
	萍乡—赣湘界	47 230	赣湘界—萍乡	46 001
湖南段	赣湘界—株洲	42 517	株洲—赣湘界	43 300
	株洲—娄底	38 929	娄底—株洲	33 506
	娄底—邵阳	32 084	邵阳—娄底	22 628
	邵阳—怀化	24 596	怀化—邵阳	27 359
	怀化—新晃(湘黔界)	19 755	新晃(湘黔界)—怀化	14 402
贵州段	湘黔界—麻江	18 609	麻江—湘黔界	19 078
	麻江—贵阳	36 937	贵阳—麻江	39 341
	贵阳—镇宁	15 552	镇宁—贵阳	17 774
	镇宁—胜境关(黔滇界)	9 950	胜境关(黔滇界)—镇宁	11 139
云南段	胜境关(黔滇界)—曲靖	14 492	曲靖—胜境关(黔滇界)	14 832
	曲靖—嵩明	10 260	嵩明—曲靖	10 576
	嵩明—昆明	39 105	昆明—嵩明	43 145

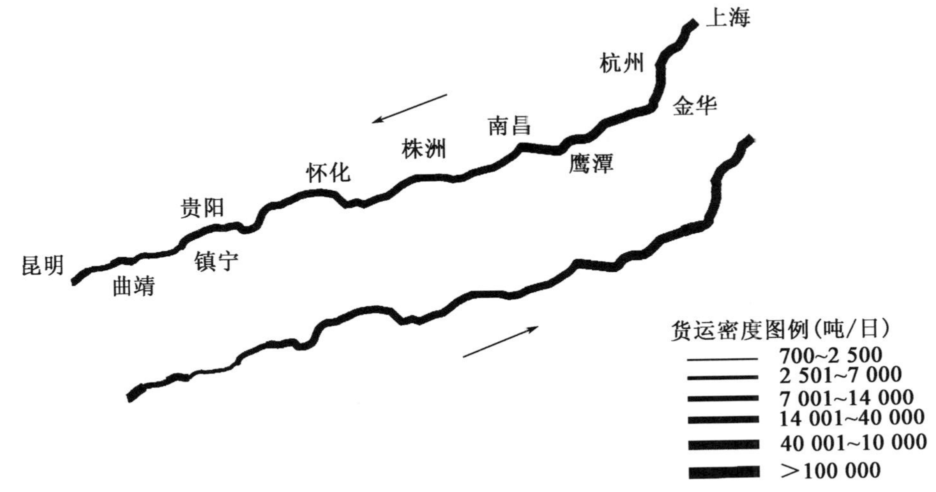

图3.26　2010年沪昆高速公路(G60)货运密度

3.14 包茂高速公路(G65)运输密度

3.14.1 客运密度分布如表3.27和图3.27所示。

2010年包茂高速公路(G65)客运密度 表3.27

路段	路段起止点	客运密度(人/日)	路段起止点	客运密度(人/日)
内蒙段	包头—蒙陕界	5 322	蒙陕界—包头	3 105
陕西段	陕蒙界—榆林	5 862	榆林—陕蒙界	5 798
	榆林—靖边	10 304	靖边—榆林	9 920
	靖边—延安	9 310	延安—靖边	9 803
	延安—铜川	16 071	铜川—延安	16 464
	铜川—未央(西安)	16 841	未央(西安)—铜川	16 171
	西安—安康	6 277	安康—西安	6 018
四川段	达州—邻水	9 413	邻水—达州	10 347
	邻水—川渝界	12 968	川渝界—邻水	10 847
重庆段	草坝场(川渝界)—重庆	18 042	重庆—草坝场(川渝界)	18 243
	重庆—南川	17 791	南川—重庆	17 808
	南川—武隆	9 453	武隆—南川	9 506
	武隆—黔江	4 573	黔江—武隆	4 522
	黔江—濯水	611	濯水—黔江	551

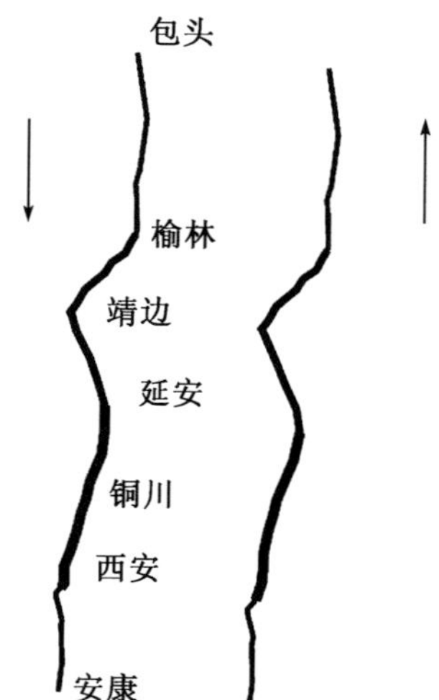

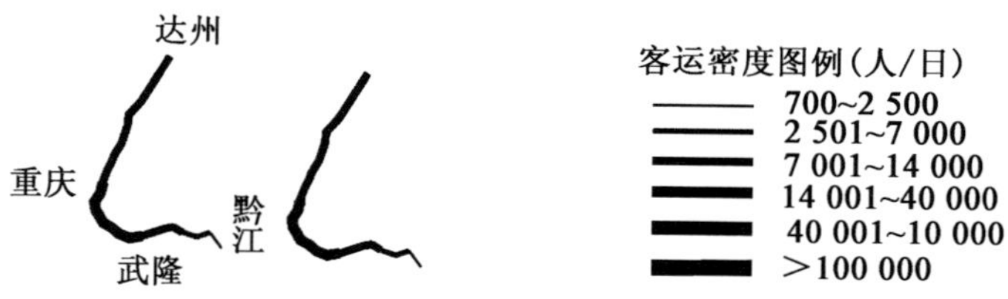

图3.27 2010年包茂高速公路(G65)客运密度

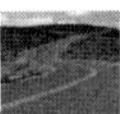

3.14.2 货运密度分布如表 3.28 和图 3.28 所示。

2010 年包茂高速公路(G65)货运密度

表 3.28

路 段	路段起止点	货运密度(吨/日)	路段起止点	货运密度(吨/日)
内蒙段	包头—蒙陕界	57 907	蒙陕界—包头	7 077
陕西段	陕蒙界—榆林	86 957	榆林—陕蒙界	15 688
	榆林—靖边	84 509	靖边—榆林	18 230
	靖边—延安	96 310	延安—靖边	31 506
	延安—铜川	94 509	铜川—延安	59 428
	铜川—未央(西安)	94 579	未央(西安)—铜川	37 171
	西安—安康	6 555	安康—西安	2 070
四川段	达州—邻水	10 712	邻水—达州	10 268
	邻水—川渝界	7 297	川渝界—邻水	6 566
重庆段	草坝场(川渝界)—重庆	10 560	重庆—草坝场(川渝界)	7 859
	重庆—南川	6 356	南川—重庆	5 450
	南川—武隆	3 892	武隆—南川	2 648
	武隆—黔江	3 190	黔江—武隆	2 320
	黔江—濯水	624	濯水—黔江	316

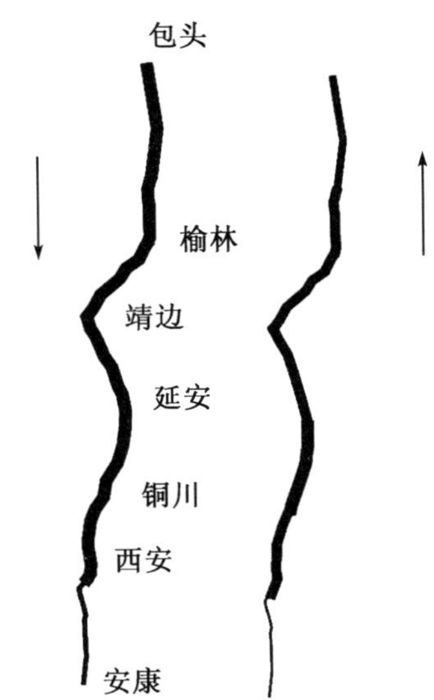

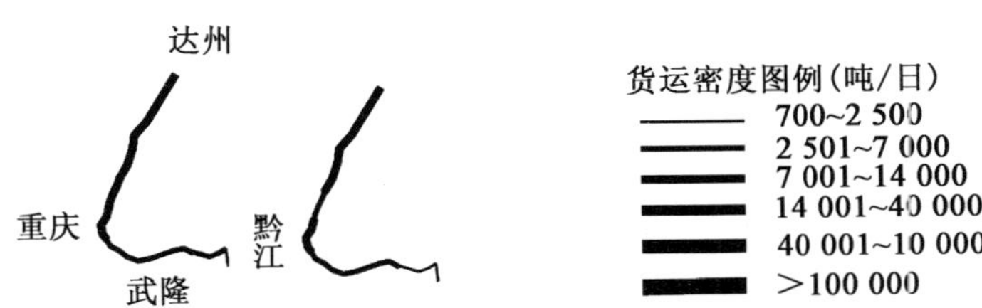

图 3.28 2010 年包茂高速公路(G65)货运密度

3.15 兰海高速公路(G75)运输密度

3.15.1 客运密度分布如表3.29和图3.29所示。

2010年兰海高速公路(G75)客运密度

表3.29

路段	路段起止点	客运密度(人/日)	路段起止点	客运密度(人/日)
甘肃段	兰州—康家崖	16 684	康家崖—兰州	16 671
	康家崖—临洮	6 196	临洮—康家崖	6 107
四川段	南充—南渝四川站	9 319	南渝四川站—南充	9 068
重庆段	兴山(川渝界)—合川	10 011	合川—兴山(川渝界)	12 108
	合川—重庆	28 394	重庆—合川	37 453
	重庆—綦江	36 473	綦江—重庆	36 165
	綦江—崇溪河(渝黔界)	21 554	崇溪河(渝黔界)—綦江	21 413
贵州段	崇溪河(渝黔界)—遵义	19 686	遵义—崇溪河(渝黔界)	19 388
	遵义—贵阳	33 418	贵阳—遵义	33 437
	贵阳—都匀	38 250	都匀—贵阳	38 488
	都匀—新寨(黔桂界)	12 438	新寨(黔桂界)—都匀	12 432
广西段	都安—南宁	29 891	南宁—都安	27 179
	南宁—钦州	53 932	钦州—南宁	53 355
	钦州—桂海(桂粤界)	37 205	桂海(桂粤界)—钦州	37 977
广东段	粤西(桂粤界)—湛江	12 569	湛江—粤西(桂粤界)	12 630

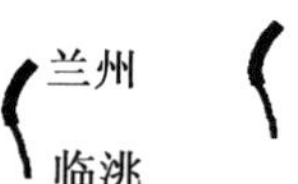

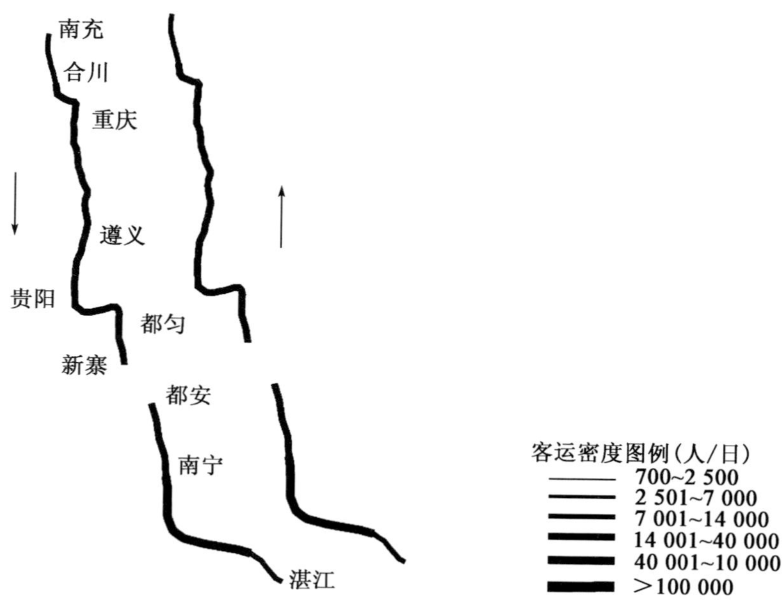

图3.29 2010年兰海高速公路(G75)客运密度

3.15.2　货运密度分布如表3.30和图3.30所示。

2010年兰海高速公路(G75)货运密度　　表3.30

路　段	路段起止点	货运密度（吨/日）	路段起止点	货运密度（吨/日）
甘肃段	兰州—康家崖	7 242	康家崖—兰州	4 359
	康家崖—临洮	1 995	临洮—康家崖	1 308
四川段	南充—南渝四川站	2 538	南渝四川站—南充	3 807
重庆段	兴山(川渝界)—合川	4 055	合川—兴山(川渝界)	4 913
	合川—重庆	10 937	重庆—合川	12 245
	重庆—綦江	26 642	綦江—重庆	30 459
	綦江—崇溪河(渝黔界)	21 415	崇溪河(渝黔界)—綦江	25 029
贵州段	崇溪河(渝黔界)—遵义	17 795	遵义—崇溪河(渝黔界)	22 987
	遵义—贵阳	20 208	贵阳—遵义	23 007
	贵阳—都匀	39 341	都匀—贵阳	36 937
	都匀—新寨(黔桂界)	20 680	新寨(黔桂界)—都匀	20 152
广西段	都安—南宁	12 875	南宁—都安	11 978
	南宁—钦州	33 363	钦州—南宁	41 053
	钦州—桂海(桂粤界)	26 146	桂海(桂粤界)—钦州	24 770
广东段	粤西(桂粤界)—湛江	21 563	湛江—粤西(桂粤界)	22 871

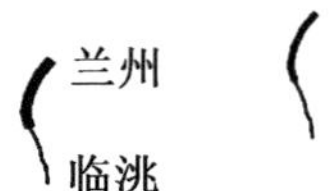

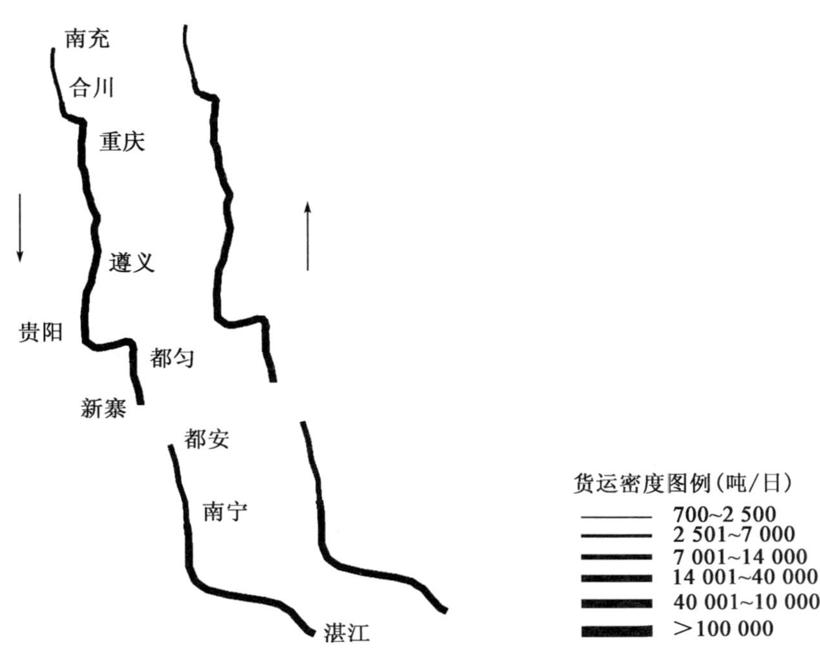

图3.30　2010年兰海高速公路(G65)货运密度

第4章 部分省(市)高速公路运输密度

4.1 河北省高速公路运输密度

4.1.1 客运密度分布如表4.1和图4.1所示。

2010年河北省高速公路客运密度 表4.1

路段起止点	客运密度（人/日）	路段起止点	客运密度（人/日）
宣化主线—东洋河	13 445	东洋河—宣化主线	12 826
东花园—宣化主线	28 674	宣化主线—东花园	28 800
张北主线—深井	5 589	深井—张北主线	5 874
化稍营—蔚县	948	蔚县—化稍营	903
冀晋主线—宣化主线	9 246	宣化主线—冀晋主线	8 006
迁安—香河	41 384	香河—迁安	41 841
秦皇岛—迁安	31 016	迁安—秦皇岛	33 673
万家主线—秦皇岛	18 522	秦皇岛—万家主线	15 874
秦皇岛—京唐港	2 177	京唐港—秦皇岛	2 279
京唐港—涧河	4 518	涧河—京唐港	4 379
京唐港—唐山	13 282	唐山—京唐港	13 181
唐津—唐山	5 441	唐山—唐津	3 941
唐山—丰南西	5 541	丰南西—唐山	3 695
唐山西—党裕	8 312	党裕—唐山西	8 687
唐山西—曹妃甸	5 291	曹妃甸—唐山西	4 569
涿州北—京石保津虚	45 421	京石保津虚—涿州北	45 472
京石保津虚—冀津主线	16 365	冀津主线—京石保津虚	16 541
京石保津虚—石家庄北	38 686	石家庄北—京石保津虚	38 783
石家庄北—井陉西	12 480	井陉西—石家庄北	12 347
廊坊西—正定	5 365	正定—廊坊西	5 593
衡水北—石家庄北	12 853	石家庄北—衡水北	12 468
石家庄北—栾城	38 386	栾城—石家庄北	38 585
栾城—临漳	24 947	临漳—栾城	25 544
邯郸西—冀鲁主线	8 341	冀鲁主线—邯郸西	7 939
邢台南—冀鲁界	2 127	冀鲁界—邢台南	1 950
衡水北—景州主线	1 499	景州主线—衡水北	1 468
石太青银虚—栾城	6 453	栾城—石太青银虚	6 339
栾城—清河	8 746	清河—栾城	8 901
河城街—衡水北	7 188	衡水北—河城街	7 241
沧州西—河城街	12 751	河城街—沧州西	13 154
黄骅港—沧州西	4 448	沧州西—黄骅港	4 781
黄骅北—海兴	17 460	海兴—黄骅北	18 234
青县主线—沧州南	33 802	沧州南—青县主线	33 547

续上表

路段起止点	客运密度（人/日）	路段起止点	客运密度（人/日）
沧州南—吴桥主线	22 418	吴桥主线—沧州南	22 605
京冀主线—霸州	517	霸州—京冀主线	492
霸州—高阳	2 348	高阳—霸州	2 478
高阳—衡水	4 594	衡水—高阳	5 077
衡水—威县	3 863	威县—衡水	4 257
威县—大明	1 714	大明—威县	1 864
保定—沧州	6 803	沧州—保定	6 770
邯郸西—涉县	4 621	涉县—邯郸西	5 086
保定—阜平	876	阜平—保定	912
屈家庄—崇礼	988	崇礼—屈家庄	756
党裕—遵化	4 634	遵化—党裕	4 546

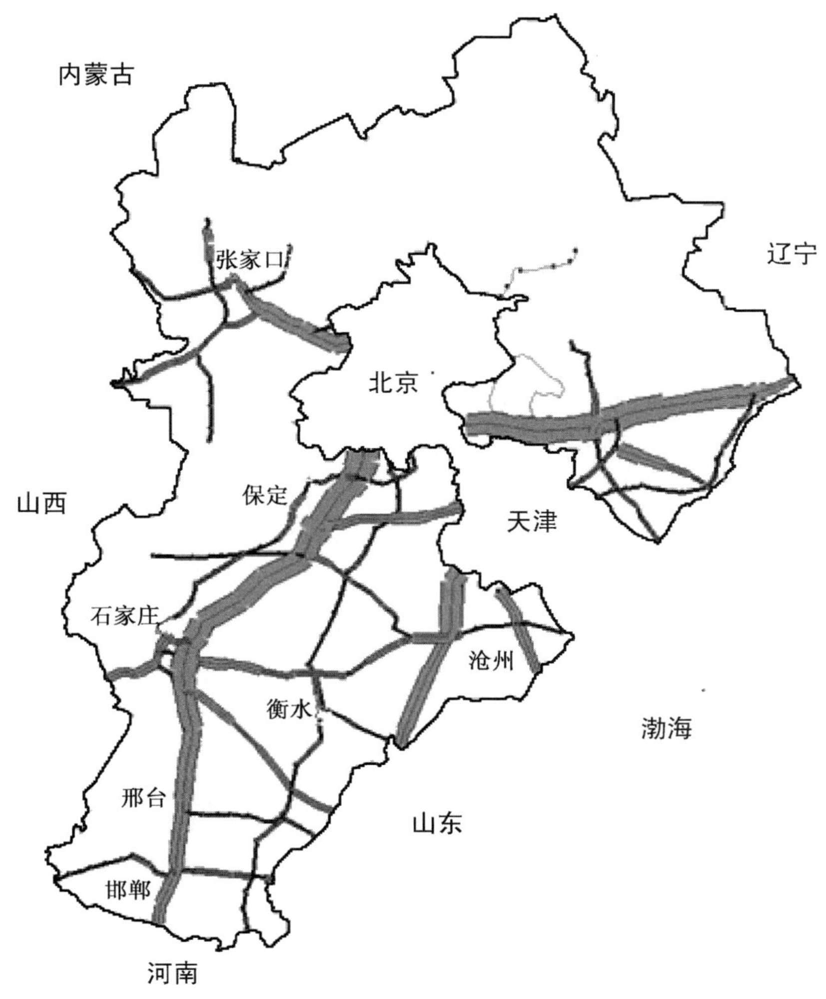

注：未含京津塘高速河北段和京承高速河北段

图 4.1　2010 年河北省高速公路日均客运密度

4.1.2 货运密度分布如表4.2和图4.2所示。

2010年河北省高速公路货运密度 表4.2

路段起止点	客运密度（人/日）	路段起止点	客运密度（人/日）
宣化主线—东洋河	91 800	东洋河—宣化主线	193 333
东花园—宣化主线	124 145	宣化主线—东花园	244 678
张北主线—深井	11 660	深井—张北主线	9 814
化稍营—蔚县	4 485	蔚县—化稍营	539
冀晋主线—宣化主线	30 822	宣化主线—冀晋主线	13 001
迁安—香河	112 638	香河—迁安	116 735
秦皇岛—迁安	76 646	迁安—秦皇岛	136 808
万家主线—秦皇岛	78 182	秦皇岛—万家主线	91 720
秦皇岛—京唐港	7 925	京唐港—秦皇岛	6 171
京唐港—涧河	21 892	涧河—京唐港	16 881
京唐港—唐山	19 061	唐山—京唐港	28 844
唐津—唐山	35 854	唐山—唐津	41 498
唐山—丰南西	105 149	丰南西—唐山	38 301
唐山西—党裕	10 924	党裕—唐山西	13 032
唐山西—曹妃甸	12 048	曹妃甸—唐山西	9 897
涿州北—京石保津虚	99 428	京石保津虚—涿州北	104 487
京石保津虚—冀津主线	77 671	冀津主线—京石保津虚	48 472
京石保津虚—石家庄北	108 241	石家庄北—京石保津虚	138 564
石家庄北—井陉西	63 837	井陉西—石家庄北	144 535
廊坊西—正定	15 712	正定—廊坊西	21 642
衡水北—石家庄北	36 508	石家庄北—衡水北	61 680
石家庄北—栾城	95 131	栾城—石家庄北	93 535
栾城—临漳	152 155	临漳—栾城	110 853
邯郸西—冀鲁主线	89 022	冀鲁主线—邯郸西	85 134
邢台南—冀鲁界	19 613	冀鲁界—邢台南	13 574
衡水北—景州主线	6 311	景州主线—衡水北	2 695
石太青银虚—栾城	154 034	栾城—石太青银虚	51 936
栾城—清河	99 306	清河—栾城	45 868
河城街—衡水北	46 750	衡水北—河城街	59 803
沧州西—河城街	60 235	河城街—沧州西	70 869
黄骅港—沧州西	17 407	沧州西—黄骅港	21 035
黄骅北—海兴	135 587	海兴—黄骅北	125 542
青县主线—沧州南	171 194	沧州南—青县主线	162 049
沧州南—吴桥主线	112 238	吴桥主线—沧州南	98 991
京冀主线—霸州	1 337	霸州—京冀主线	1 492
霸州—高阳	15 965	高阳—霸州	15 651
高阳—衡水	24 943	衡水—高阳	20 910
衡水—威县	31 621	威县—衡水	25 589
威县—大明	16 118	大明—威县	12 914
保定—沧州	50 720	沧州—保定	23 114
邯郸西—涉县	22 409	涉县—邯郸西	40 993
保定—阜平	2 737	阜平—保定	12 651
屈家庄—崇礼	500	崇礼—屈家庄	1 037
党裕—遵化	4 093	遵化—党裕	3 997

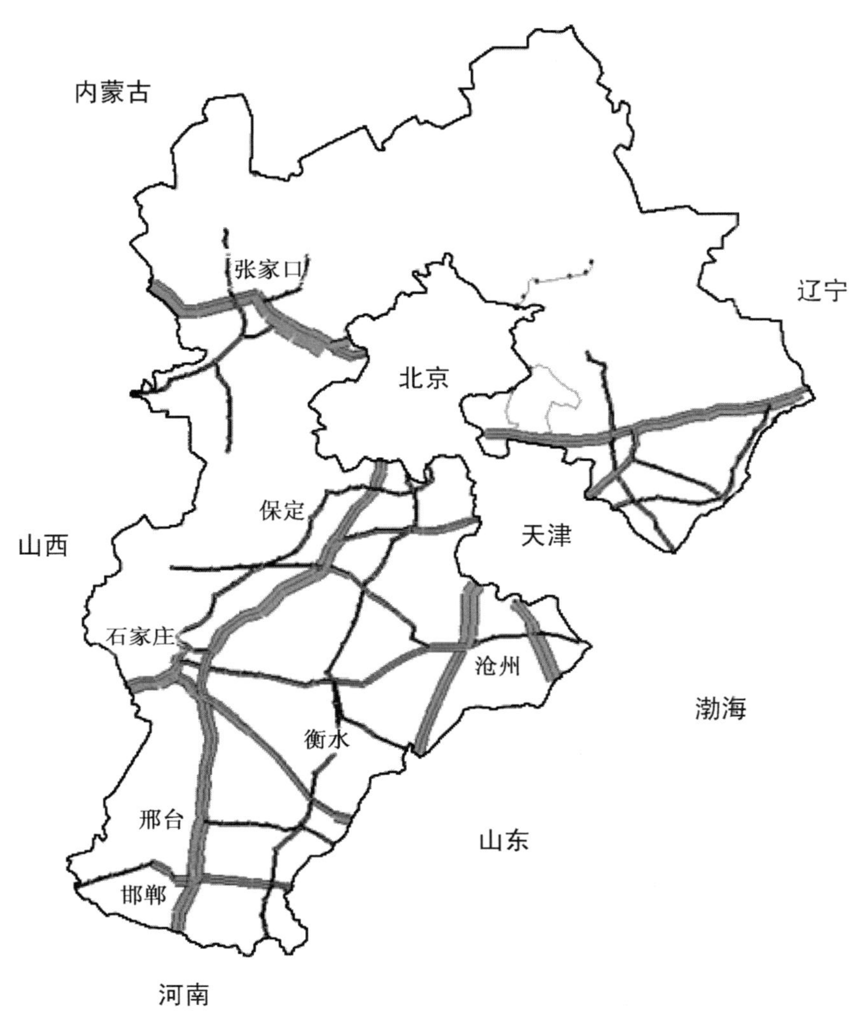

日均货运密度
(吨/日)

300 000 150 000 75 000

注：未含京津塘高速河北段和京承高速河北段

图 4.2　2010 年河北省高速公路日均货运密度

4.1.3 道路负荷分布如表4.3和图4.3所示。

2010年河北省高速公路轴载 表4.3

路段起止点	轴载（标准轴载当量轴次/日）	路段起止点	轴载（标准轴载当量轴次/日）
宣化主线—东洋河	18 786	东洋河—宣化主线	52 269
东花园—宣化主线	27 203	宣化主线—东花园	90 797
张北主线—深井	5 106	深井—张北主线	2 624
化稍营—蔚县	1 233	蔚县—化稍营	203
冀晋主线—宣化主线	7 081	宣化主线—冀晋主线	2 845
迁安—香河	85 532	香河—迁安	43 652
秦皇岛—迁安	41 478	迁安—秦皇岛	41 136
万家主线—秦皇岛	57 759	秦皇岛—万家主线	33 926
秦皇岛—京唐港	22 620	京唐港—秦皇岛	15 369
京唐港—涧河	28 017	涧河—京唐港	24 575
京唐港—唐山	18 446	唐山—京唐港	26 060
唐津—唐山	23 525	唐山—唐津	20 311
唐山—丰南西	79 742	丰南西—唐山	32 852
唐山西—党裕	11 050	党裕—唐山西	28 135
唐山西—曹妃甸	13 183	曹妃甸—唐山西	10 745
涿州北—京石保津虚	41 780	京石保津虚—涿州北	45 817
京石保津虚—冀津主线	38 479	冀津主线—京石保津虚	15 565
京石保津虚—石家庄北	38 347	石家庄北—京石保津虚	56 250
石家庄北—井陉西	13 256	井陉西—石家庄北	38 089
廊坊西—正定	6 858	正定—廊坊西	20 243
衡水北—石家庄北	8 462	石家庄北—衡水北	22 252
石家庄北—栾城	34 475	栾城—石家庄北	30 961
栾城—临漳	56 011	临漳—栾城	37 856
邯郸西—冀鲁主线	35 457	冀鲁主线—邯郸西	23 851
邢台南—冀鲁界	9 418	冀鲁界—邢台南	3 992
衡水北—景州主线	3 194	景州主线—衡水北	953
石太青银虚—栾城	47 782	栾城—石太青银虚	13 023
栾城—清河	27 410	清河—栾城	8 152
河城街—衡水北	10 808	衡水北—河城街	18 140
沧州西—河城街	14 245	河城街—沧州西	20 243
黄骅港—沧州西	4 686	沧州西—黄骅港	6 054
黄骅北—海兴	32 447	海兴—黄骅北	27 744
青县主线—沧州南	42 246	沧州南—青县主线	40 075
沧州南—吴桥主线	27 880	吴桥主线—沧州南	21 771
京冀主线—霸州	878	霸州—京冀主线	435
霸州—高阳	3 839	高阳—霸州	4 984
高阳—衡水	6 449	衡水—高阳	6 343
衡水—威县	7 498	威县—衡水	7 546
威县—大明	3 816	大明—威县	3 858
保定—沧州	26 546	沧州—保定	6 706
邯郸西—涉县	10 943	涉县—邯郸西	26 910
保定—阜平	698	阜平—保定	6 384
屈家庄—崇礼	471	崇礼—屈家庄	437
党裕—遵化	2 337	遵化—党裕	3 356

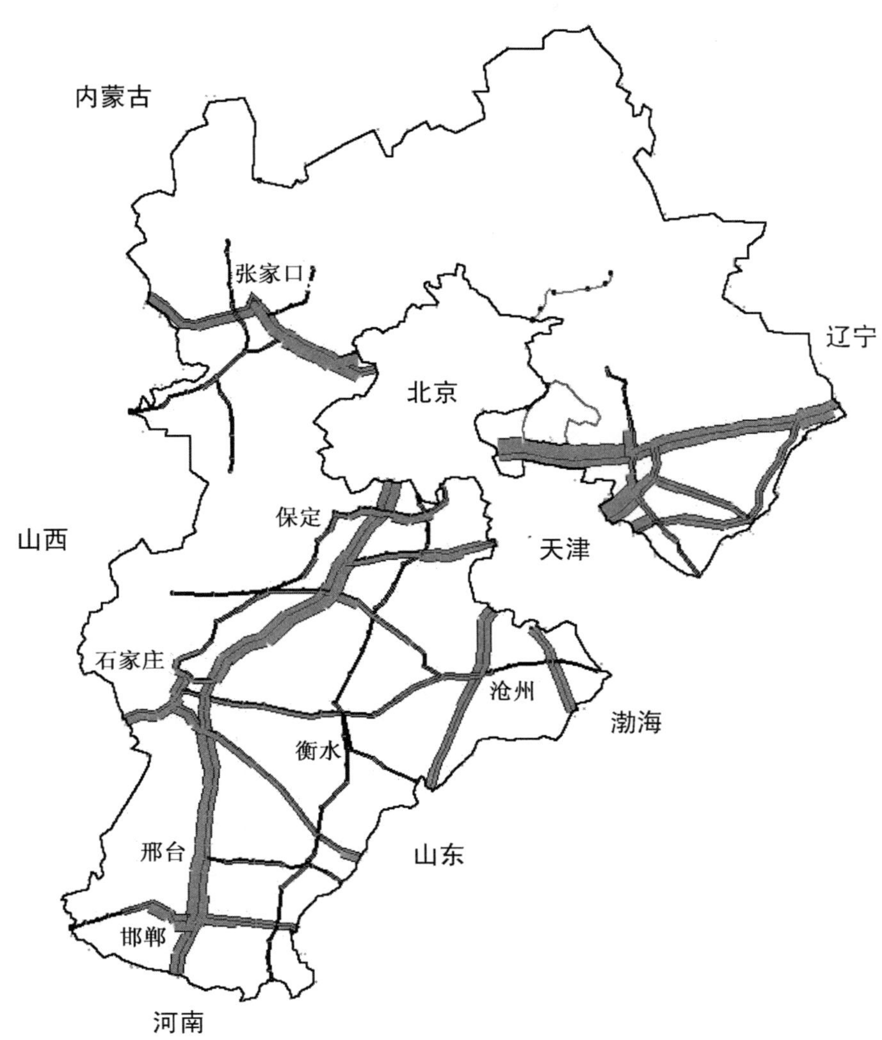

日均轴载
(标准轴载当量轴次/日)

100 000 50 000 25 000

注：未含京津塘高速河北段和京承高速河北段

图 4.3　2010 年河北省高速公路日均轴载

4.1.4 交通量分布如表4.4和图4.4所示。

2010年河北省高速公路交通量 表4.4

路段起止点	当量标准小客车（辆/日）	路段起止点	当量标准小客车（辆/日）
宣化主线—东洋河	20 206	东洋河—宣化主线	19 457
东花园—宣化主线	31 579	宣化主线—东花园	27 586
张北主线—深井	2 635	深井—张北主线	2 977
化稍营—蔚县	694	蔚县—化稍营	479
冀晋主线—宣化主线	4 951	宣化主线—冀晋主线	4 917
迁安—香河	26 341	香河—迁安	27 792
秦皇岛—迁安	23 145	迁安—秦皇岛	25 313
万家主线—秦皇岛	26 415	秦皇岛—万家主线	19 438
秦皇岛—京唐港	10 022	京唐港—秦皇岛	8 526
京唐港—涧河	9 731	涧河—京唐港	8 214
京唐港—唐山	7 729	唐山—京唐港	7 967
唐津—唐山	11 787	唐山—唐津	14 722
唐山—丰南西	18 810	丰南西—唐山	21 445
唐山西—党裕	13 473	党裕—唐山西	11 565
唐山西—曹妃甸	6 195	曹妃甸—唐山西	6 170
涿州北—京石保津虚	23 964	京石保津虚—涿州北	24 185
京石保津虚—冀津主线	13 837	冀津主线—京石保津虚	13 903
京石保津虚—石家庄北	23 898	石家庄北—京石保津虚	24 674
石家庄北—井陉西	18 133	井陉西—石家庄北	17 581
廊坊西—正定	4 246	正定—廊坊西	4 267
衡水北—石家庄北	10 286	石家庄北—衡水北	10 463
石家庄北—栾城	22 041	栾城—石家庄北	22 753
栾城—临漳	21 595	临漳—栾城	20 829
邯郸西—冀鲁主线	11 191	冀鲁主线—邯郸西	12 921
邢台南—冀鲁界	2 587	冀鲁界—邢台南	2 488
衡水北—景州主线	1 119	景州主线—衡水北	1 101
石太青银虚—栾城	15 030	栾城—石太青银虚	13 040
栾城—清河	11 639	清河—栾城	10 487
河城街—衡水北	7 934	衡水北—河城街	8 413
沧州西—河城街	11 410	河城街—沧州西	11 896
黄骅港—沧州西	3 904	沧州西—黄骅港	4 096
黄骅北—海兴	18 616	海兴—黄骅北	19 030
青县主线—沧州南	28 290	沧州南—青县主线	27 833
沧州南—吴桥主线	18 121	吴桥主线—沧州南	17 579
京冀主线—霸州	316	霸州—京冀主线	355
霸州—高阳	2 272	高阳—霸州	2 099
高阳—衡水	3 796	衡水—高阳	3 449
衡水—威县	4 277	威县—衡水	3 693
威县—大明	2 142	大明—威县	1 804
保定—沧州	7 320	沧州—保定	6 520
邯郸西—涉县	5 938	涉县—邯郸西	5 590
保定—阜平	1 118	阜平—保定	1 374
屈家庄—崇礼	377	崇礼—屈家庄	365
党裕—遵化	3 113	遵化—党裕	2 792

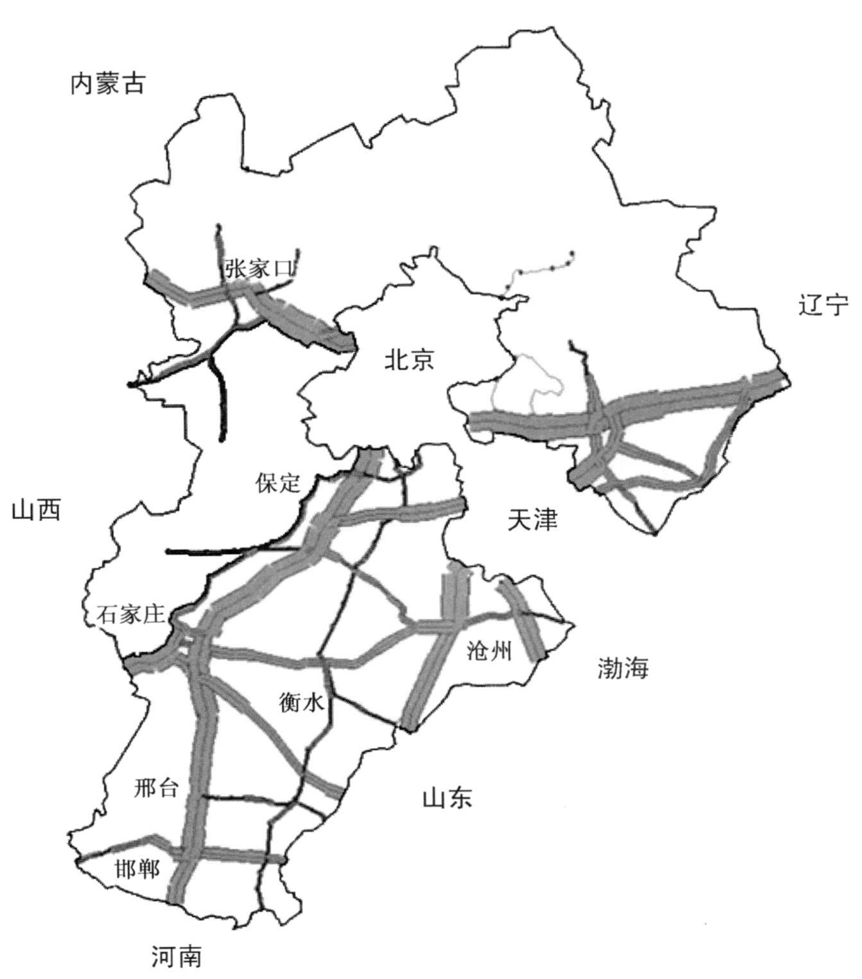

日均交通量
当量标准小客车(辆/日)

30 000 15 000 7 500

注：未含京津塘高速河北段和京承高速河北段

图 4.4　2010 年河北省高速公路日均交通量

4.2 山西省高速公路运输密度

4.2.1 客运密度分布如表4.5和图4.5所示。

2010年山西省高速公路客运密度 表4.5

路段起止点	客运密度（人/日）	路段起止点	客运密度（人/日）
得胜口—大同北	4 293	大同北—得胜口	3 408
大同北—马连庄	3 787	马连庄—大同北	2 706
马连庄—孙启庄	5 811	孙启庄—马连庄	4 830
马连庄—西河河	7 030	西河河—马连庄	6 470
西河河—元营	13 674	元营—西河河	13 347
元营—朔州	9 483	朔州—元营	8 569
元营—忻州	16 542	忻州—元营	16 183
忻州—武宿	30 677	武宿—忻州	29 284
阳曲—迎西	4 079	迎西—阳曲	4 045
迎西—罗城	8 630	罗城—迎西	8 223
罗城—交城	40 089	交城—罗城	39 563
罗城—武宿	27 113	武宿—罗城	30 508
武宿—阳泉	13 435	阳泉—武宿	13 688
阳泉—旧关	10 440	旧关—阳泉	7 982
交城—离石东	16 360	离石东—交城	15 939
离石东—柳林	6 895	柳林—离石东	4 850
交城—侯马	14 308	侯马—交城	13 851
北柴—龙门大桥	5 386	龙门大桥—北柴	4 590
侯马—运城	8 570	运城—侯马	8 077
金井—运城西	1 117	运城西—金井	1 053
屯留—潞城	3 330	潞城—屯留	2 963
潞城—东阳关	4 282	东阳关—潞城	4 269
屯留—晋城东	15 543	晋城东—屯留	15 015
晋城东—阳城	14 193	阳城—晋城东	13 577
西河河—大同北	2 096	大同北—西河河	2 278
小店—屯留	17 633	屯留—小店	16 892
晋城东—丹河	797	丹河—晋城东	791
运城—平陆	7 546	平陆—运城	7 498
金井—风陵渡	3 575	风陵渡—金井	3 344
侯马—翼城东	1 700	翼城东—侯马	1 500
东郭—金井	136	金井—东郭	135
东镇—蒲掌	3 030	蒲掌—东镇	2 694
阳城—沁水西	990	沁水西—阳城	887
南义城—晋城西	1 460	晋城西—南义城	1 707

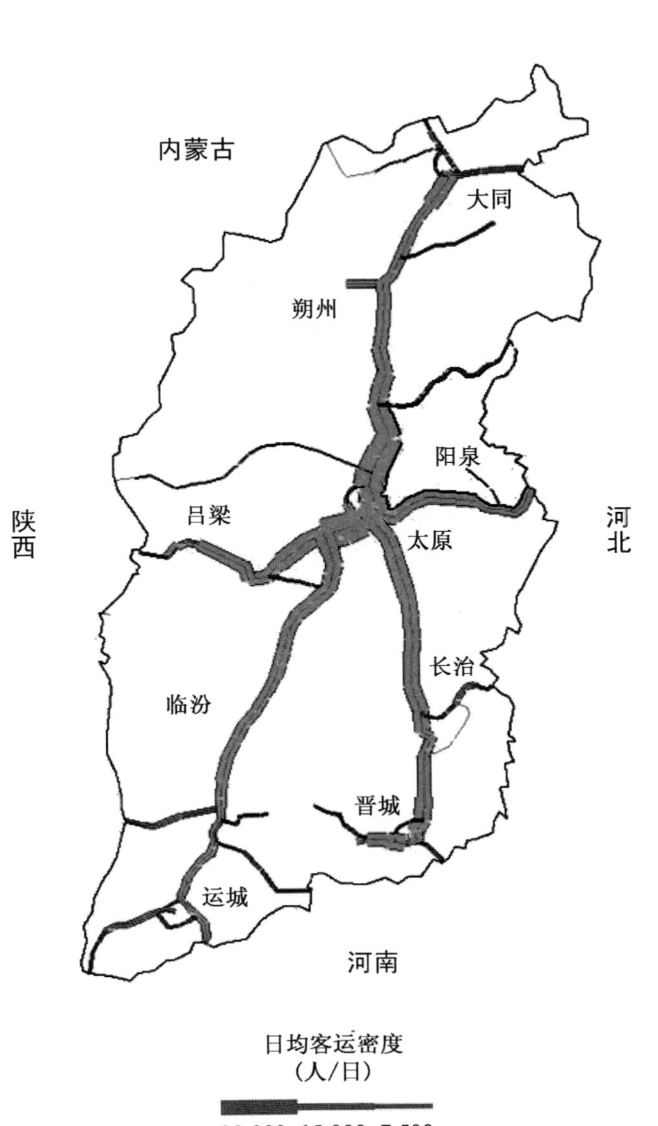

图 4.5　2010 年山西省高速公路日均客运密度

4.2.2 货运密度分布如表 4.6 和图 4.6 所示。

2010 年山西省高速公路货运密度 表 4.6

路段起止点	货运密度（吨/日）	路段起止点	货运密度（吨/日）
得胜口—大同北	11 928	大同北—得胜口	5 732
大同北—马连庄	14 585	马连庄—大同北	10 535
马连庄—孙启庄	18 351	孙启庄—马连庄	7 610
马连庄—西河河	24 255	西河河—马连庄	31 803
西河河—元营	15 048	元营—西河河	28 722
元营—朔州	5 400	朔州—元营	36 984
元营—忻州	51 847	忻州—元营	15 625
忻州—武宿	85 198	武宿—忻州	25 966
阳曲—迎西	30 220	迎西—阳曲	19 307
迎西—罗城	55 889	罗城—迎西	28 093
罗城—交城	68 828	交城—罗城	101 427
罗城—武宿	148 207	武宿—罗城	106 920
武宿—阳泉	147 883	阳泉—武宿	66 709
阳泉—旧关	126 221	旧关—阳泉	64 926
交城—离石东	35 921	离石东—交城	107 823
离石东—柳林	49 702	柳林—离石东	155 697
交城—侯马	42 516	侯马—交城	22 851
北柴—龙门大桥	33 286	龙门大桥—北柴	21 517
侯马—运城	21 170	运城—侯马	10 093
金井—运城西	746	运城西—金井	930
屯留—潞城	14 120	潞城—屯留	7 845
潞城—东阳关	29 284	东阳关—潞城	12 834
屯留—晋城东	51 341	晋城东—屯留	18 158
晋城东—阳城	23 796	阳城—晋城东	10 892
西河河—大同北	6 769	大同北—西河河	4 501
小店—屯留	35 583	屯留—小店	16 973
晋城东—丹河	2 543	丹河—晋城东	1 191
运城—平陆	24 633	平陆—运城	12 856
金井—风陵渡	1 793	风陵渡—金井	1 333
侯马—翼城东	5 897	翼城东—侯马	6 000
东郭—金井	320	金井—东郭	209
东镇—蒲掌	9 771	蒲掌—东镇	2 365
阳城—沁水西	1 348	沁水西—阳城	1 310
南义城—晋城西	1 440	晋城西—南义城	1 732

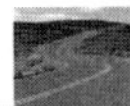

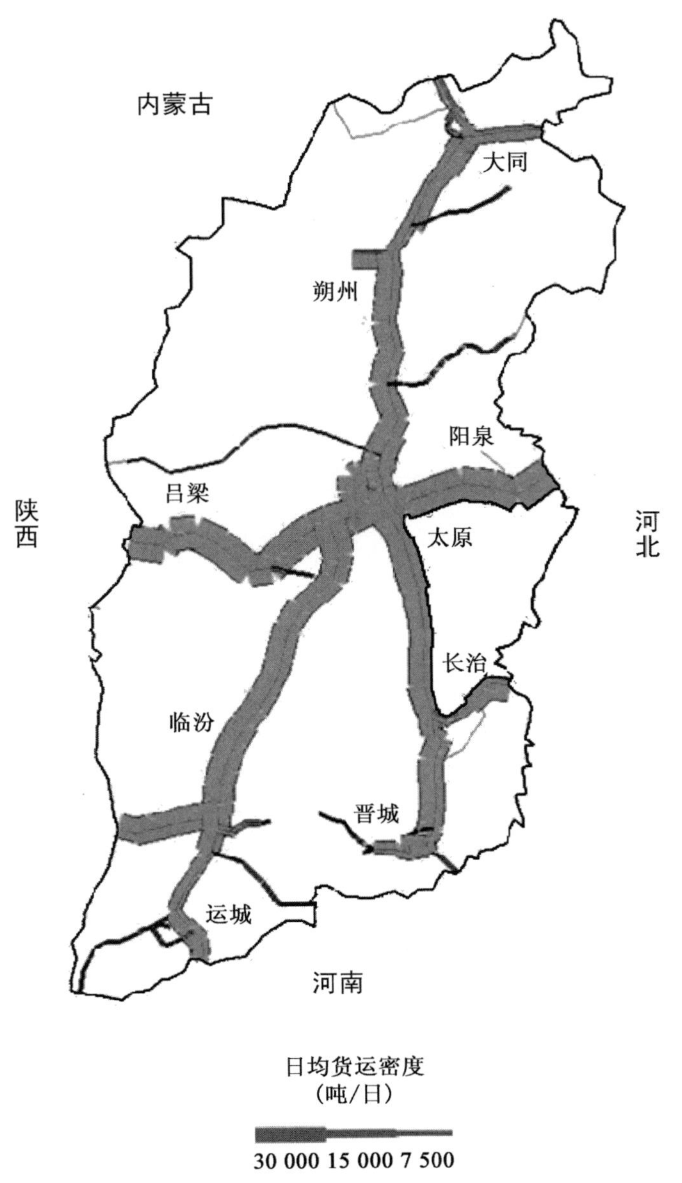

图 4.6　2010 年山西省高速公路日均货运密度

4.2.3 道路负荷分布如表 4.7 和图 4.7 所示。

2010 年山西省高速公路轴载

表 4.7

路段起止点	轴载（标准轴载当量轴次/日）	路段起止点	轴载（标准轴载当量轴次/日）
得胜口—大同北	3 283	大同北—得胜口	1 510
大同北—马连庄	3 973	马连庄—大同北	2 907
马连庄—孙启庄	4 644	孙启庄—马连庄	1 723
马连庄—西河河	5 850	西河河—马连庄	7 838
西河河—元营	3 824	元营—西河河	7 096
元营—朔州	1 428	朔州—元营	7 294
元营—忻州	12 699	忻州—元营	4 116
忻州—武宿	23 111	武宿—忻州	6 566
阳曲—迎西	7 240	迎西—阳曲	4 753
迎西—罗城	13 870	罗城—迎西	6 727
罗城—交城	16 550	交城—罗城	25 473
罗城—武宿	38 443	武宿—罗城	22 088
武宿—阳泉	33 044	阳泉—武宿	12 213
阳泉—旧关	34 299	旧关—阳泉	14 183
交城—离石东	7 525	离石东—交城	25 261
离石东—柳林	9 617	柳林—离石东	34 169
交城—侯马	11 437	侯马—交城	6 640
北柴—龙门大桥	8 431	龙门大桥—北柴	5 922
侯马—运城	6 649	运城—侯马	2 899
金井—运城西	202	运城西—金井	250
屯留—潞城	3 273	潞城—屯留	1 758
潞城—东阳关	7 006	东阳关—潞城	2 973
屯留—晋城东	13 923	晋城东—屯留	4 784
晋城东—阳城	6 777	阳城—晋城东	2 960
西河河—大同北	1 602	大同北—西河河	1 220
小店—屯留	8 687	屯留—小店	4 374
晋城东—丹河	824	丹河—晋城东	349
运城—平陆	7 515	平陆—运城	3 511
金井—风陵渡	553	风陵渡—金井	408
侯马—翼城东	1 578	翼城东—侯马	1 683
东郭—金井	101	金井—东郭	74
东镇—蒲掌	2 383	蒲掌—东镇	547
阳城—沁水西	352	沁水西—阳城	533
南义城—晋城西	370	晋城西—南义城	653

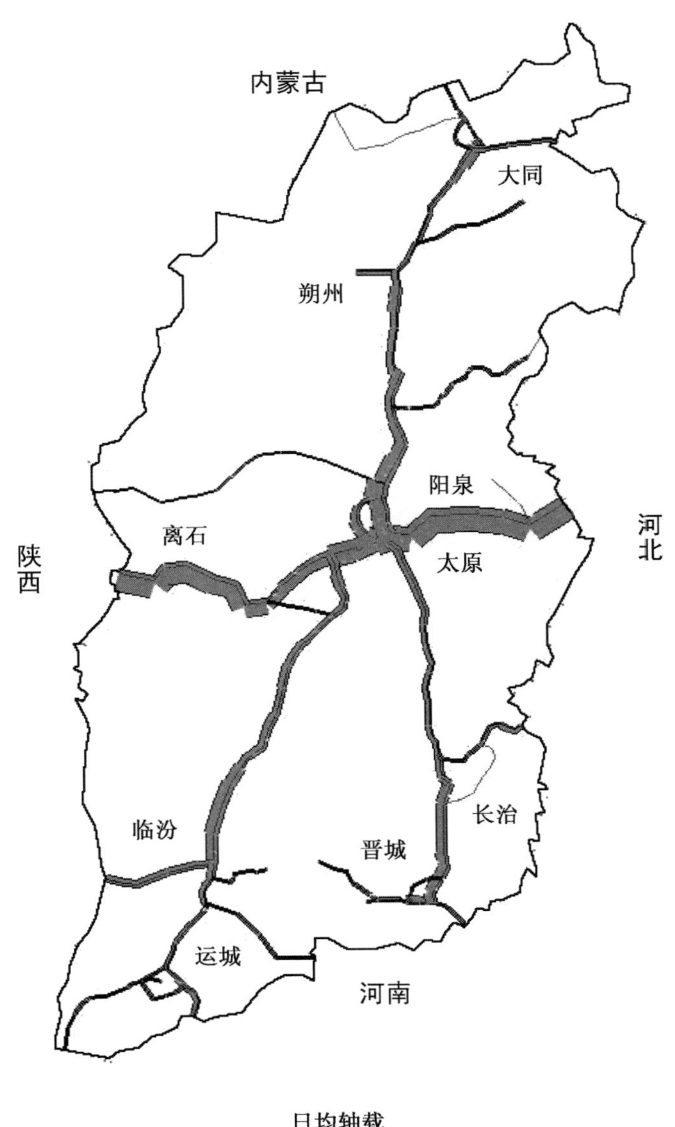

图 4.7　2010 年山西省高速公路日均轴载

4.2.4 交通量分布如表4.8和图4.8所示。

2010年山西省高速公路交通量 表4.8

路段起止点	当量标准小客车（辆/日）	路段起止点	当量标准小客车（辆/日）
得胜口—大同北	2 509	大同北—得胜口	2 632
大同北—马连庄	2 866	马连庄—大同北	3 243
马连庄—孙启庄	3 554	孙启庄—马连庄	2 848
马连庄—西河河	7 754	西河河—马连庄	5 677
西河河—元营	7 034	元营—西河河	7 293
元营—朔州	6 172	朔州—元营	6 134
元营—忻州	10 033	忻州—元营	10 678
忻州—武宿	18 137	武宿—忻州	18 129
阳曲—迎西	5 827	迎西—阳曲	5 827
迎西—罗城	10 674	罗城—迎西	10 175
罗城—交城	27 407	交城—罗城	24 900
罗城—武宿	27 645	武宿—罗城	27 852
武宿—阳泉	18 576	阳泉—武宿	16 778
阳泉—旧关	15809	旧关—阳泉	14 409
交城—离石东	17 599	离石东—交城	14 541
离石东—柳林	15 847	柳林—离石东	14 859
交城—侯马	9 678	侯马—交城	9 876
北柴—龙门大桥	5 775	龙门大桥—北柴	4 904
侯马—运城	5 547	运城—侯马	5 640
金井—运城西	1 239	运城西—金井	1 482
屯留—潞城	2 708	潞城—屯留	3 674
潞城—东阳关	4 425	东阳关—潞城	5 404
屯留—晋城东	9 527	晋城东—屯留	9 896
晋城东—阳城	7 251	阳城—晋城东	6 389
西河河—大同北	2 120	大同北—西河河	1 830
小店—屯留	8 419	屯留—小店	10 690
晋城东—丹河	634	丹河—晋城东	2 443
运城—平陆	5 262	平陆—运城	5 602
金井—风陵渡	1 288	风陵渡—金井	1 247
侯马—翼城东	1 462	翼城东—侯马	1 436
东郭—金井	108	金井—东郭	103
东镇—蒲掌	2 216	蒲掌—东镇	2 069
阳城—沁水西	1 380	沁水西—阳城	464
南义城—晋城西	941	晋城西—南义城	1 116

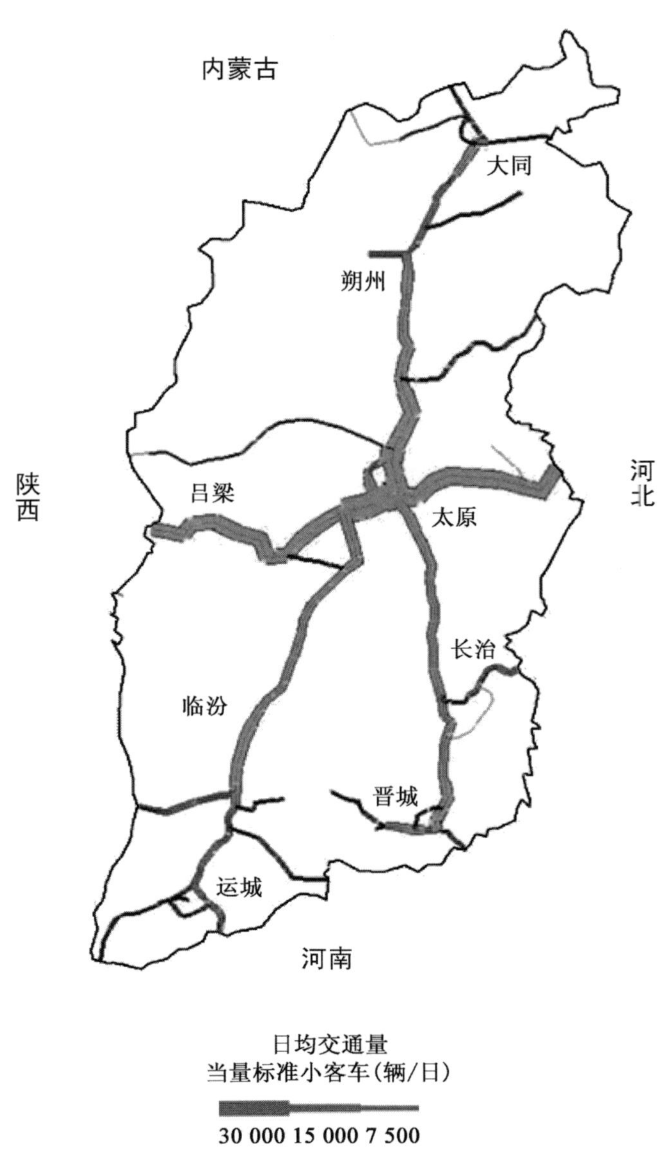

图 4.8　2010 年山西省高速公路日均交通量

4.3 辽宁省高速公路运输密度

4.3.1 客运密度分布如表4.9和图4.9所示。

2010年辽宁省高速公路客运密度 表4.9

路段起止点	客运密度（人/日）	路段起止点	客运密度（人/日）
万家—葫芦岛	19 189	葫芦岛—万家	19 329
葫芦岛—锦州	22 350	锦江—葫芦岛	23 942
锦州—沈阳西	23 984	沈阳西—锦州	24 272
沈阳—毛家店	17 084	毛家店—沈阳	14 949
锦州—朝阳	6 658	朝阳—锦州	7 126
朝阳—黑水	1 658	黑水—朝阳	1 784
锦州东—阜新北	3 448	阜新北—锦州北	4 404
沈阳—鞍山	27 054	鞍山—沈阳	28 911
鞍山—营口	27 054	营口—鞍山	28 911
营口—鲅鱼圈	34 407	鲅鱼圈—营口	33 681
鲅鱼圈—炮台	26 005	炮台—鲅鱼圈	25 536
炮台—长兴岛	6 991	长兴岛—炮台	6 979
炮台—大连	22 831	大连—炮台	22 527
大连—旅顺新港	3 288	旅顺新港—大连	3 365
大连—庄河	13 360	庄河—大连	12 776
庄河—丹东	3 357	丹东—庄河	3 195
丹东—本溪	10 924	本溪—丹东	13 211
本溪—沈阳	24 420	沈阳—本溪	27 063
高城山—三十里堡	42 519	三十里堡—高城山	42 597
光辉—西安	11 972	西安—光辉	12 887
西安—西柳	4 294	西柳—西安	4 764
西安—营口	7 678	营口—西安	8 026
沈阳—草市	6 529	草市—沈阳	7 169
东陵—抚顺南	13 745	抚顺南—东陵	3 186
毛家店—三十家子	2 660	三十家子—毛家店	2 578
新民—北台	3 117	北台—新民	2 979
彰武—红旗台	4 864	红旗台—彰武	4 918
康平北—沈北新区	2 084	沈北新区—康平北	2 247
沈阳西环逆时针	22 449	沈阳西环顺时针	22 794
沈阳东环逆时针	9 964	沈阳东环顺时针	9 291

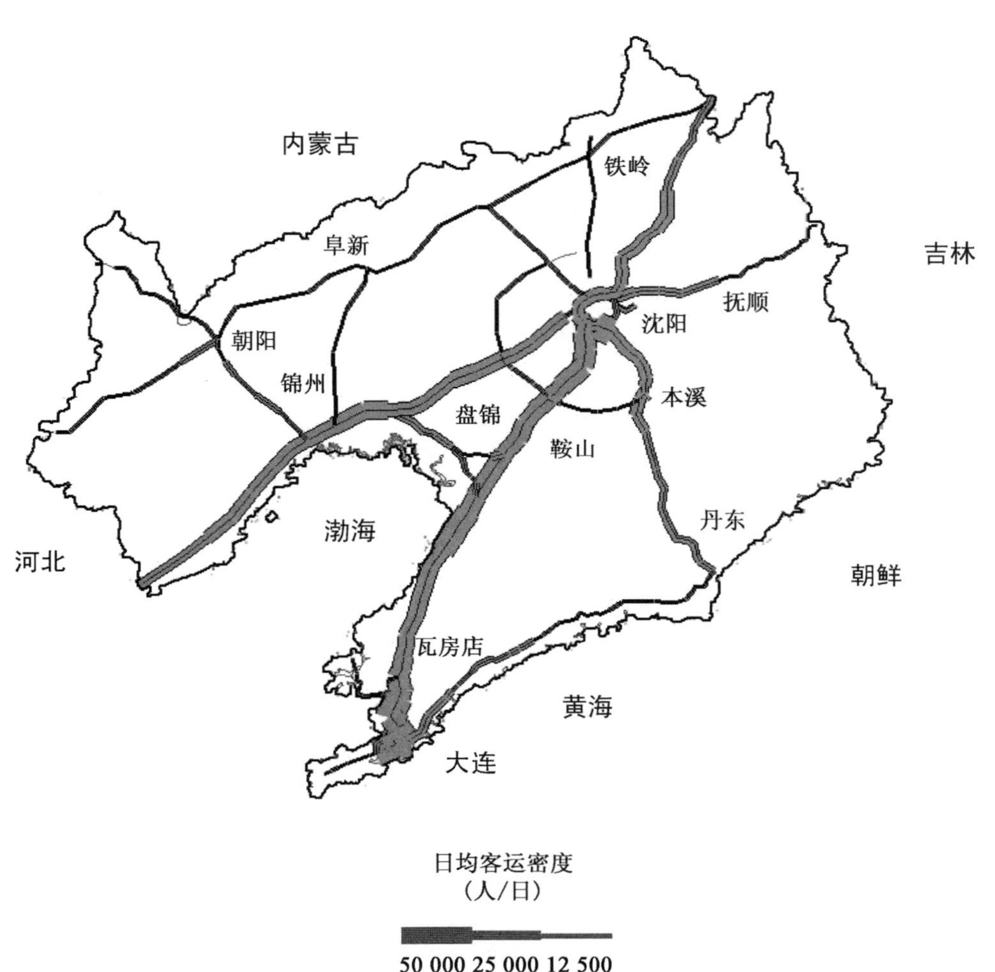

图4.9　2010年辽宁省高速公路日均客运密度

4.3.2 货运密度分布如表4.10和图4.10所示。

2010年辽宁省高速公路货运密度 表4.10

路段起止点	货运密度（吨/日）	路段起止点	货运密度（吨/日）
万家—葫芦岛	174 981	葫芦岛—万家	185 024
葫芦岛—锦州	177 355	锦江—葫芦岛	189 655
锦州—沈阳西	136 242	沈阳西—锦州	135 557
沈阳—毛家店	113 343	毛家店—沈阳	113 973
锦州—朝阳	15 598	朝阳—锦州	33 557
朝阳—黑水	3 928	黑水—朝阳	16 339
锦州东—阜新北	15 785	阜新北—锦州北	19 231
沈阳—鞍山	97 368	鞍山—沈阳	77 678
鞍山—营口	97 368	营口—鞍山	77 678
营口—鲅鱼圈	73 067	鲅鱼圈—营口	95 862
鲅鱼圈—炮台	45 385	炮台—鲅鱼圈	36 258
炮台—长兴岛	7 488	长兴岛—炮台	5 968
炮台—大连	24 617	大连—炮台	19 919
大连—旅顺新港	7 829	旅顺新港—大连	5 247
大连—庄河	5 689	庄河—大连	5 508
庄河—丹东	2 058	丹东—庄河	3 023
丹东—本溪	12 413	本溪—丹东	21 853
本溪—沈阳	9 250	沈阳—本溪	12 109
高城山—三十里堡	26 948	三十里堡—高城山	28 380
光辉—西安	50 905	西安—光辉	43 521
西安—西柳	16 451	西柳—西安	16 285
西安—营口	28 684	营口—西安	22 497
沈阳—草市	7 226	草市—沈阳	11 082
东陵—抚顺南	6 234	抚顺南—东陵	8 705
毛家店—三十家子	9 191	三十家子—毛家店	10 271
新民—北台	8 018	北台—新民	11 666
彰武—红旗台	10 159	红旗台—彰武	8 835
康平北—沈北新区	4 395	沈北新区—康平北	3 860
沈阳西环逆时针	87 306	沈阳西环顺时针	79 640
沈阳东环逆时针	16 563	沈阳东环顺时针	18 199

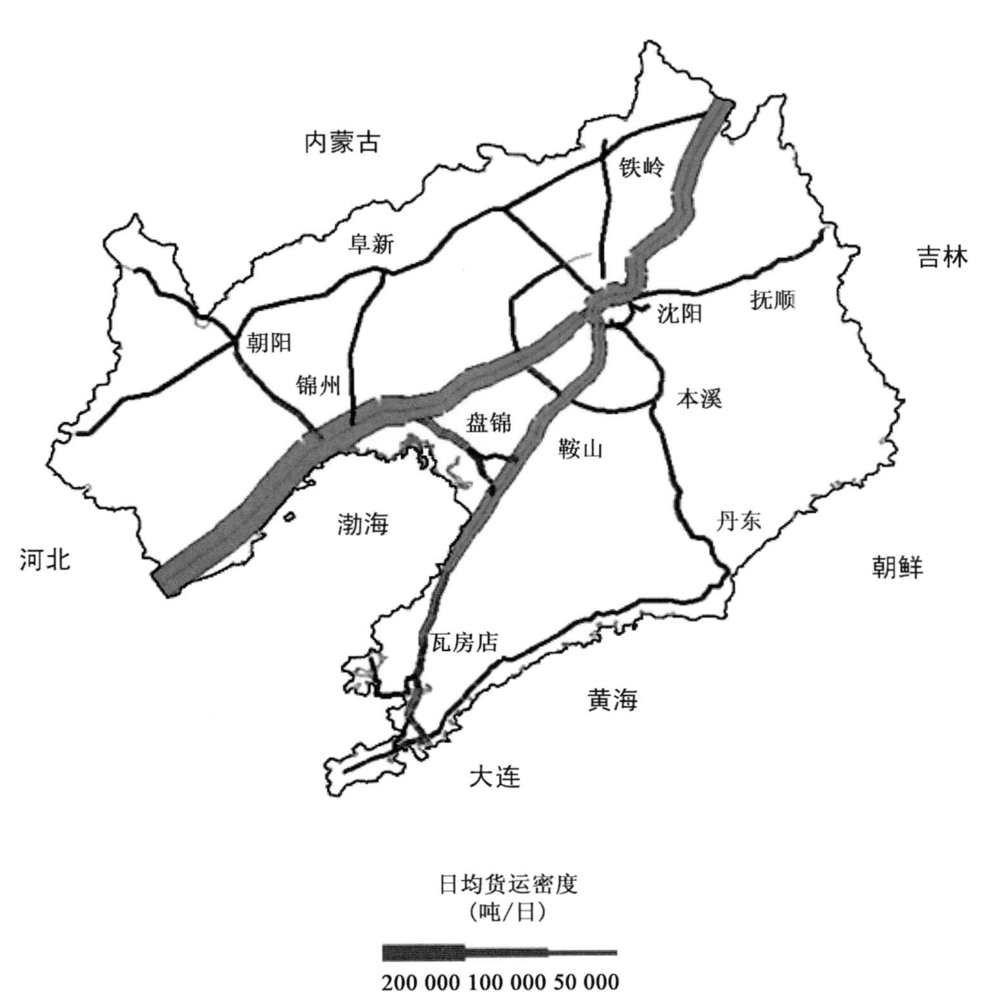

图 4.10　2010 年辽宁省高速公路日均货运密度

4.3.3　交通量分布如表4.11和图4.11所示。

2010年辽宁省高速公路交通量　　表4.11

路段起止点	当量标准小客车(辆/日)	路段起止点	当量标准小客车(辆/日)
万家—葫芦岛	22 395	葫芦岛—万家	22 087
葫芦岛—锦州	23 705	锦江—葫芦岛	23 907
锦州—沈阳西	20 158	沈阳西—锦州	19 610
沈阳—毛家店	16 338	毛家店—沈阳	14 963
锦州—朝阳	4 146	朝阳—锦州	4 639
朝阳—黑水	1 371	黑水—朝阳	1 718
锦州东—阜新北	2 633	阜新北—锦州北	2 772
沈阳—鞍山	18 436	鞍山—沈阳	19 401
鞍山—营口	18 436	营口—鞍山	19 401
营口—鲅鱼圈	20 687	鲅鱼圈—营口	19 875
鲅鱼圈—炮台	12 825	炮台—鲅鱼圈	12 770
炮台—长兴岛	3 090	长兴岛—炮台	3 123
炮台—大连	9 356	大连—炮台	9 529
大连—旅顺新港	2 304	旅顺新港—大连	2 253
大连—庄河	4 182	庄河—大连	3 891
庄河—丹东	1 192	丹东—庄河	1 190
丹东—本溪	5 392	本溪—丹东	6 494
本溪—沈阳	8 660	沈阳—本溪	9 807
高城山—三十里堡	16 439	三十里堡—高城山	16 424
光辉—西安	7 972	西安—光辉	7 809
西安—西柳	2 934	西柳—西安	2 995
西安—营口	4 718	营口—西安	4 459
沈阳—草市	2 677	草市—沈阳	3 102
东陵—抚顺南	3 250	抚顺南—东陵	2 029
毛家店—三十家子	1 754	三十家子—毛家店	1 737
新民—北台	2 016	北台—新民	2 139
彰武—红旗台	2 687	红旗台—彰武	2 718
康平北—沈北新区	1 110	沈北新区—康平北	1 128
沈阳西环逆时针	17 610	沈阳西环顺时针	17 409
沈阳东环逆时针	5 371	沈阳东环顺时针	5 400

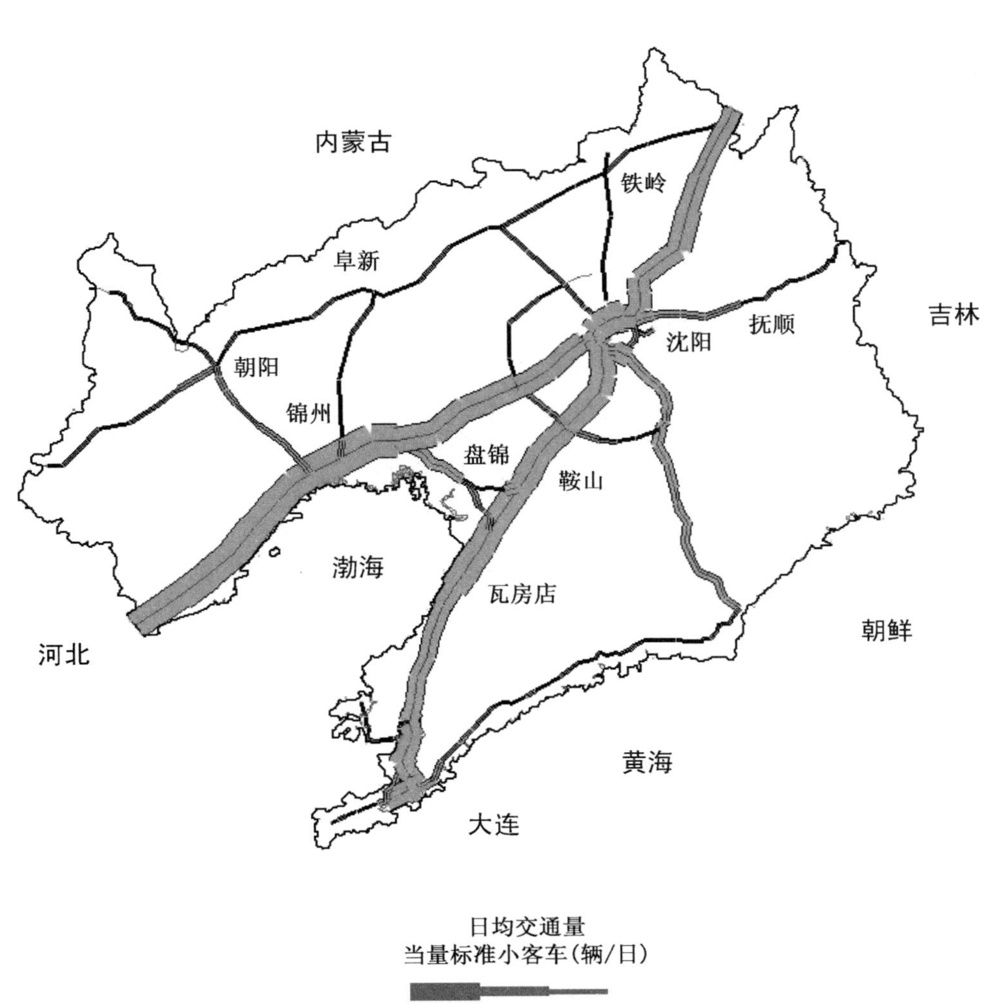

图 4.11　2010 年辽宁省高速公路日均交通量

4.4 上海市高速公路运输密度

4.4.1 客运密度分布如表 4.12 和图 4.12 所示。

2010 年上海市高速公路客运密度 表 4.12

路段起止点	客运密度（人/日）	路段起止点	客运密度（人/日）
绕城月浦—沪嘉浏互通	7 155	沪嘉浏互通—绕城月浦	8 153
沪嘉浏互通—北环嘉浏立交	70 929	北环嘉浏立交—沪嘉浏互通	59 499
北环嘉浏立交—G2 安亭	12 630	G2 安亭—北环嘉浏立交	11 876
G2 安亭—G60 大港	14 026	G60 大港—G2 安亭	13 715
G60 大港—绕城亭枫	17 892	绕城亭枫—G60 大港	17 761
绕城亭枫—嘉金南环立交	5 744	嘉金南环立交—绕城亭枫	5 883
嘉金南环立交—界河	8 457	界河—嘉金南环立交	8 350
界河—G40 陈海	22 415	G40 陈海—界河	23 400
G15 朱桥—北环嘉浏立交	75 118	北环嘉浏立交—G15 朱桥	88 682
北环嘉浏立交—G60 新桥	37 207	G60 新桥—北环嘉浏立交	39 800
G60 新桥—嘉金南环立交	28 788	嘉金南环立交—G60 新桥	27 059
嘉金南环立交—G15 亭卫	17 293	G15 亭卫—嘉金南环立交	15 643
S5 南门—S5 南翔	88 080	S5 南翔—S5 南门	112 065
G2 安亭—G2 江桥	108 628	G2 江桥—G2 安亭	107 996
G50 沪浙—G50 嘉松	39 757	G50 嘉松—G50 沪浙	39 734
G50 嘉松—G50 徐泾	87 398	G50 徐泾—G50 嘉松	96 044
G60 枫泾—G60 大港	89 658	G60 大港—G60 枫泾	89 988
G60 大港—G60 新桥	136 463	G60 新桥—G60 大港	136 291
S32 沪浙—S32 祝桥	7 756	S32 祝桥—S32 沪浙	6 892
S36 枫泾—绕城亭枫	6 913	绕城亭枫—S36 枫泾	7 534
G15 沪浙—S4 大叶	24 151	S4 大叶—G15 沪浙	23 544
S4 大叶—S4 颛桥	72 508	S4 颛桥—S4 大叶	71 079
S2 临港—S2 大叶	16 056	S2 大叶—S2 临港	16 251
S2 大叶—S2 康桥	35 715	S2 康桥—S2 大叶	36 141

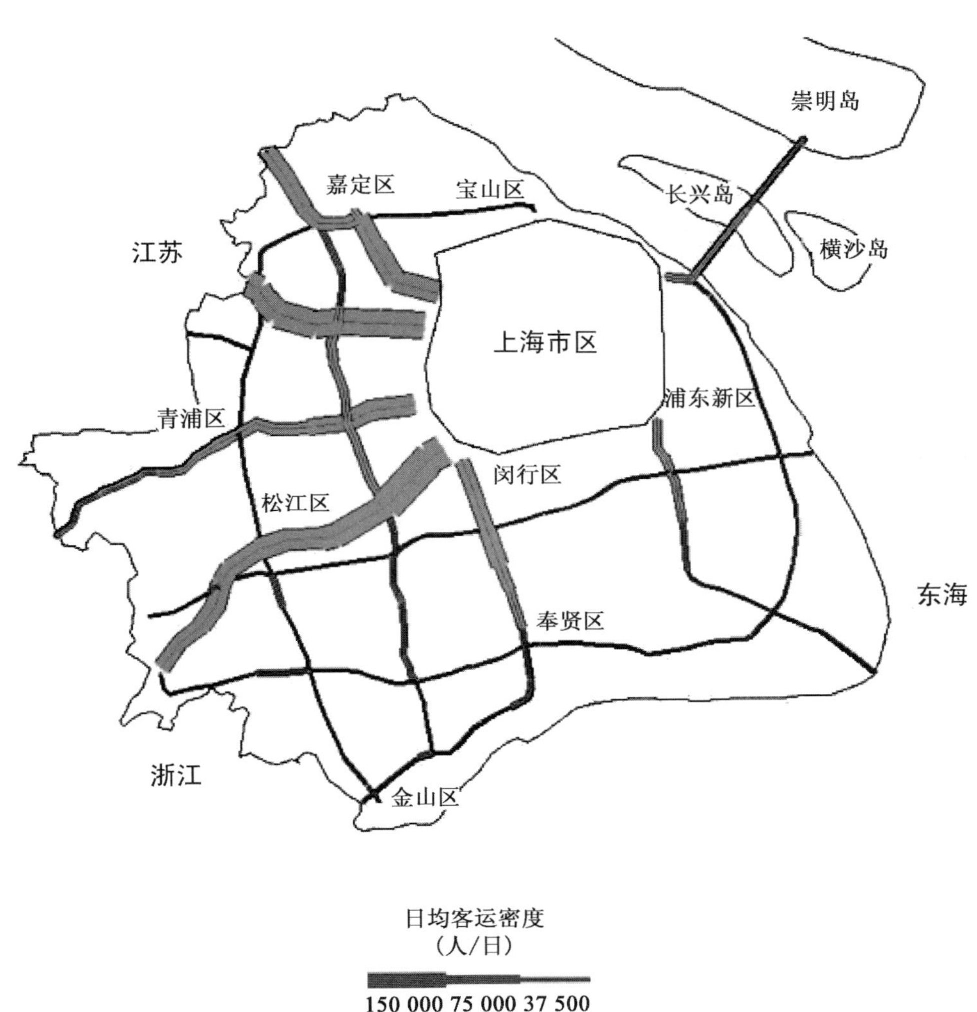

图 4.12　2010 年上海市高速公路日均客运密度

4.4.2　货运密度分布如表4.13和图4.13所示。

2010年上海市高速公路货运密度　　表4.13

路段起止点	货运密度（吨/日）	路段起止点	货运密度（吨/日）
绕城月浦—沪嘉浏互通	107 932	沪嘉浏互通—绕城月浦	109 635
沪嘉浏互通—北环嘉浏立交	157 700	北环嘉浏立交—沪嘉浏互通	155 043
北环嘉浏立交—G2安亭	92 617	G2安亭—北环嘉浏立交	90 711
G2安亭—G60大港	59 167	G60大港—G2安亭	50 442
G60大港—绕城亭枫	29 388	绕城亭枫—G60大港	18 608
绕城亭枫—嘉金南环立交	23 434	嘉金南环立交—绕城亭枫	11 438
嘉金南环立交—界河	59 451	界河—嘉金南环立交	33 402
界河—G40陈海	38 766	G40陈海—界河	27 829
G15朱桥—北环嘉浏立交	81 055	北环嘉浏立交—G15朱桥	83 930
北环嘉浏立交—G60新桥	67 157	G60新桥—北环嘉浏立交	61 087
G60新桥—嘉金南环立交	36 054	嘉金南环立交—G60新桥	31 308
嘉金南环立交—G15亭卫	22 399	G15亭卫—嘉金南环立交	20 163
S5南门—S5南翔	19 117	S5南翔—S5南门	23 326
G2安亭—G2江桥	52 081	G2江桥—G2安亭	59 186
G50沪浙—G50嘉松	28 395	G50嘉松—G50沪浙	22 797
G50嘉松—G50徐泾	30 137	G50徐泾—G50嘉松	44 445
G60枫泾—G60大港	62 516	G60大港—G60枫泾	62 117
G60大港—G60新桥	43 833	G60新桥—G60大港	42 272
S32沪浙—S32祝桥	11 133	S32祝桥—S32沪浙	12 005
S36枫泾—绕城亭枫	7 885	绕城亭枫—S36枫泾	7 115
G15沪浙—S4大叶	38 395	S4大叶—G15沪浙	39 081
S4大叶—S4颛桥	46 648	S4颛桥—S4大叶	52 454
S2临港—S2大叶	49 513	S2大叶—S2临港	50 076
S2大叶—S2康桥	17 275	S2康桥—S2大叶	17 964

图4.13　2010年上海市高速公路日均货运密度

4.5　江苏省高速公路运输密度

4.5.1　客运密度分布如表4.14和图4.14所示。

2010年江苏省高速公路客运密度　表4.14

路段起止点	客运密度（人/日）	路段起止点	客运密度（人/日）
苏鲁省界—淮安	17 817	淮安—苏鲁省界	18 387
淮安—江都	43 262	江都—淮安	43 074
江都—江阴	56 027	江阴—江都	55 755
江阴枢纽—无锡	60 748	无锡—江阴枢纽	59 616
广陵—南通北	17 189	南通北—广陵	16 775
南通—苏州北	38 625	苏州北—南通	38 244
小海—启东	10 108	启东—小海	8 564
同三苏鲁—灌云	15 052	灌云—同三苏鲁	15 564
灌云—盐城东	13 122	盐城东—灌云	13 893
盐城东—南通北	21 828	南通北—盐城东	23 445
盐城—楚州	9 577	楚州—盐城	9 376
淮安西绕城顺时针	22 632	淮安西绕城逆时针	22 003
淮阴—灌云北	16 573	灌云北—淮阴	17 123
灌云北—连云港	15 697	连云港—灌云北	15 390
淮安南—六合南	22 269	六合南—淮安南	21 417
黄花塘—宿迁	13 073	宿迁—黄花塘	13 523
淮安西—徐州	20 001	徐州—淮安西	20 566
徐州东—京福	12 063	京福—徐州东	15 362
徐州东—苏皖省界	14 512	苏皖省界—徐州东	12 081
徐州东—渔湾主线	5 751	渔湾主线—徐州东	5 713
江都—镇江	16 254	镇江—江都	16 836
南京—无锡	77 731	无锡—南京	74 564
无锡—苏州北	132 322	苏州北—无锡	130 519
苏州北—花桥主线	105 939	花桥主线—苏州北	104 147
苏州绕城顺时针	12 189	苏州绕城逆时针	12 045
石牌—岳王	7 190	岳王—石牌	7 105
角直—千灯	8 848	千灯—角直	6 768
苏州北—盛泽主线	61 394	盛泽主线—苏州北	59 950
苏浙省界—苏沪主线	22 617	苏沪主线—苏浙省界	23 986
南京—新昌	37 705	新昌—南京	39 829
新昌—省界主线	44 201	省界主线—新昌	45 594
丹徒—新昌	6 692	新昌—丹徒	6 130
西坞—无锡	22 091	无锡—西坞	22 544
骆家边—戚墅堰	16 025	戚墅堰—骆家边	17 755
戚墅堰—常熟	34 398	常熟—戚墅堰	34 084
常熟—太仓	55 441	太仓—常熟	53 034
南京三桥—麒麟	14 716	麒麟—南京三桥	12 313

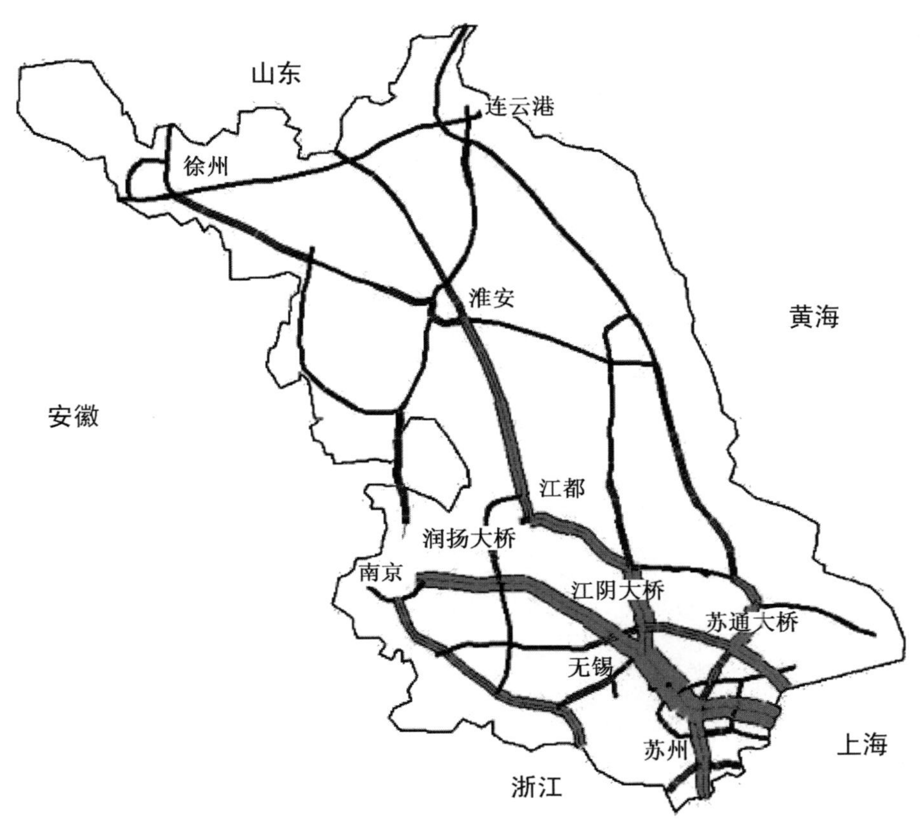

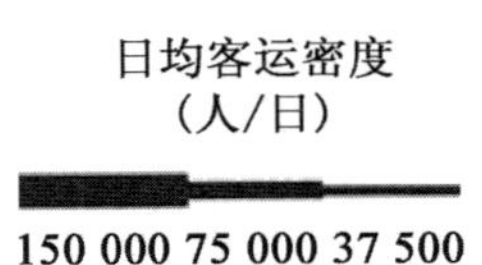

注：未含南京周边部分高速公路

图 4.14　2010 年江苏省高速公路日均客运密度

4.5.2 货运密度分布如表4.15和图4.15所示。

2010年江苏省高速公路货运密度 表4.15

路段起止点	货运密度（吨/日）	路段起止点	货运密度（吨/日）
苏鲁省界—淮安	157 443	淮安—苏鲁省界	123 631
淮安—江都	144 715	江都—淮安	112 968
江都—江阴	59 987	江阴—江都	63 945
江阴枢纽—无锡	51 097	无锡—江阴枢纽	43 665
广陵—南通北	11 070	南通北—广陵	10 697
南通—苏州北	43 116	苏州北—南通	36 358
小海—启东	1 925	启东—小海	810
同三苏鲁—灌云	61 262	灌云—同三苏鲁	45 598
灌云—盐城东	35 318	盐城东—灌云	23 679
盐城东—南通北	43 831	南通北—盐城东	37 816
盐城—楚州	25 135	楚州—盐城	34 060
淮安西绕城顺时针	27 644	淮安西绕城逆时针	18 484
淮阴—灌云北	27 338	灌云北—淮阴	34 784
灌云北—连云港	3 258	连云港—灌云北	5 583
淮安南—六合南	24 814	六合南—淮安南	18 918
黄花塘—宿迁	11 548	宿迁—黄花塘	18 580
淮安西—徐州	19 939	徐州—淮安西	33 076
徐州东—京福	23 482	京福—徐州东	79 688
徐州东—苏皖省界	88 026	苏皖省界—徐州东	44 106
徐州东—渔湾主线	16 559	渔湾主线—徐州东	19 370
江都—镇江	94 475	镇江—江都	63 386
南京—无锡	92 871	无锡—南京	72 966
无锡—苏州北	145 803	苏州北—无锡	102 964
苏州北—花桥主线	60 572	花桥主线—苏州北	64 322
苏州绕城顺时针	5 700	苏州绕城逆时针	6 636
石牌—岳王	4 040	岳王—石牌	4 652
角直—千灯	2 698	千灯—角直	2 804
苏州北—盛泽主线	107 723	盛泽主线—苏州北	73 028
苏浙省界—苏沪主线	12 239	苏沪主线—苏浙省界	14 060
南京—新昌	46 507	新昌—南京	32 768
新昌—省界主线	87 495	省界主线—新昌	75 765
丹徒—新昌	41 678	新昌—丹徒	41 115
西坞—无锡	12 373	无锡—西坞	13 081
骆家边—戚墅堰	12 233	戚墅堰—骆家边	12 378
戚墅堰—常熟	31 005	常熟—戚墅堰	29 140
常熟—太仓	43 417	太仓—常熟	44 833
南京三桥—麒麟	10 395	麒麟—南京三桥	12 732

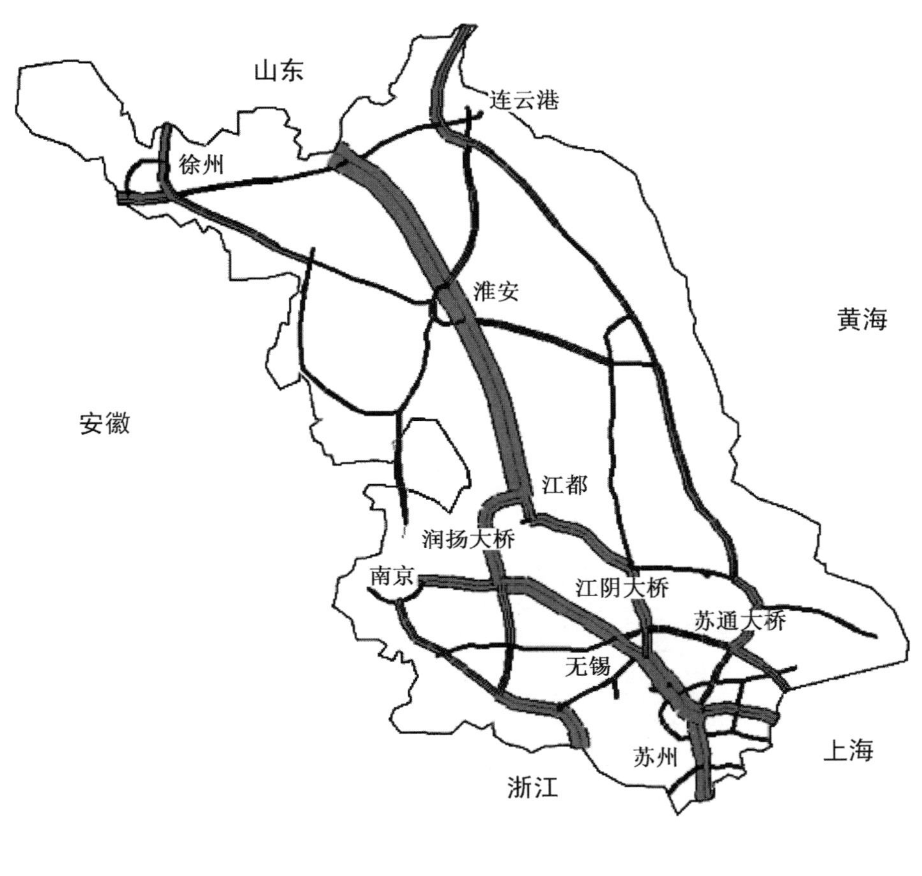

注：未含南京周边部分高速公路

图4.15　2010年江苏省高速公路日均货运密度

4.5.3 道路负荷分布如表4.16和图4.16所示。

2010年江苏省高速公路轴载 表4.16

路段起止点	轴载（标准轴载当量轴次/日）	路段起止点	轴载（标准轴载当量轴次/日）
苏鲁省界—淮安	35 786	淮安—苏鲁省界	27 876
淮安—江都	33 120	江都—淮安	26 416
江都—江阴	14 498	江阴—江都	14 854
江阴枢纽—无锡	14 660	无锡—江阴枢纽	10 335
广陵—南通北	3 057	南通北—广陵	2 698
南通—苏州北	11 922	苏州北—南通	8 786
小海—启东	805	启东—小海	373
同三苏鲁—灌云	15 762	灌云—同三苏鲁	9 792
灌云—盐城东	9 263	盐城东—灌云	5 184
盐城东—南通北	10 158	南通北—盐城东	8 201
盐城—楚州	5 466	楚州—盐城	7 669
淮安西绕城顺时针	7 454	淮安西绕城逆时针	5 040
淮阴—灌云北	6 059	灌云北—淮阴	10 111
灌云北—连云港	1 144	连云港—灌云北	2 233
淮安南—六合南	6 649	六合南—淮安南	5 303
黄花塘—宿迁	3 830	宿迁—黄花塘	5 732
淮安西—徐州	5 624	徐州—淮安西	9 045
徐州东—京福	6 899	京福—徐州东	24 259
徐州东—苏皖省界	30 124	苏皖省界—徐州东	13 174
徐州东—渔湾主线	4 301	渔湾主线—徐州东	6 220
江都—镇江	21 394	镇江—江都	14 887
南京—无锡	26 826	无锡—南京	20 295
无锡—苏州北	44 919	苏州北—无锡	28 465
苏州北—花桥主线	18 300	花桥主线—苏州北	19 236
苏州绕城顺时针	1 687	苏州绕城逆时针	2 027
石牌—岳王	1 163	岳王—石牌	1 386
角直—千灯	786	千灯—角直	933
苏州北—盛泽主线	35 130	盛泽主线—苏州北	20 752
苏浙省界—苏沪主线	5 644	苏沪主线—苏浙省界	5 984
南京—新昌	12 003	新昌—南京	8 979
新昌—省界主线	20 469	省界主线—新昌	17 693
丹徒—新昌	8 686	新昌—丹徒	8 623
西坞—无锡	3 638	无锡—西坞	3 599
骆家边—戚墅堰	3 787	戚墅堰—骆家边	3 418
戚墅堰—常熟	8 829	常熟—戚墅堰	7 860
常熟—太仓	12 866	太仓—常熟	11 598
南京三桥—麒麟	3 976	麒麟—南京三桥	5 022

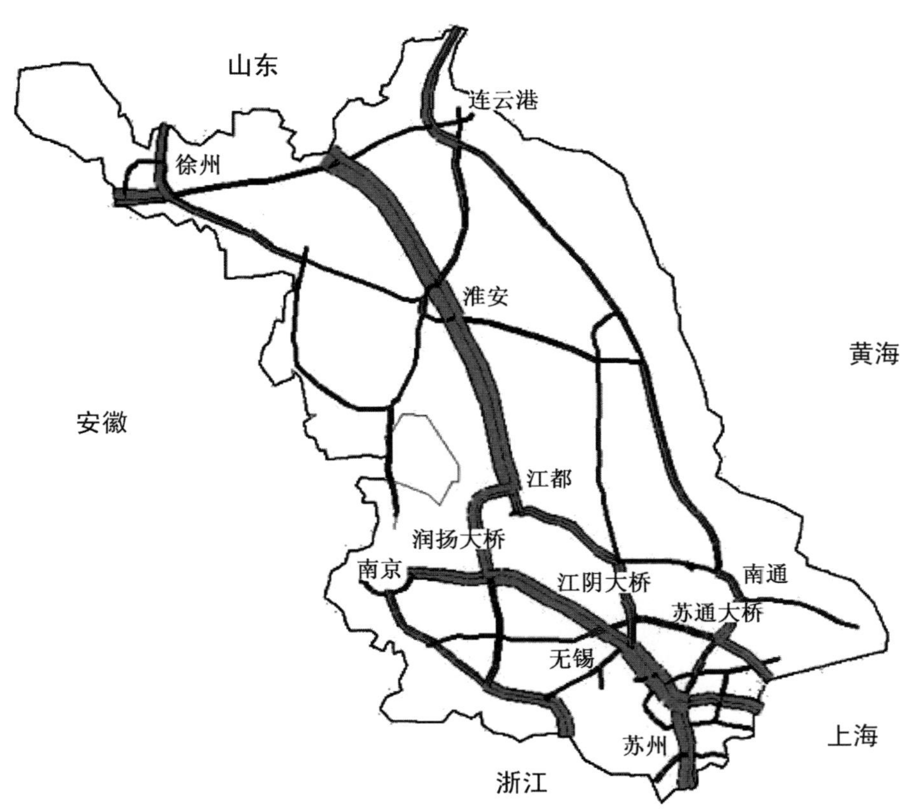

日均轴载
(标准轴载当量轴次/日)

50 000 25 000 12 500

注：未含南京周边部分高速公路

图 4.16　2010 年江苏省高速公路日均轴载

4.5.4 交通量分布如表 4.17 和图 4.17 所示。

2010 年江苏省高速公路交通量 表 4.17

路段起止点	当量标准小客车（辆/日）	路段起止点	当量标准小客车（辆/日）
苏鲁省界—淮安	21 163	淮安—苏鲁省界	21 318
淮安—江都	24 275	江都—淮安	24 835
江都—江阴	20 820	江阴—江都	23 084
江阴枢纽—无锡	24 639	无锡—江阴枢纽	25 458
广陵—南通北	6 270	南通北—广陵	6 535
南通—苏州北	17 569	苏州北—南通	17 059
小海—启东	2 848	启东—小海	2 540
同三苏鲁—灌云	10 977	灌云—同三苏鲁	11 669
灌云—盐城东	7 772	盐城东—灌云	7 704
盐城东—南通北	11 216	南通北—盐城东	11 416
盐城—楚州	6 349	楚州—盐城	6 551
淮安西绕城顺时针	7 855	淮安西绕城逆时针	7 234
淮阴—灌云北	8 662	灌云北—淮阴	8 339
灌云北—连云港	4 898	连云港—灌云北	4 692
淮安南—六合南	8 876	六合南—淮安南	8 334
黄花塘—宿迁	4 495	宿迁—黄花塘	5 103
淮安西—徐州	6 985	徐州—淮安西	7 852
徐州东—京福	6 420	京福—徐州东	11 990
徐州东—苏皖省界	12 813	苏皖省界—徐州东	8 496
徐州东—渔湾主线	3 797	渔湾主线—徐州东	3 755
江都—镇江	14 662	镇江—江都	13 131
南京—无锡	31 969	无锡—南京	30 088
无锡—苏州北	58 727	苏州北—无锡	56 583
苏州北—花桥主线	40 424	花桥主线—苏州北	42 624
苏州绕城顺时针	5 531	苏州绕城逆时针	5 510
石牌—岳王	3 532	岳王—石牌	3 622
角直—千灯	3 571	千灯—角直	2 988
苏州北—盛泽主线	33 315	盛泽主线—苏州北	31 453
苏浙省界—苏沪主线	7 291	苏沪主线—苏浙省界	8 274
南京—新昌	12 268	新昌—南京	11 847
新昌—省界主线	18 120	省界主线—新昌	18 605
丹徒—新昌	6 480	新昌—丹徒	6 861
西坞—无锡	8 848	无锡—西坞	8 754
骆家边—戚墅堰	6 711	戚墅堰—骆家边	6 877
戚墅堰—常熟	15 463	常熟—戚墅堰	15 777
常熟—太仓	21 244	太仓—常熟	22 306
南京三桥—麒麟	4 429	麒麟—南京三桥	4 535

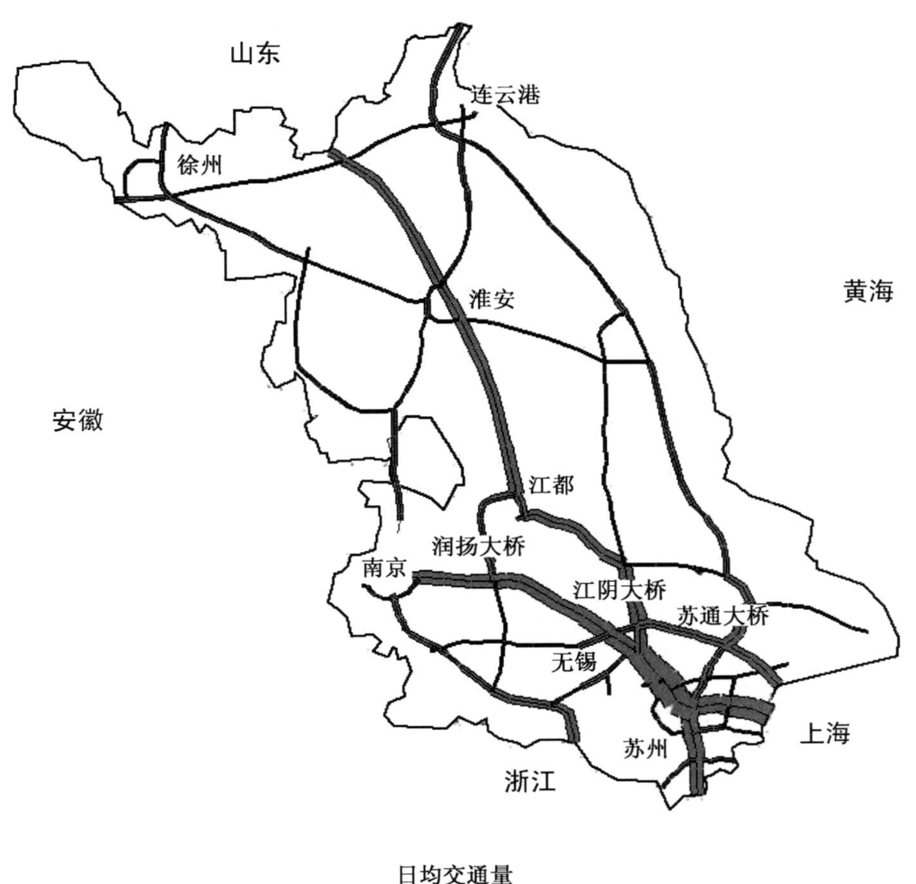

日均交通量
当量标准小客车(辆/日)

75 000 37 500 18 750

注：未含南京周边部分高速公路

图4.17　2010年江苏省高速公路日均交通量

4.6 浙江省高速公路运输密度

4.6.1 客运密度分布如表4.18和图4.18所示。

2010年浙江省高速公路客运密度

表4.18

路段起止点	客运密度（人/日）	路段起止点	客运密度（人/日）
李家巷枢纽—浙皖主线	32 028	浙皖主线—李家巷枢纽	31 128
浙苏主线—李家巷枢纽	22 496	李家巷枢纽—浙苏主线	21 622
李家巷枢纽—父子岭(浙苏分界)	52 723	父子岭(浙苏分界)—李家巷枢纽	52 991
南庄兜(杭州)—李家巷枢纽	72 995	李家巷枢纽—南庄兜(杭州)	72 160
杭州绕城(逆时针)	69 654	杭州绕城(顺时针)	68 599
嘉兴枢纽—沈士枢纽	99 913	沈士枢纽—嘉兴枢纽	106 060
大云(浙沪边界)—嘉兴枢纽	79 410	嘉兴枢纽—大云(浙沪边界)	83 859
昱岭关(安徽边界)—杭州西	18 904	杭州西—昱岭关(安徽边界)	18 720
嘉兴枢纽—王江泾(浙苏边界)	54 891	王江泾(浙苏边界)—嘉兴枢纽	53 291
湖州北—王江泾(浙苏边界)	12 751	王江泾(浙苏边界)—湖州北	13 243
西塘桥(跨海大桥北)—嘉兴枢纽	47 811	嘉兴枢纽—西塘桥(跨海大桥北)	47 643
西塘桥(跨海大桥北)—浙沪主线	14 721	浙沪主线—西塘桥(跨海大桥北)	14 976
西塘桥(跨海大桥北)—余姚	46 048	余姚—西塘桥(跨海大桥北)	45 978
沽渚枢纽—红垦(杭州)	107 375	红垦(杭州)—沽渚枢纽	108 442
余姚—沽渚枢纽	49 286	沽渚枢纽—余姚	49 881
余姚—宁波北	80 994	宁波北—余姚	79 466
北仑—宁波东	25 094	宁波东—北仑	24 554
宁波绕城(逆时针)	32 984	宁波绕城(顺时针)	32 823
嵊州枢纽—宁波西	13 131	宁波西—嵊州枢纽	12 779
义乌东—嵊州枢纽	18 265	嵊州枢纽—义乌东	18 214
嵊州枢纽—沽渚枢纽	45 775	沽渚枢纽—嵊州枢纽	46 221
吴岙—嵊州枢纽	31 192	嵊州枢纽—吴岙	31 275
宁海—姜山(宁波)	47 392	姜山(宁波)—宁海	46 981
吴岙—宁海	27 966	宁海—吴岙	28 410
台州—吴岙	50 907	吴岙—台州	50 783
缙云—台州	15 183	台州—缙云	15 343
温州—台州	36 933	台州—温州	36 087
平阳—温州南	74 012	温州南—平阳	73 572
分水关—平阳	25 669	平阳—分水关	24 509
金华东—温州	21 463	温州—金华东	21 629
金华东—张家畈枢纽(杭州)	52 485	张家畈枢纽(杭州)—金华东	52 294
杭金衢龙游交界—金华	31 298	金华—杭金衢龙游交界	29 955
浙赣界—杭金衢龙游交界	44 499	杭金衢龙游交界—浙赣界	43 852
丽水—杭金衢龙游交界	16 519	杭金衢龙游交界—丽水	17 111
龙泉—丽水	10 038	丽水—龙泉	10 168

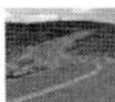

续上表

路段起止点	客运密度（人/日）	路段起止点	客运密度（人/日）
建德市—杭州南	39 074	杭州南—建德市	39 158
杭金衢龙游交界—建德市	20 159	建德市—杭金衢龙游交界	20 380
建德市—千岛湖	9 419	千岛湖—建德市	10 013
衢州南—浙闽主线	2 313	浙闽主线—衢州南	2 443
诸暨北—温州	24 317	温州—诸暨北	25 183
练市—杭州(崇贤)	15 147	杭州(崇贤)—练市	14 523
温州绕城(逆时针)	28 577	温州绕城(顺时针)	27 957
宁波北—保国寺	9 717	保国寺—宁波北	9 970
舟山—蛟川	24 892	蛟川—舟山	24 921

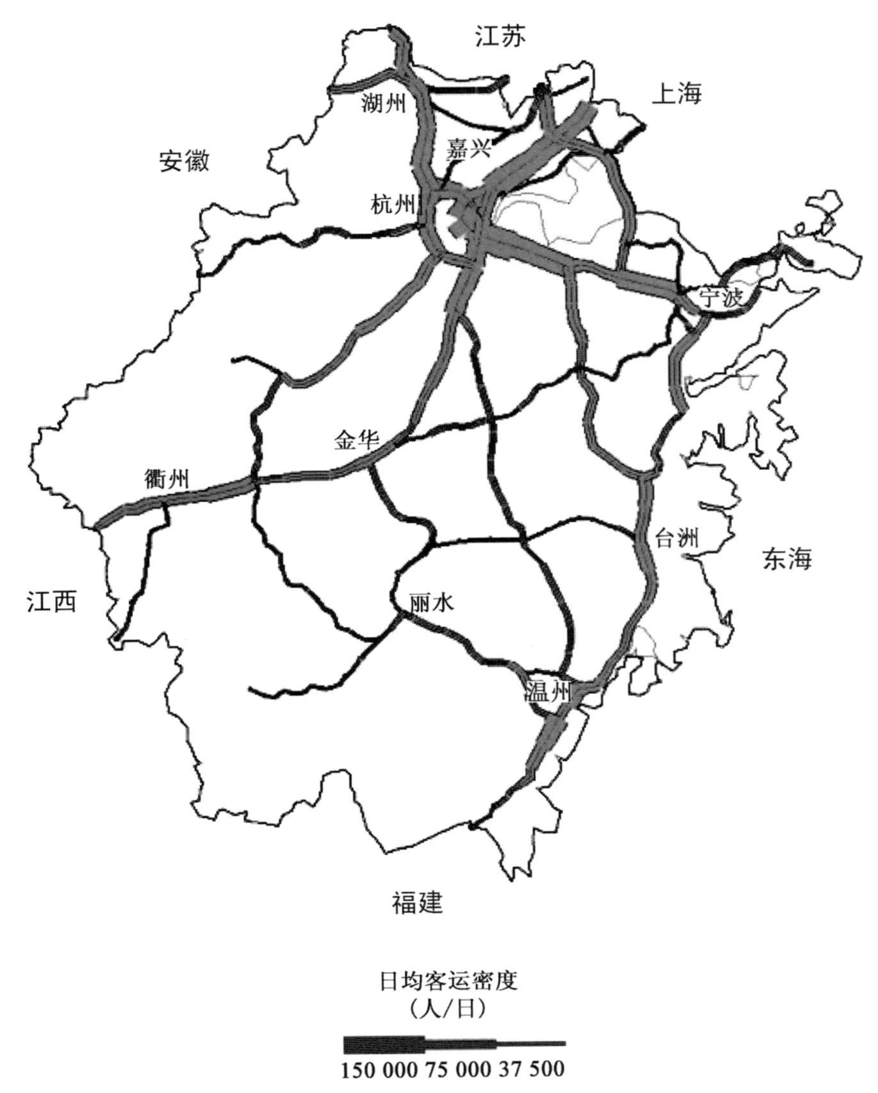

图 4.18　2010 年浙江省高速公路日均客运密度

4.6.2 货运密度分布如表4.19和图4.19所示。

2010年浙江省高速公路货运密度 表4.19

路段起止点	货运密度（吨/日）	路段起止点	货运密度（吨/日）
李家巷枢纽—浙皖主线	46 423	浙皖主线—李家巷枢纽	55 065
浙苏主线—李家巷枢纽	15 516	李家巷枢纽—浙苏主线	16 163
李家巷枢纽—父子岭（浙苏分界）	93 405	父子岭（浙苏分界）—李家巷枢纽	113 665
南庄兜（杭州）—李家巷枢纽	116 661	李家巷枢纽—南庄兜（杭州）	147 035
杭州绕城（逆时针）	93 220	杭州绕城（顺时针）	103 914
嘉兴枢纽—沈士枢纽	99 120	沈士枢纽—嘉兴枢纽	78 707
大云（浙沪边界）—嘉兴枢纽	53 992	嘉兴枢纽—大云（浙沪边界）	58 439
昱岭关（安徽边界）—杭州西	6 306	杭州西—昱岭关（安徽边界）	6 678
嘉兴枢纽—王江泾（浙苏边界）	50 841	王江泾（浙苏边界）—嘉兴枢纽	93 187
湖州北—王江泾（浙苏边界）	19 806	王江泾（浙苏边界）—湖州北	25 244
西塘桥（跨海大桥北）—嘉兴枢纽	52 235	嘉兴枢纽—西塘桥（跨海大桥北）	64 333
西塘桥（跨海大桥北）—浙沪主线	22 204	浙沪主线—西塘桥（跨海大桥北）	36 438
西塘桥（跨海大桥北）—余姚	67 966	余姚—西塘桥（跨海大桥北）	43 949
沽渚枢纽—红垦（杭州）	92 382	红垦（杭州）—沽渚枢纽	123 565
余姚—沽渚枢纽	81 396	沽渚枢纽—余姚	83 181
余姚—宁波北	120 036	宁波北—余姚	104 995
北仑—宁波东	98 065	宁波东—北仑	90 636
宁波绕城（逆时针）	67 088	宁波绕城（顺时针）	55 576
嵊州枢纽—宁波西	52 077	宁波西—嵊州枢纽	50 875
义乌东—嵊州枢纽	42 423	嵊州枢纽—义乌东	44 694
嵊州枢纽—沽渚枢纽	29 495	沽渚枢纽—嵊州枢纽	46 486
吴岙—嵊州枢纽	21 836	嵊州枢纽—吴岙	35 678
宁海—姜山（宁波）	61 400	姜山（宁波）—宁海	80 376
吴岙—宁海	55 431	宁海—吴岙	75 015
台州—吴岙	70 106	吴岙—台州	94 856
缙云—台州	23 774	台州—缙云	17 069
温州—台州	45 900	台州—温州	57 457
平阳—温州南	73 164	温州南—平阳	85 240
分水关—平阳	59 686	平阳—分水关	66 474
金华东—温州	29 903	温州—金华东	19 221
金华东—张家畈枢纽（杭州）	50 304	张家畈枢纽（杭州）—金华东	64 616
杭金衢龙游交界—金华	58 838	金华—杭金衢龙游交界	40 373
浙赣界—杭金衢龙游交界	109 552	杭金衢龙游交界—浙赣界	103 368
丽水—杭金衢龙游交界	25 676	杭金衢龙游交界—丽水	16 324
龙泉—丽水	9 702	丽水—龙泉	7 991
建德市—杭州南	75 438	杭州南—建德市	79 754
杭金衢龙游交界—建德市	68 730	建德市—杭金衢龙游交界	73 053
建德市—千岛湖	1 834	千岛湖—建德市	1 453
衢州南—浙闽主线	6 884	浙闽主线—衢州南	9 644
诸暨北—温州	54 294	温州—诸暨北	46 175
练市—杭州（崇贤）	33 964	杭州（崇贤）—练市	23 087
温州绕城（逆时针）	35 953	温州绕城（顺时针）	40 008
宁波北—保国寺	16 977	保国寺—宁波北	22 920
舟山—蛟川	0	蛟川—舟山	176

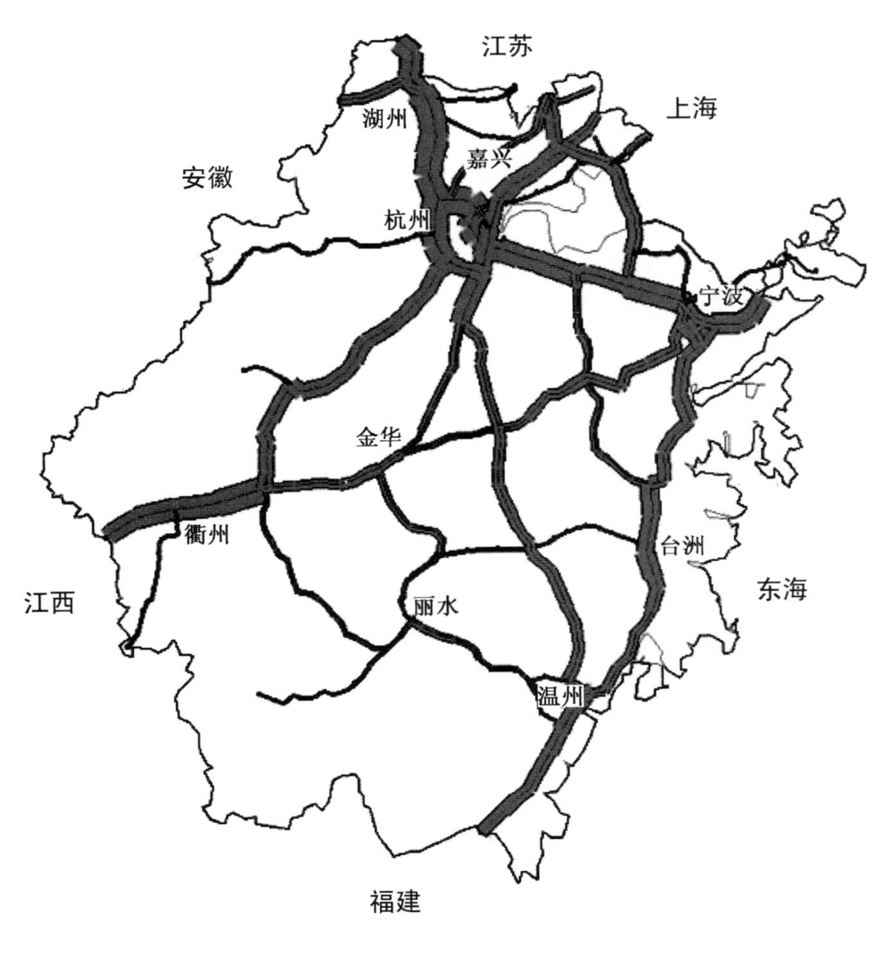

图4.19　2010年浙江省高速公路日均货运密度

4.6.3 交通量分布如表 4.20 和图 4.20 所示。

2010 年浙江省高速公路交通量 表 4.20

路段起止点	当量标准小客车（辆/日）	路段起止点	当量标准小客车（辆/日）
李家巷枢纽—浙皖主线	11 683	浙皖主线—李家巷枢纽	11 563
浙苏主线—李家巷枢纽	6 943	李家巷枢纽—浙苏主线	6 660
李家巷枢纽—父子岭(浙苏分界)	23 286	父子岭(浙苏分界)—李家巷枢纽	22 144
南庄兜(杭州)—李家巷枢纽	30 247	李家巷枢纽—南庄兜(杭州)	29 017
杭州绕城(逆时针)	32 437	杭州绕城(顺时针)	32 697
嘉兴枢纽—沈士枢纽	36 239	沈士枢纽—嘉兴枢纽	36 778
大云(浙沪边界)—嘉兴枢纽	25 650	嘉兴枢纽—大云(浙沪边界)	26 903
昱岭关(安徽边界)—杭州西	4 716	杭州西—昱岭关(安徽边界)	4 674
嘉兴枢纽—王江泾(浙苏边界)	23 360	王江泾(浙苏边界)—嘉兴枢纽	25 020
湖州北—王江泾(浙苏边界)	6 169	王江泾(浙苏边界)—湖州北	6 689
西塘桥(跨海大桥北)—嘉兴枢纽	19 341	嘉兴枢纽—西塘桥(跨海大桥北)	19 866
西塘桥(跨海大桥北)—浙沪主线	9 494	浙沪主线—西塘桥(跨海大桥北)	10 179
西塘桥(跨海大桥北)—余姚	19 415	余姚—西塘桥(跨海大桥北)	18 946
沽渚枢纽—红垦(杭州)	38 140	红垦(杭州)—沽渚枢纽	38 970
余姚—沽渚枢纽	22 841	沽渚枢纽—余姚	23 515
余姚—宁波北	35 333	宁波北—余姚	33 930
北仑—宁波东	21 228	宁波东—北仑	21 127
宁波绕城(逆时针)	17 603	宁波绕城(顺时针)	16 685
嵊州枢纽—宁波西	10 049	宁波西—嵊州枢纽	9 521
义乌东—嵊州枢纽	9 510	嵊州枢纽—义乌东	9 797
嵊州枢纽—沽渚枢纽	13 525	沽渚枢纽—嵊州枢纽	13 933
吴岙—嵊州枢纽	8 561	嵊州枢纽—吴岙	8 938
宁海—姜山(宁波)	21 245	姜山(宁波)—宁海	21 532
吴岙—宁海	15 399	宁海—吴岙	15 694
台州—吴岙	21 340	吴岙—台州	21 313
缙云—台州	5 354	台州—缙云	5 342
温州—台州	15 038	台州—温州	15 272
平阳—温州南	28 682	温州南—平阳	28 852
分水关—平阳	13 416	平阳—分水关	13 746
金华东—温州	6 541	温州—金华东	6 235
金华东—张家畈枢纽(杭州)	19 151	张家畈枢纽(杭州)—金华东	19 550
杭金衢龙游交界—金华	11 419	金华—杭金衢龙游交界	10 440
浙赣界—杭金衢龙游交界	18 449	杭金衢龙游交界—浙赣界	18 127
丽水—杭金衢龙游交界	4 583	杭金衢龙游交界—丽水	4 291
龙泉—丽水	3 090	丽水—龙泉	3 024
建德市—杭州南	17 418	杭州南—建德市	17 565
杭金衢龙游交界—建德市	12 029	建德市—杭金衢龙游交界	12 109
建德市—千岛湖	2 448	千岛湖—建德市	2 504
衢州南—浙闽主线	1 419	浙闽主线—衢州南	1 707
诸暨北—温州	10 241	温州—诸暨北	10 387
练市—杭州(崇贤)	7 894	杭州(崇贤)—练市	7 546
温州绕城(逆时针)	11 263	温州绕城(顺时针)	11 188
宁波北—保国寺	5 611	保国寺—宁波北	4 973
舟山—蛟川	4 086	蛟川—舟山	4 067

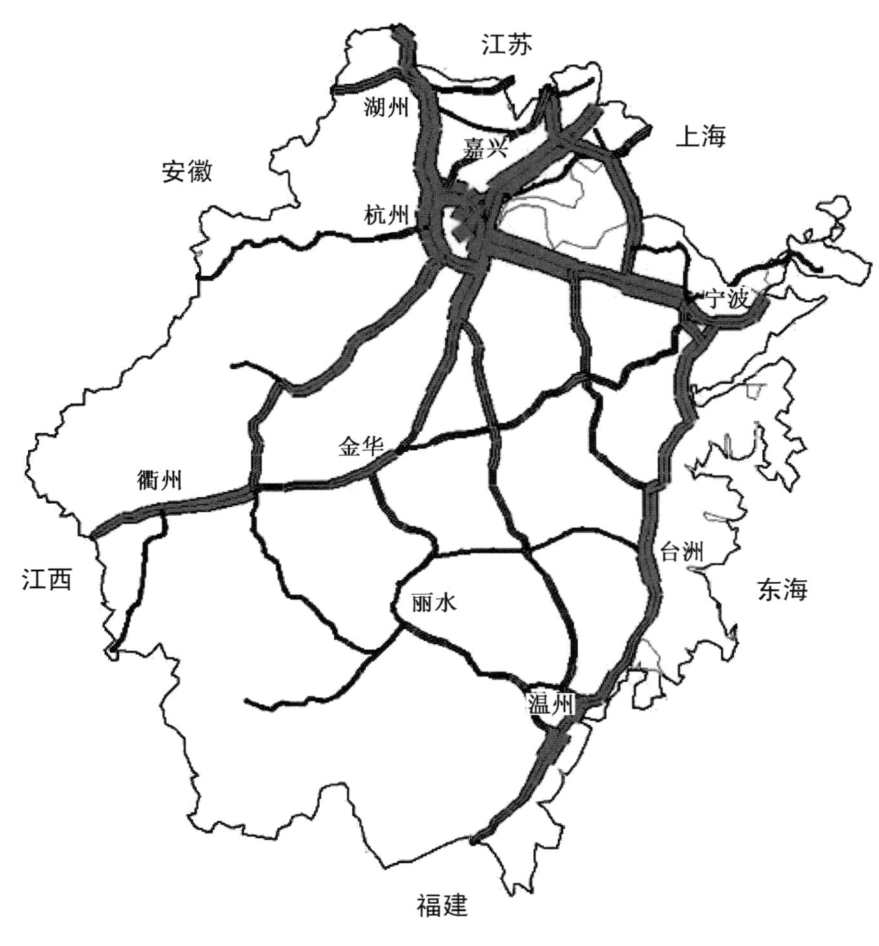

图 4.20　2010 年浙江省高速公路日均交通量

4.7 安徽省高速公路运输密度

4.7.1 客运密度分布如表4.21和图4.21所示。

2010年安徽省高速公路客运密度 表4.21

路段起止点	客运密度（人/日）	路段起止点	客运密度（人/日）
皖豫—皖苏	12 585	皖苏—皖豫	12 434
连霍桥—宿州	13 535	宿州—连霍桥	13 889
宿州—蚌埠	14 954	蚌埠—宿州	15 192
蚌埠—合肥	13 849	合肥—蚌埠	14 030
合肥—芜湖	36 197	芜湖—合肥	36 158
芜湖—宣城	19 363	宣城—芜湖	19 416
宣城—广德	29 131	广德—宣城	29 208
界首—蚌埠	16 785	蚌埠—界首	16 817
蚌埠—滁州	31 257	滁州—蚌埠	31 095
滁州—曹庄	34 430	曹庄—滁州	34 491
黄庄—阜阳	5 094	阜阳—黄庄	4 874
阜阳—淮南	12 442	淮南—阜阳	12 317
淮南—合肥	25 185	合肥—淮南	25 470
合肥—庐江	49 438	庐江—合肥	49 255
庐江—铜陵	10 464	铜陵—庐江	10 223
铜陵—黄山	7 367	黄山—铜陵	7 262
黄山—徽州	8 236	徽州—黄山	8 318
庐江—怀宁	36 536	怀宁—庐江	36 566
怀宁—宿松	18 574	宿松—怀宁	18 691
怀宁—安庆	24 217	安庆—怀宁	23 959
叶集—六安	17 724	六安—叶集	16 939
六安—合肥	25 434	合肥—六安	22 886
合肥—吴庄	49 821	吴庄—合肥	49 416
大顾店—长岭关	1 605	长岭关—大顾店	1 469
潜山互通—六安西	1 182	六安西—潜山互通	1 169
马鞍山—芜湖	18 372	芜湖—马鞍山	18 275
芜湖—铜陵	18 287	铜陵—芜湖	18 522
铜陵—安庆	21 315	安庆—铜陵	21 564
安庆—马坑	2 431	马坑—安庆	2 360
宿州—泗县	285	泗县—宿州	86

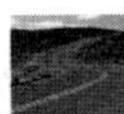

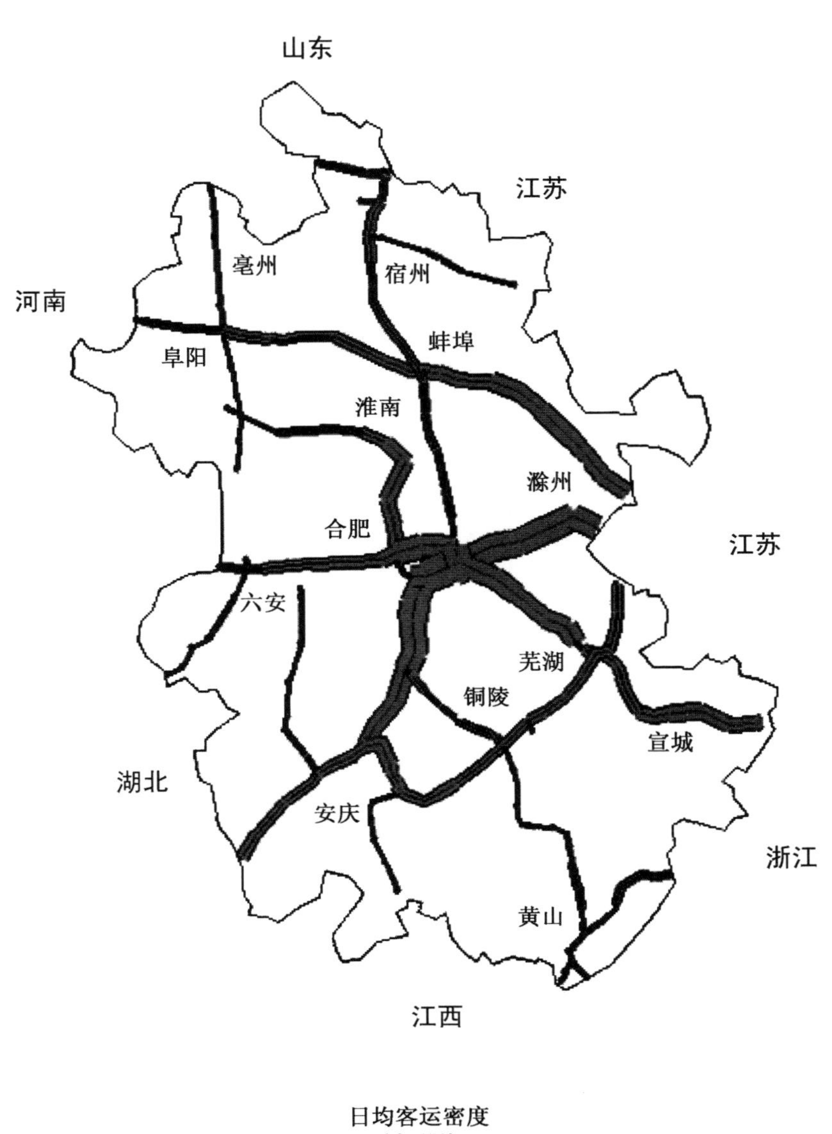

图 4.21　2010 年安徽省高速公路日均客运密度

4.7.2 货运密度分布如表4.22和图4.22所示。

2010年安徽省高速公路货运密度 表4.22

路段起止点	货运密度（吨/日）	路段起止点	货运密度（吨/日）
皖豫—皖苏	42 073	皖苏—皖豫	39 054
连霍桥—宿州	75 442	宿州—连霍桥	54 643
宿州—蚌埠	72 022	蚌埠—宿州	51 572
蚌埠—合肥	71 295	合肥—蚌埠	49 939
合肥—芜湖	61 413	芜湖—合肥	54 739
芜湖—宣城	47 173	宣城—芜湖	41 677
宣城—广德	53 429	广德—宣城	52 427
界首—蚌埠	39 796	蚌埠—界首	40 575
蚌埠—滁州	55 282	滁州—蚌埠	47 989
滁州—曹庄	57 836	曹庄—滁州	50 883
黄庄—阜阳	20 823	阜阳—黄庄	16 238
阜阳—淮南	26 730	淮南—阜阳	19 977
淮南—合肥	34 784	合肥—淮南	22 880
合肥—庐江	97 894	庐江—合肥	82 515
庐江—铜陵	6 028	铜陵—庐江	3 976
铜陵—黄山	6 607	黄山—铜陵	4 349
黄山—徽州	4 766	徽州—黄山	5 531
庐江—怀宁	90 269	怀宁—庐江	77 904
怀宁—宿松	70 213	宿松—怀宁	62 692
怀宁—安庆	35 434	安庆—怀宁	31 042
叶集—六安	31 092	六安—叶集	23 326
六安—合肥	37 880	合肥—六安	25 859
合肥—吴庄	48 397	吴庄—合肥	52 079
大顾店—长岭关	1 822	长岭关—大顾店	1 595
潜山互通—六安西	1 269	六安西—潜山互通	873
马鞍山—芜湖	19 700	芜湖—马鞍山	16 814
芜湖—铜陵	18 881	铜陵—芜湖	19 728
铜陵—安庆	23 956	安庆—铜陵	23 321
安庆—马坑	18 185	马坑—安庆	15 831
宿州—泗县	44	泗县—宿州	16

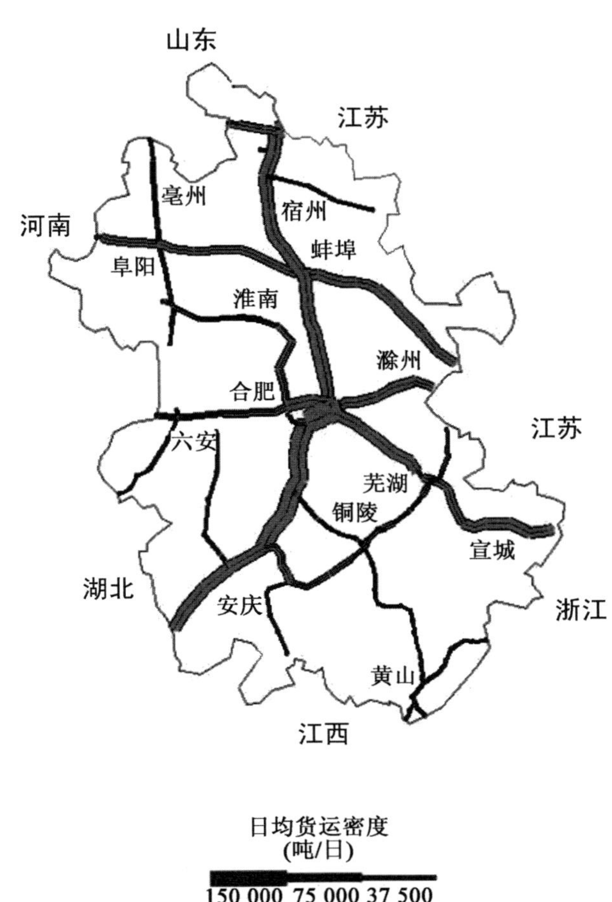

图 4.22　2010 年安徽省高速公路日均货运密度

4.7.3 交通量分布如表4.23和图4.23所示。

2010年安徽省高速公路交通量 表4.23

路段起止点	当量标准小客车（辆/日）	路段起止点	当量标准小客车（辆/日）
皖豫—皖苏	7 292	皖苏—皖豫	6 690
连霍桥—宿州	11 626	宿州—连霍桥	10 757
宿州—蚌埠	10 839	蚌埠—宿州	9 641
蚌埠—合肥	10 896	合肥—蚌埠	10 042
合肥—芜湖	16 407	芜湖—合肥	16 515
芜湖—宣城	9 380	宣城—芜湖	9 457
宣城—广德	11 692	广德—宣城	11 688
界首—蚌埠	7 450	蚌埠—界首	6 798
蚌埠—滁州	10 408	滁州—蚌埠	10 557
滁州—曹庄	11 550	曹庄—滁州	11 855
黄庄—阜阳	3 131	阜阳—黄庄	3 084
阜阳—淮南	5 316	淮南—阜阳	5 057
淮南—合肥	8 723	合肥—淮南	8 701
合肥—庐江	22 527	庐江—合肥	21 617
庐江—铜陵	2 966	铜陵—庐江	2 858
铜陵—黄山	2 364	黄山—铜陵	2 266
黄山—徽州	2 065	徽州—黄山	2 132
庐江—怀宁	18 726	怀宁—庐江	18 075
怀宁—宿松	11 348	宿松—怀宁	11 024
怀宁—安庆	10 892	安庆—怀宁	10 583
叶集—六安	5 822	六安—叶集	5 419
六安—合肥	8 072	合肥—六安	7 238
合肥—吴庄	14 625	吴庄—合肥	14 187
大顾店—长岭关	720	长岭关—大顾店	647
潜山互通—六安西	505	六安西—潜山互通	466
马鞍山—芜湖	7 227	芜湖—马鞍山	7 387
芜湖—铜陵	7 389	铜陵—芜湖	7 763
铜陵—安庆	8 561	安庆—铜陵	8 860
安庆—马坑	2 561	马坑—安庆	2 547
宿州—泗县	69	泗县—宿州	33

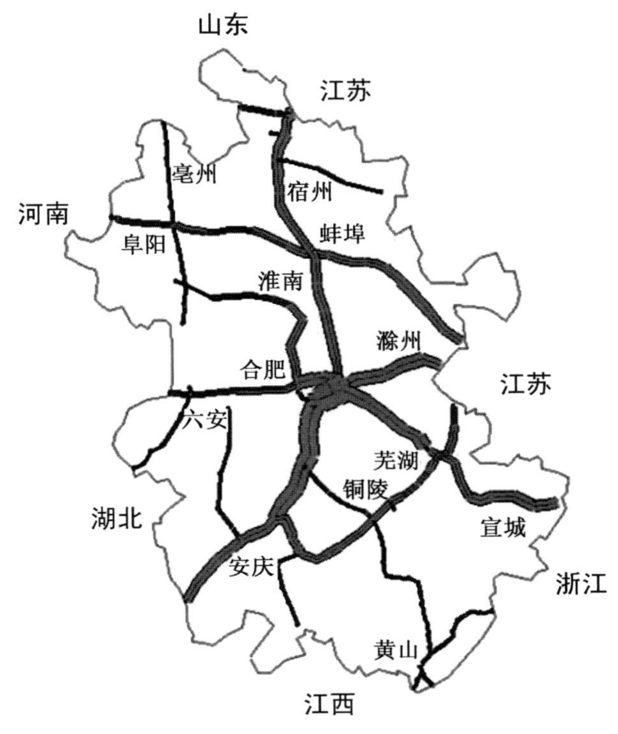

图 4.23　2010 年安徽省高速公路日均交通量

4.8 福建省高速公路运输密度

4.8.1 客运密度分布如表 4.24 和图 4.24 所示。

2010 年福建省高速公路客运密度　　表 4.24

路段起止点	客运密度（人/日）	路段起止点	客运密度（人/日）
闽浙—福鼎	15 500	福鼎—闽浙	14 283
福鼎—霞浦	16 804	霞浦—福鼎	16 441
霞浦—宁德	18 449	宁德—霞浦	17 773
宁德—连江	25 347	连江—宁德	25 228
连江—福州	31 924	福州—连江	31 474
营前—福州机场	9 431	福州机场—营前	10 922
福州—莆田	44 285	莆田—福州	43 740
莆田—泉州	38 107	泉州—莆田	37 690
泉州—厦门	57 828	厦门—泉州	56 094
厦门—漳州	45 562	漳州—厦门	43 376
漳州—云霄	24 254	云霄—漳州	23 534
云霄—诏安	21 454	诏安—云霄	20 820
诏安—闽粤	21 611	闽粤—诏安	20 285
漳州—龙岩	17 065	龙岩—漳州	16 474
龙岩—新泉	13 657	新泉—龙岩	13 840
厦成闽赣—新泉	7 021	新泉—厦成闽赣	6 584
泉州—永春	15 299	永春—泉州	14 611
永春—永安	9 325	永安—永春	9 555
永安—三明	10 555	三明—永安	9 955
三明—泰宁	11 419	泰宁—三明	11 730
泰宁—闽赣省际	8 780	闽赣省际—泰宁	8 385
三明—青州	12 442	青州—三明	12 058
青州—浦城	3 224	浦城—青州	3 261
浦城—京台闽浙	1 551	京台闽浙—浦城	1 706
福州西—尤溪	14 822	尤溪—福州西	15 662
尤溪—南平	11 969	南平—尤溪	12 049
新泉—永安	1 650	永安—新泉	1 731
新泉—长深闽粤	1 368	长深闽粤—新泉	1 234
武夷山—邵武	857	邵武—武夷山	935

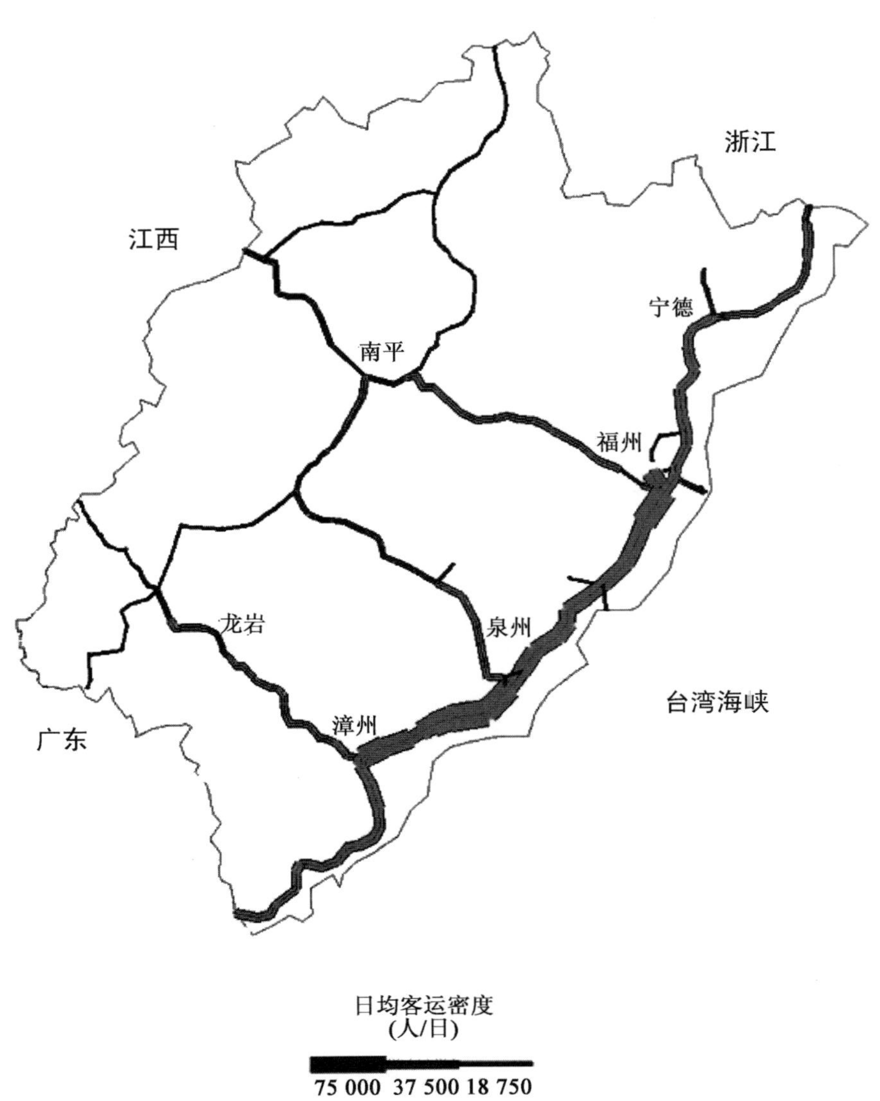

图 4.24　2010 年福建省高速公路日均客运密度

4.8.2 货运密度分布如表4.25和图4.25所示。

2010年福建省高速公路货运密度 表4.25

路段起止点	货运密度（吨/日）	路段起止点	货运密度（吨/日）
闽浙—福鼎	58 015	福鼎—闽浙	60 524
福鼎—霞浦	56 626	霞浦—福鼎	62 434
霞浦—宁德	54 756	宁德—霞浦	64 375
宁德—连江	58 540	连江—宁德	64 891
连江—福州	57 032	福州—连江	59 421
营前—福州机场	1 911	福州机场—营前	2 133
福州—莆田	47 132	莆田—福州	52 013
莆田—泉州	51 924	泉州—莆田	58 129
泉州—厦门	60 949	厦门—泉州	57 574
厦门—漳州	59 997	漳州—厦门	68 064
漳州—云霄	42 641	云霄—漳州	36 119
云霄—诏安	45 545	诏安—云霄	37 970
诏安—闽粤	48 229	闽粤—诏安	40 261
漳州—龙岩	24 292	龙岩—漳州	31 588
龙岩—新泉	14 246	新泉—龙岩	13 641
厦成闽赣—新泉	8 888	新泉—厦成闽赣	9 789
泉州—永春	14 795	永春—泉州	13 421
永春—永安	14 608	永安—永春	17 143
永安—三明	10 669	三明—永安	14 282
三明—泰宁	19 822	泰宁—三明	16 725
泰宁—闽赣省际	17 725	闽赣省际—泰宁	16 288
三明—青州	13 423	青州—三明	15 388
青州—浦城	3 871	浦城—青州	2 820
浦城—京台闽浙	6 985	京台闽浙—浦城	7 563
福州西—尤溪	13 287	尤溪—福州西	20 717
尤溪—南平	13 384	南平—尤溪	16 144
新泉—永安	1 691	永安—新泉	2 571
新泉—长深闽粤	2 551	长深闽粤—新泉	2 100
武夷山—邵武	759	邵武—武夷山	1 396

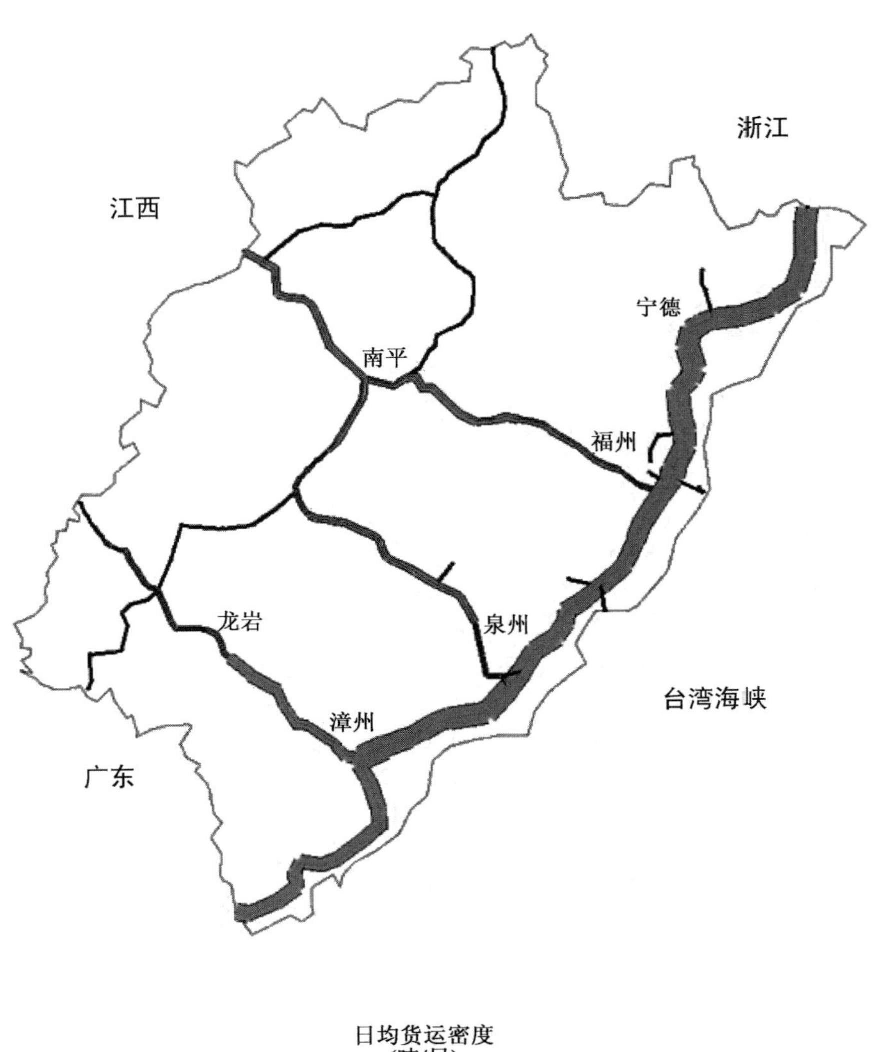

图 4.25　2010 年福建省高速公路日均货运密度

4.8.3　道路负荷分布如表4.26和图4.26所示。

2010年福建省高速公路轴载　　表4.26

路段起止点	轴载（标准轴载当量轴次/日）	路段起止点	轴载（标准轴载当量轴次/日）
闽浙—福鼎	21 636	福鼎—闽浙	24 839
福鼎—霞浦	20 830	霞浦—福鼎	25 717
霞浦—宁德	20 278	宁德—霞浦	26 649
宁德—连江	22 120	连江—宁德	26 303
连江—福州	15 106	福州—连江	16 992
营前—福州机场	906	福州机场—营前	730
福州—莆田	18 325	莆田—福州	20 186
莆田—泉州	18 561	泉州—莆田	20 766
泉州—厦门	25 551	厦门—泉州	25 319
厦门—漳州	28 937	漳州—厦门	27 591
漳州—云霄	22 489	云霄—漳州	14 201
云霄—诏安	35 340	诏安—云霄	20 067
诏安—闽粤	46 030	闽粤—诏安	17 803
漳州—龙岩	13 858	龙岩—漳州	16 528
龙岩—新泉	7 199	新泉—龙岩	5 888
厦成闽赣—新泉	3 553	新泉—厦成闽赣	4 276
泉州—永春	3 298	永春—泉州	3 843
永春—永安	6 201	永安—永春	9 888
永安—三明	5 393	三明—永安	3 821
三明—泰宁	7 752	泰宁—三明	5 970
泰宁—闽赣省际	6 388	闽赣省际—泰宁	4 949
三明—青州	6 695	青州—三明	4 499
青州—浦城	1 723	浦城—青州	1 017
浦城—京台闽浙	3 161	京台闽浙—浦城	2 903
福州西—尤溪	4 389	尤溪—福州西	7 214
尤溪—南平	4 932	南平—尤溪	4 931
新泉—永安	675	永安—新泉	1 356
新泉—长深闽粤	1 607	长深闽粤—新泉	929
武夷山—邵武	208	邵武—武夷山	660

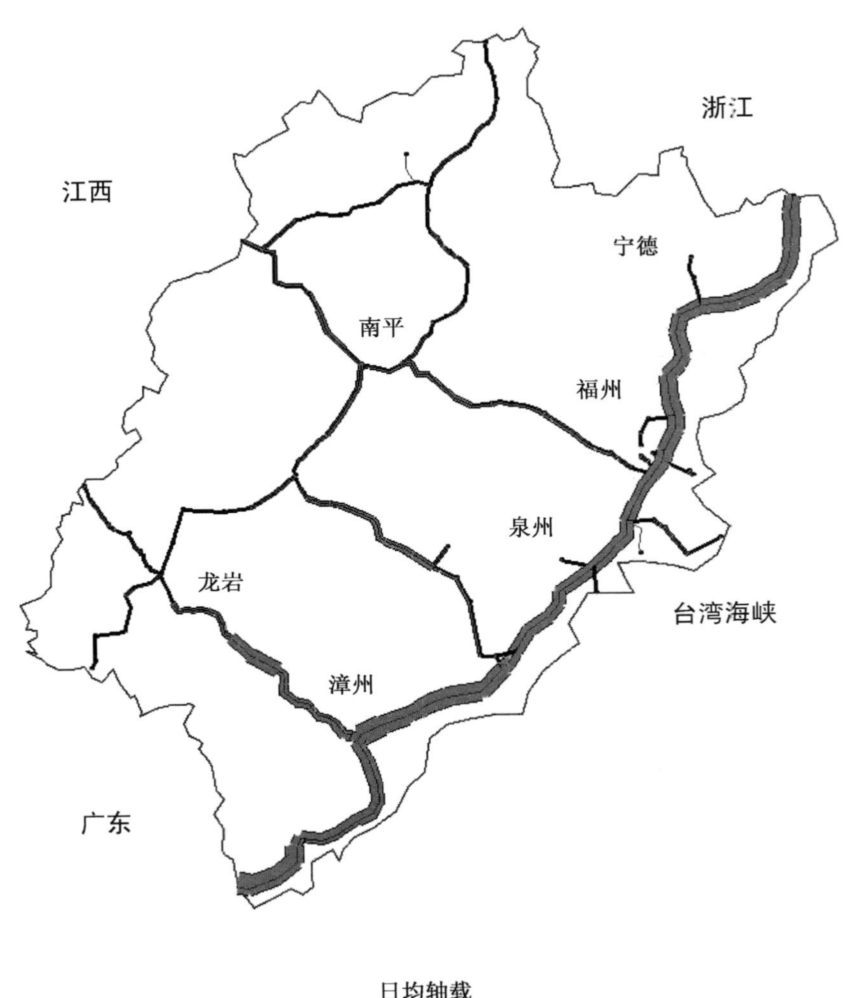

日均轴载
(标准轴载当量轴次/日)

50 000　25 000　12 500

图 4.26　2010 年福建省高速公路日均轴载

4.8.4 交通量分布如表 4.27 和图 4.27 所示。

2010 年福建省高速公路交通量 表 4.27

路段起止点	当量标准小客车（辆/日）	路段起止点	当量标准小客车（辆/日）
闽浙—福鼎	9 921	福鼎—闽浙	9 366
福鼎—霞浦	10 059	霞浦—福鼎	9 981
霞浦—宁德	11 003	宁德—霞浦	11 063
宁德—连江	12 253	连江—宁德	12 258
连江—福州	14 562	福州—连江	14 118
营前—福州机场	4 367	福州机场—营前	4 905
福州—莆田	14 893	莆田—福州	14 968
莆田—泉州	14 082	泉州—莆田	14 268
泉州—厦门	21 606	厦门—泉州	20 955
厦门—漳州	17 957	漳州—厦门	17 002
漳州—云霄	9 024	云霄—漳州	8 546
云霄—诏安	8 033	诏安—云霄	7 785
诏安—闽粤	8 421	闽粤—诏安	7 922
漳州—龙岩	7 939	龙岩—漳州	7 446
龙岩—新泉	4 884	新泉—龙岩	5 180
厦成闽赣—新泉	2 190	新泉—厦成闽赣	2 293
泉州—永春	5 932	永春—泉州	5 557
永春—永安	3 936	永安—永春	4 026
永安—三明	3 977	三明—永安	3 590
三明—泰宁	4 472	泰宁—三明	4 446
泰宁—闽赣省际	3 145	闽赣省际—泰宁	3 057
三明—青州	4 570	青州—三明	4 439
青州—浦城	1 448	浦城—青州	1 409
浦城—京台闽浙	1 135	京台闽浙—浦城	1 310
福州西—尤溪	4 756	尤溪—福州西	5 300
尤溪—南平	3 876	南平—尤溪	4 045
新泉—永安	784	永安—新泉	875
新泉—长深闽粤	786	长深闽粤—新泉	709
武夷山—邵武	382	邵武—武夷山	403

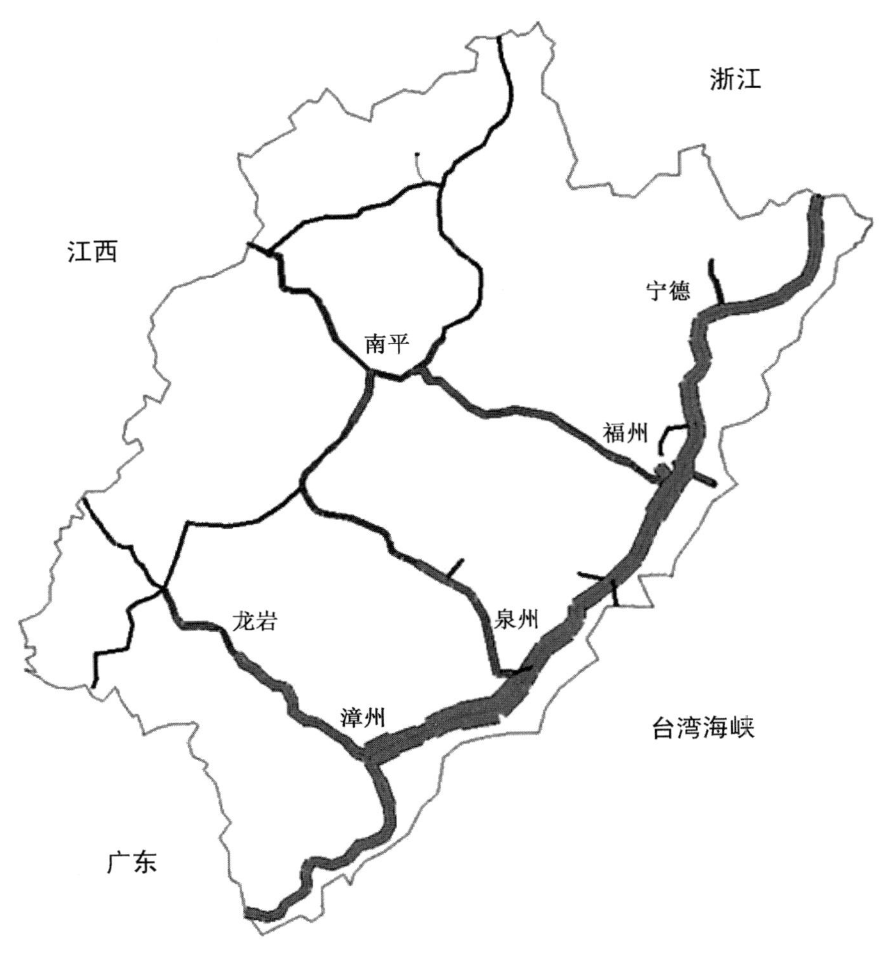

日均交通量
当量标准小客车(辆/日)
25 000 12 500 6 250

图 4.27　2010 年福建省高速公路日均交通量

4.9 江西省高速公路运输密度

4.9.1 客运密度分布如表4.28和图4.28所示。

2010年江西省高速公路客运密度

表4.28

路段起止点	客运密度(人/日)	路段起止点	客运密度(人/日)
九江—南昌	45 669	南昌—九江	46 155
南昌北—厚田	11 500	厚田—南昌北	11 117
厚田—昌傅	43 682	昌傅—厚田	43 065
昌傅—吉安	27 720	吉安—昌傅	27 697
吉安—赣鄂	2 452	赣鄂—吉安	2 480
吉安—泰和	25 079	泰和—吉安	24 758
泰和—赣闽界石城站	2 664	赣闽界石城站—泰和	2 789
泰和—井冈山	3 487	井冈山—泰和	3 541
泰和—南康	22 805	南康—泰和	22 761
南康—赣粤界	29 531	赣粤界—南康	29 721
南康—梅关	2 370	梅关—南康	2 240
赣浙界—上饶	32 716	上饶—赣浙界	32 303
上饶—鹰潭	34 103	鹰潭—上饶	33 676
鹰潭—赣皖	4 690	赣皖—鹰潭	4 773
鹰潭—温家圳	34 185	温家圳—鹰潭	33 532
鹰潭—金溪	4 322	金溪—鹰潭	4 219
金溪—南城	3 473	南城—金溪	3 256
南城—瑞金	4 796	瑞金—南城	4 727
温家圳—厚田	23 589	厚田—温家圳	23 440
机场互通—温家圳(顺时针)	24 091	温家圳(顺时针)—机场互通	24 862
南昌(长堎)—生米	19 141	生米—南昌(长堎)	19 036
九江—景德镇	30 384	景德镇—九江	30 350
景德镇—婺源	17 966	婺源—景德镇	18 064
婺源—塔岭	6 196	塔岭—婺源	6 295
婺源—白沙关	12 258	白沙关—婺源	12 485
温家圳—抚州	20 536	抚州—温家圳	20 870
抚州—南城	18 151	南城—抚州	18 277
南城—赣闽界	14 344	赣闽界—南城	14 320
昌傅—新余	36 179	新余—昌傅	35 580
新余—宜春	33 473	宜春—新余	33 045
宜春—萍乡	27 581	萍乡—宜春	27 129
萍乡—赣湘界	25 821	赣湘界—萍乡	25 248
湖口—彭泽	1 662	彭泽—湖口	1 523
赣州北—赣县	4 825	赣县—赣州北	5 043
赣县—南康东(顺时针)	9 995	南康东(顺时针)—赣县	11 536
赣县—会昌北	9 988	会昌北—赣县	10 066

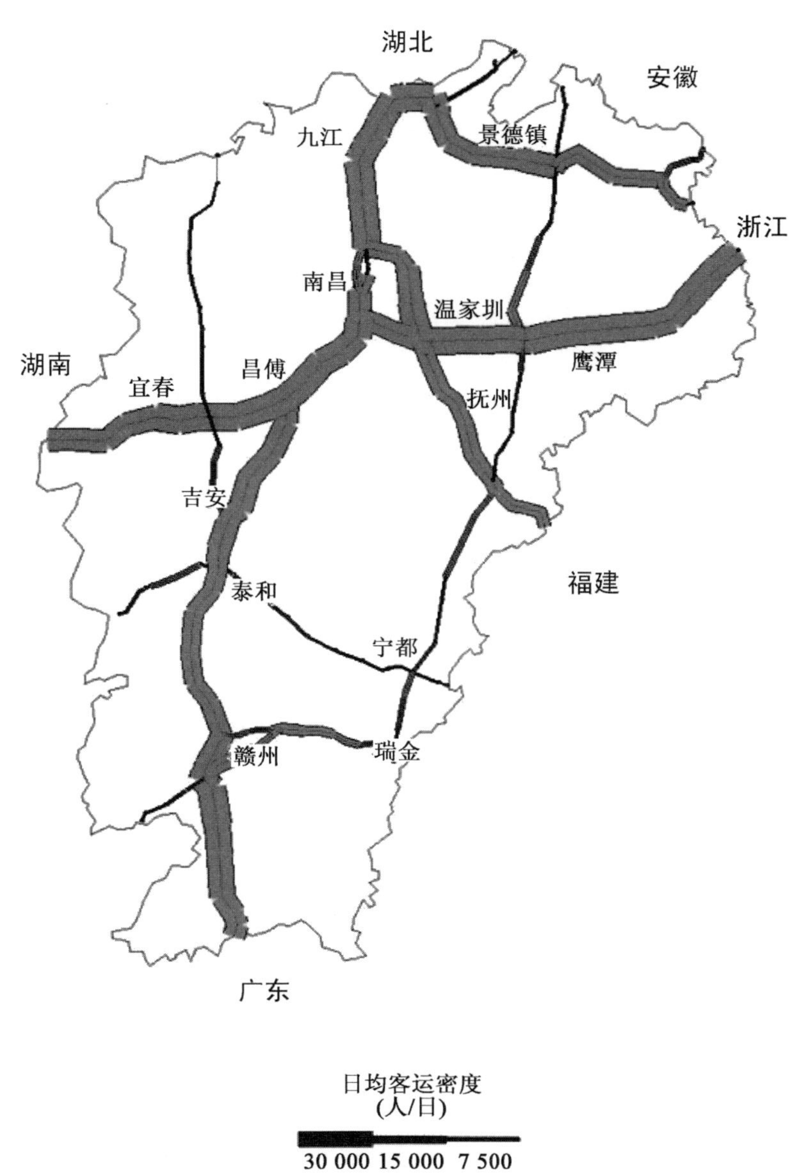

图 4.28　2010 年江西省高速公路日均客运密度

4.9.2 货运密度分布如表4.29和图4.29所示。

2010年江西省高速公路货运密度 表4.29

路段起止点	货运密度（吨/日）	路段起止点	货运密度（吨/日）
九江—南昌	90 918	南昌—九江	79 802
南昌北—厚田	49 315	厚田—南昌北	44 346
厚田—昌傅	127 350	昌傅—厚田	110 756
昌傅—吉安	99 650	吉安—昌傅	83 830
吉安—赣鄂	2 460	赣鄂—吉安	2 914
吉安—泰和	102 584	泰和—吉安	81 866
泰和—赣闽界石城站	1 575	赣闽界石城站—泰和	1 308
泰和—井冈山	339	井冈山—泰和	410
泰和—南康	102 727	南康—泰和	82 563
南康—赣粤界	94 594	赣粤界—南康	75 330
南康—梅关	8 988	梅关—南康	9 399
赣浙界—上饶	95 662	上饶—赣浙界	74 465
上饶—鹰潭	95 364	鹰潭—上饶	78 316
鹰潭—赣皖	20 883	赣皖—鹰潭	22 800
鹰潭—温家圳	86 447	温家圳—鹰潭	68 287
鹰潭—金溪	25 231	金溪—鹰潭	23 060
金溪—南城	18 427	南城—金溪	17 358
南城—瑞金	20 716	瑞金—南城	20 083
温家圳—厚田	77 491	厚田—温家圳	63 659
机场互通—温家圳(顺时针)	26 371	温家圳(顺时针)—机场互通	26 847
南昌(长堎)—生米	13 188	生米—南昌(长堎)	15 522
九江—景德镇	25 801	景德镇—九江	23 793
景德镇—婺源	14 387	婺源—景德镇	13 508
婺源—塔岭	3 791	塔岭—婺源	3 211
婺源—白沙关	9 945	白沙关—婺源	9 816
温家圳—抚州	24 866	抚州—温家圳	23 573
抚州—南城	22 398	南城—抚州	22 999
南城—赣闽界	20 383	赣闽界—南城	19 080
昌傅—新余	48 427	新余—昌傅	43 604
新余—宜春	43 279	宜春—新余	36 992
宜春—萍乡	43 912	萍乡—宜春	37 229
萍乡—赣湘界	46 114	赣湘界—萍乡	37 771
湖口—彭泽	4 536	彭泽—湖口	4 677
赣州北—赣县	2 790	赣县—赣州北	2 693
赣县—南康东(顺时针)	10 664	南康东(顺时针)—赣县	9 222
赣县—会昌北	4 505	会昌北—赣县	6 130

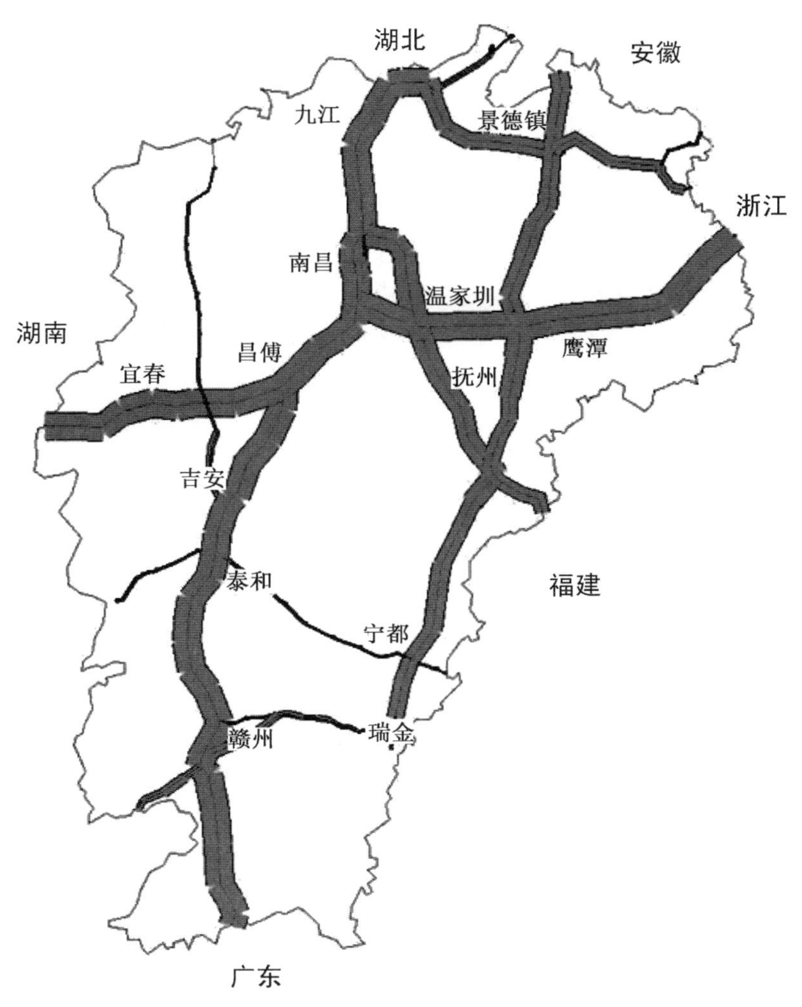

日均货运密度
(吨/日)

30 000　15 000　7 500

图4.29　2010年江西省高速公路日均货运密度

4.9.3 道路负荷分布如表 4.30 和图 4.30 所示。

2010 年江西省高速公路轴载 表 4.30

路段起止点	轴载 (标准轴载当量轴次/日)	路段起止点	轴载 (标准轴载当量轴次/日)
九江—南昌	33 900	南昌—九江	29 061
南昌北—厚田	17 286	厚田—南昌北	13 776
厚田—昌傅	46 748	昌傅—厚田	43 935
昌傅—吉安	41 275	吉安—昌傅	29 795
吉安—赣鄂	2 361	赣鄂—吉安	2 342
吉安—泰和	43 387	泰和—吉安	27 063
泰和—赣闽界石城站	721	赣闽界石城站—泰和	636
泰和—井冈山	197	井冈山—泰和	248
泰和—南康	45 335	南康—泰和	28 872
南康—赣粤界	42 303	赣粤界—南康	29 296
南康—梅关	3 251	梅关—南康	4 315
赣浙界—上饶	36 298	上饶—赣浙界	40 227
上饶—鹰潭	35 111	鹰潭—上饶	42 718
鹰潭—赣皖	6 612	赣皖—鹰潭	9 419
鹰潭—温家圳	31 663	温家圳—鹰潭	31 822
鹰潭—金溪	9 533	金溪—鹰潭	9 120
金溪—南城	5 551	南城—金溪	5 546
南城—瑞金	6 350	瑞金—南城	6 064
温家圳—厚田	27 494	厚田—温家圳	30 128
机场互通—温家圳(顺时针)	10 567	温家圳(顺时针)—机场互通	9 692
南昌(长堎)—生米	6 264	生米—南昌(长堎)	7 043
九江—景德镇	14 001	景德镇—九江	10 316
景德镇—婺源	6 943	婺源—景德镇	4 579
婺源—塔岭	1 773	塔岭—婺源	1 219
婺源—白沙关	4 916	白沙关—婺源	3 319
温家圳—抚州	9 763	抚州—温家圳	7 895
抚州—南城	8 197	南城—抚州	7 458
南城—赣闽界	6 960	赣闽界—南城	6 218
昌傅—新余	18 824	新余—昌傅	22 446
新余—宜春	16 782	宜春—新余	18 765
宜春—萍乡	15 160	萍乡—宜春	18 661
萍乡—赣湘界	16 609	赣湘界—萍乡	19 946
湖口—彭泽	1 714	彭泽—湖口	1 537
赣州北—赣县	1 479	赣县—赣州北	2 523
赣县—南康东(顺时针)	6 840	南康东(顺时针)—赣县	4 394
赣县—会昌北	1 706	会昌北—赣县	6 215

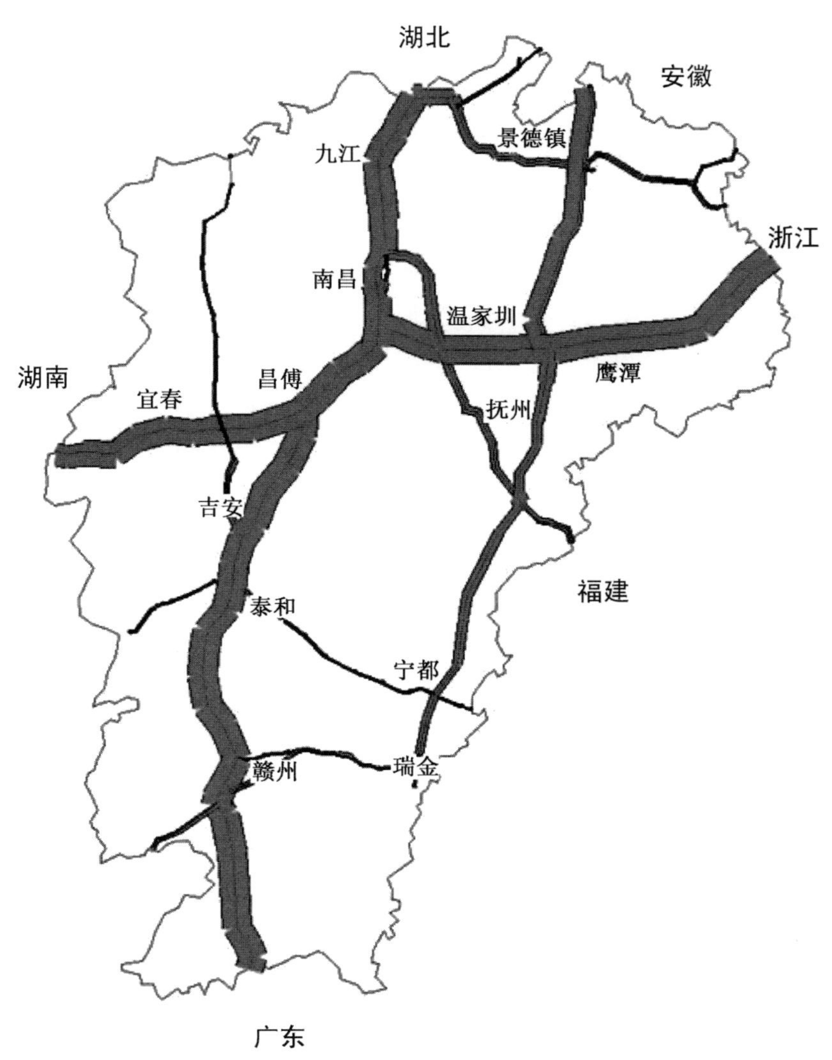

日均轴载
(标准轴载当量轴次/日)

30 000 15 000 7 500

图 4.30　2010 年江西省高速公路日均轴载

4.9.4 交通量分布如表 4.31 和图 4.31 所示。

2010 年江西省高速公路交通量 表 4.31

路段起止点	当量标准小客车(辆/日)	路段起止点	当量标准小客车(辆/日)
九江—南昌	18 889	南昌—九江	18 451
南昌北—厚田	7 865	厚田—南昌北	7 498
厚田—昌傅	21 235	昌傅—厚田	21 343
昌傅—吉安	14 874	吉安—昌傅	15 267
吉安—赣鄂	892	赣鄂—吉安	966
吉安—泰和	14 120	泰和—吉安	14 111
泰和—赣闽界石城站	487	赣闽界石城站—泰和	479
泰和—井冈山	665	井冈山—泰和	683
泰和—南康	13 885	南康—泰和	13 889
南康—赣粤界	13 586	赣粤界—南康	13 281
南康—梅关	1 453	梅关—南康	1 479
赣浙界—上饶	15 644	上饶—赣浙界	15 871
上饶—鹰潭	16 293	鹰潭—上饶	16 823
鹰潭—赣皖	3 524	赣皖—鹰潭	3 439
鹰潭—温家圳	15 211	温家圳—鹰潭	15 341
鹰潭—金溪	3 644	金溪—鹰潭	3 912
金溪—南城	2 609	南城—金溪	2 866
南城—瑞金	3 107	瑞金—南城	3 371
温家圳—厚田	12 085	厚田—温家圳	12 559
机场互通—温家圳(顺时针)	7 416	温家圳(顺时针)—机场互通	7 670
南昌(长堎)—生米	5 933	生米—南昌(长堎)	5 882
九江—景德镇	7 873	景德镇—九江	7 925
景德镇—婺源	3 553	婺源—景德镇	3 634
婺源—塔岭	1 369	塔岭—婺源	1 356
婺源—白沙关	2 161	白沙关—婺源	2 314
温家圳—抚州	6 048	抚州—温家圳	6 161
抚州—南城	5 240	南城—抚州	5 422
南城—赣闽界	4 066	赣闽界—南城	4 004
昌傅—新余	11 334	新余—昌傅	10 900
新余—宜春	9 905	宜春—新余	9 667
宜春—萍乡	8 659	萍乡—宜春	8 428
萍乡—赣湘界	8 659	赣湘界—萍乡	8 270
湖口—彭泽	1 097	彭泽—湖口	1 068
赣州北—赣县	1 283	赣县—赣州北	1 288
赣县—南康东(顺时针)	2 826	南康东(顺时针)—赣县	2 884
赣县—会昌北	2 466	会昌北—赣县	2 463

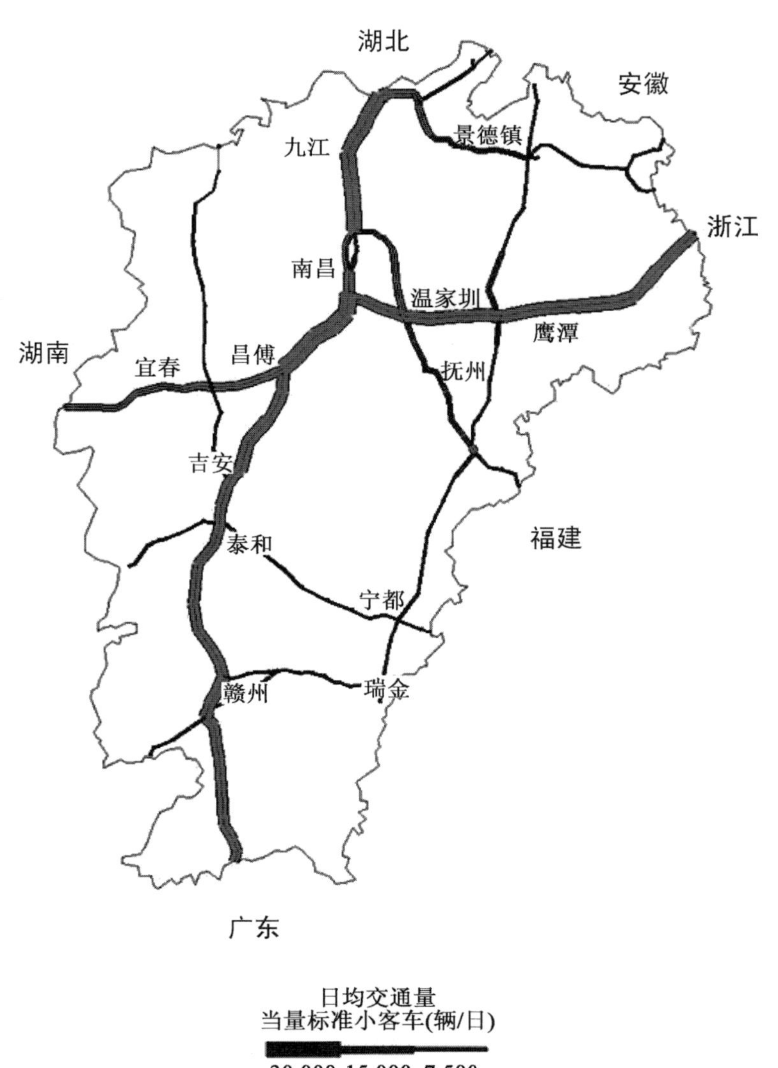

图 4.31　2010 年江西省高速公路日均交通量

4.10 山东省高速公路运输密度

4.10.1 客运密度分布如表 4.32 和图 4.32 所示。

2010 年山东省高速公路客运密度 表 4.32

路段起止点	客运密度（人/日）	路段起止点	客运密度（人/日）
京福鲁冀(德州)—齐河	20 802	齐河—京福鲁冀(德州)	21 405
齐河—济南	37 648	济南—齐河	38 597
济南—泰安	35 986	泰安—济南	35 402
泰安—曲阜	24 276	曲阜—泰安	24 254
曲阜—京福鲁苏	13 840	京福鲁苏—曲阜	13 662
鲁北—博山	9 612	博山—鲁北	9 393
博山—莱芜	15 651	莱芜—博山	12 406
莱芜—泰安	11 870	泰安—莱芜	11 610
海港—青州	5 914	青州—海港	6 068
坊子—明村	4 521	明村—坊子	4 660
明村—周格庄	5 126	周格庄—明村	4 975
八角—明村	9 139	明村—八角	8 882
八角—莱山	6 371	莱山—八角	5 834
福山—栖霞	11 285	栖霞—福山	11 567
栖霞—胶州	7 358	胶州—栖霞	7 740
胶州—同三鲁苏	17 302	同三鲁苏—胶州	17 393
齐河—冠县	10 061	冠县—齐河	9 813
济南—潍坊	24 334	潍坊—济南	23 851
潍坊—胶州	14 091	胶州—潍坊	13 924
胶州—青岛	20 181	青岛—胶州	20 722
菏泽—曲阜	13 626	曲阜—菏泽	13 548
曲阜—日照	12 002	日照—曲阜	11 829
泰安—京沪鲁苏	14 177	京沪鲁苏—泰安	14 611
齐河—青银鲁冀	6 784	青银鲁冀—齐河	6 615
济南机场—济南	30 542	济南—济南机场	32 289
济南—郓城	18 262	郓城—济南	18 861
济南—胶南	13 281	胶南—济南	12 903
柳花泊—海伯河	25 173	海伯河—柳花泊	23 225
齐河—章丘	18 630	章丘—齐河	18 295
菏泽—济广鲁豫	3 695	济广鲁豫—菏泽	3 912
东明主—菏泽	2 441	菏泽—东明主	2 799
滨州港—前郭	5 142	前郭—滨州港	5 491
寿光—新河	13 044	新河—寿光	13 475
平度—青岛高新	15 501	青岛高新—平度	16 065
即墨—威海	10 935	威海—即墨	11 198
菏关鲁豫—菏泽	7 815	菏泽—菏关鲁豫	7 331

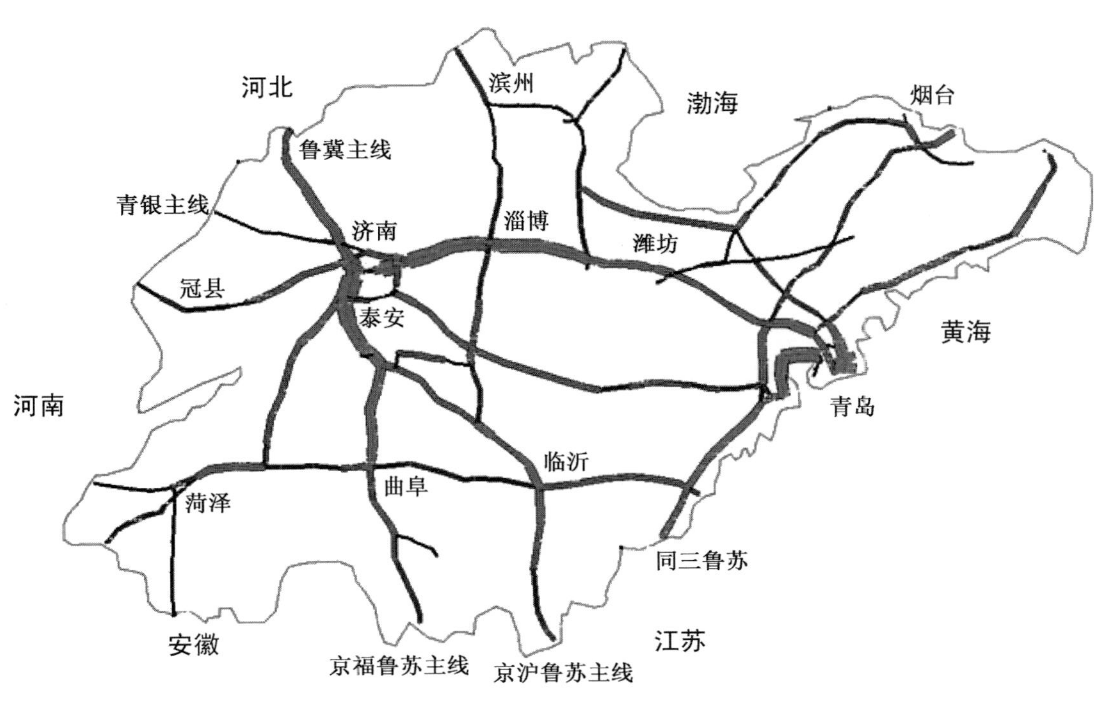

图 4.32　2010 年山东省高速公路日均客运密度

4.10.2 货运密度分布如表4.33和图4.33所示。

2010年山东省高速公路货运密度 表4.33

路段起止点	货运密度（吨/日）	路段起止点	货运密度（吨/日）
京福鲁冀(德州)—齐河	116 191	齐河—京福鲁冀(德州)	117 590
齐河—济南	184 413	济南—齐河	154 275
济南—泰安	175 058	泰安—济南	160 860
泰安—曲阜	89 415	曲阜—泰安	65 367
曲阜—京福鲁苏	84 238	京福鲁苏—曲阜	52 230
鲁北—博山	107 276	博山—鲁北	103 237
博山—莱芜	77 316	莱芜—博山	62 689
莱芜—泰安	21 455	泰安—莱芜	22 337
海港—青州	18 789	青州—海港	17 047
坊子—明村	13 017	明村—坊子	12 931
明村—周格庄	12 836	周格庄—明村	12 053
八角—明村	11 096	明村—八角	10 236
八角—莱山	5 850	莱山—八角	4 254
福山—栖霞	13 254	栖霞—福山	13 813
栖霞—胶州	21 082	胶州—栖霞	18 232
胶州—同三鲁苏	46 746	同三鲁苏—胶州	42 437
齐河—冠县	47 975	冠县—齐河	42 690
济南—潍坊	59 142	潍坊—济南	59 627
潍坊—胶州	37 964	胶州—潍坊	33 482
胶州—青岛	31 916	青岛—胶州	23 462
菏泽—曲阜	57 952	曲阜—菏泽	68 472
曲阜—日照	31 417	日照—曲阜	41 882
泰安—京沪鲁苏	120 520	京沪鲁苏—泰安	112 313
齐河—青银鲁冀	62 332	青银鲁冀—齐河	129 620
济南机场—济南	17 328	济南—济南机场	16 463
济南—郓城	45 741	郓城—济南	35 974
济南—胶南	32 996	胶南—济南	41 416
柳花泊—海伯河	21 783	海伯河—柳花泊	25 649
齐河—章丘	89 186	章丘—齐河	94 865
菏泽—济广鲁豫	13 360	济广鲁豫—菏泽	11 500
东明主—菏泽	7 087	菏泽—东明主	7 942
滨州港—前郭	26 719	前郭—滨州港	26 013
寿光—新河	32 978	新河—寿光	38 767
平度—青岛高新	8 029	青岛高新—平度	5 412
即墨—威海	12 923	威海—即墨	10 333
菏关鲁豫—菏泽	48 028	菏泽—菏关鲁豫	59 216

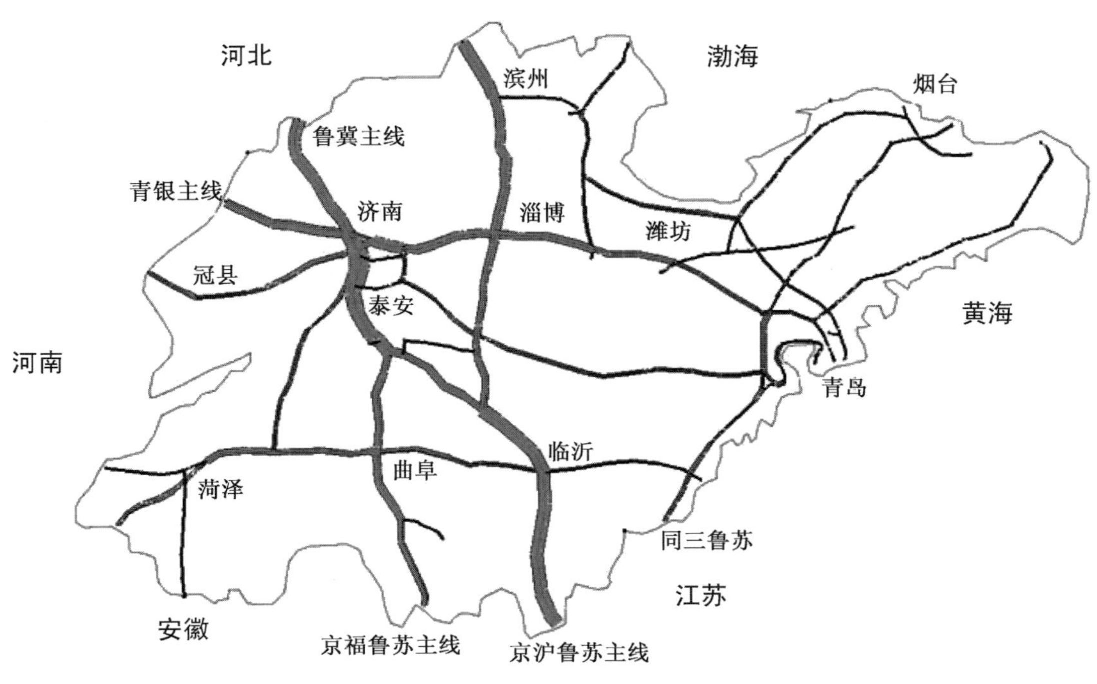

图 4.33　2010 年山东省高速公路日均货运密度

4.10.3 道路负荷分布如表 4.34 和图 4.34 所示。

2010 年山东省高速公路轴载 表 4.34

路段起止点	轴载（标准轴载当量轴次/日）	路段起止点	轴载（标准轴载当量轴次/日）
京福鲁冀(德州)—齐河	35 639	齐河—京福鲁冀(德州)	28 044
齐河—济南	68 381	济南—齐河	49 104
济南—泰安	50 785	泰安—济南	40 786
泰安—曲阜	23 115	曲阜—泰安	19 559
曲阜—京福鲁苏	19 823	京福鲁苏—曲阜	16 517
鲁北—博山	29 954	博山—鲁北	17 447
博山—莱芜	27 798	莱芜—博山	14 910
莱芜—泰安	5 184	泰安—莱芜	7 296
海港—青州	4 371	青州—海港	3 544
坊子—明村	2 795	明村—坊子	3 166
明村—周格庄	2 959	周格庄—明村	3 313
八角—明村	3 062	明村—八角	3 603
八角—莱山	2 172	莱山—八角	1 584
福山—栖霞	4 530	栖霞—福山	5 760
栖霞—胶州	6 491	胶州—栖霞	6 824
胶州—同三鲁苏	14 999	同三鲁苏—胶州	14 274
齐河—冠县	7 732	冠县—齐河	12 436
济南—潍坊	16 243	潍坊—济南	18 479
潍坊—胶州	12 105	胶州—潍坊	9 886
胶州—青岛	9 976	青岛—胶州	7 650
菏泽—曲阜	18 128	曲阜—菏泽	29 312
曲阜—日照	10 691	日照—曲阜	16 304
泰安—京沪鲁苏	47 942	京沪鲁苏—泰安	28 444
齐河—青银鲁冀	18 255	青银鲁冀—齐河	51 293
济南机场—济南	4 767	济南—济南机场	4 998
济南—郓城	19 275	郓城—济南	10 551
济南—胶南	9 857	胶南—济南	14 860
柳花泊—海伯河	8 430	海伯河—柳花泊	9 977
齐河—章丘	35 143	章丘—齐河	26 313
菏泽—济广鲁豫	3 723	济广鲁豫—菏泽	3 490
东明主—菏泽	2 841	菏泽—东明主	3 192
滨州港—前郭	6 727	前郭—滨州港	4 657
寿光—新河	9 108	新河—寿光	9 521
平度—青岛高新	2 134	青岛高新—平度	1 306
即墨—威海	3 226	威海—即墨	2 792
菏关鲁豫—菏泽	14 871	菏泽—菏关鲁豫	27 905

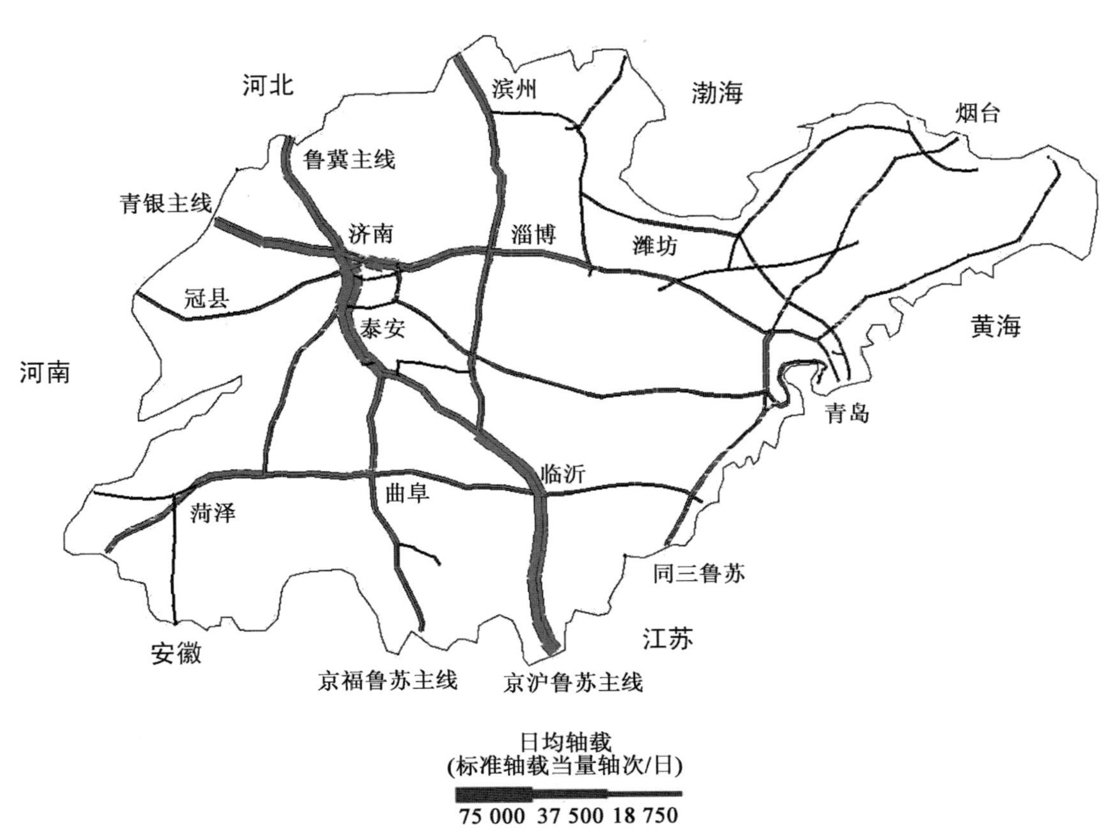

图 4.34　2010 年山东省高速公路日均轴载

4.10.4　交通量分布如表 4.35 和图 4.35 所示。

2010 年山东省高速公路交通量　　表 4.35

路段起止点	当量标准小客车（辆/日）	路段起止点	当量标准小客车（辆/日）
京福鲁冀(德州)—齐河	19 173	齐河—京福鲁冀(德州)	19 168
齐河—济南	35 424	济南—齐河	34 216
济南—泰安	25 311	泰安—济南	25 135
泰安—曲阜	16 070	曲阜—泰安	15 153
曲阜—京福鲁苏	12 266	京福鲁苏—曲阜	10 875
鲁北—博山	15 642	博山—鲁北	15 850
博山—莱芜	14 993	莱芜—博山	13 056
莱芜—泰安	4 010	泰安—莱芜	3 878
海港—青州	5 177	青州—海港	5 064
坊子—明村	4 075	明村—坊子	3 814
明村—周格庄	3 277	周格庄—明村	3 056
八角—明村	4 633	明村—八角	4 692
八角—莱山	3 238	莱山—八角	3 156
福山—栖霞	5 101	栖霞—福山	5 074
栖霞—胶州	5 224	胶州—栖霞	5 097
胶州—同三鲁苏	11 452	同三鲁苏—胶州	11 228
齐河—冠县	9 005	冠县—齐河	7 560
济南—潍坊	16 186	潍坊—济南	15 283
潍坊—胶州	10 051	胶州—潍坊	9 194
胶州—青岛	9 135	青岛—胶州	8 717
菏泽—曲阜	11 723	曲阜—菏泽	12 327
曲阜—日照	7 537	日照—曲阜	7 849
泰安—京沪鲁苏	18 082	京沪鲁苏—泰安	18 715
齐河—青银鲁冀	12 010	青银鲁冀—齐河	15 564
济南机场—济南	7 652	济南—济南机场	8 096
济南—郓城	9 794	郓城—济南	9 168
济南—胶南	8 272	胶南—济南	8 677
柳花泊—海伯河	9 736	海伯河—柳花泊	10 603
齐河—章丘	17 126	章丘—齐河	16 667
菏泽—济广鲁豫	2 428	济广鲁豫—菏泽	2 303
东明主—菏泽	2 615	菏泽—东明主	2 783
滨州港—前郭	5 463	前郭—滨州港	5 441
寿光—新河	8 827	新河—寿光	9 111
平度—青岛高新	6 543	青岛高新—平度	6 659
即墨—威海	4 757	威海—即墨	4 679
菏关鲁豫—菏泽	8 151	菏泽—菏关鲁豫	9 213

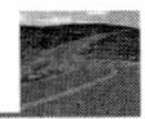

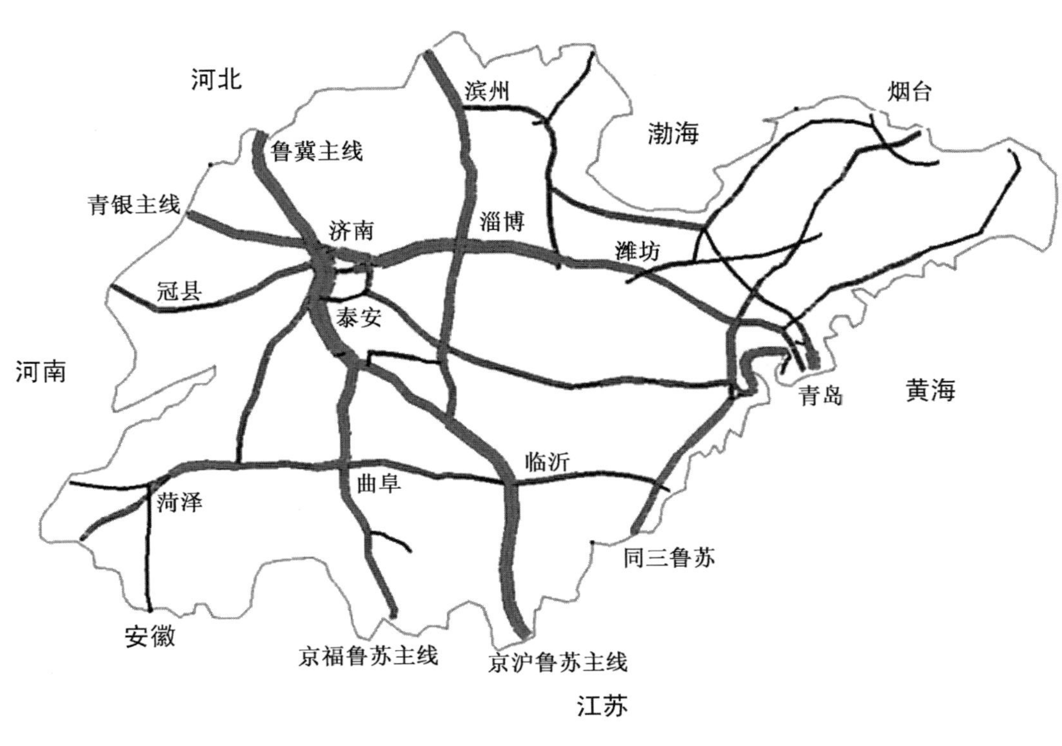

图 4.35　2010 年山东省高速公路日均交通量

4.11 河南省高速公路运输密度

4.11.1 客运密度分布如表 4.36 和图 4.36 所示。

2010 年河南省高速公路客运密度　　表 4.36

路段起止	客运密度（人/日）	路段起止	客运密度（人/日）
京港澳豫冀界—鹤壁	23 596	鹤壁—京港澳豫冀界	23 791
鹤壁—新乡	30 708	新乡—鹤壁	30 692
新乡—郑州	36 511	郑州—新乡	36 533
郑州—许昌	47 606	许昌—郑州	44 737
许昌—漯河	33 368	漯河—许昌	31 865
漯河—驻马店	23 524	驻马店—漯河	23 070
驻马店—京港澳豫鄂界	15 748	京港澳豫鄂界—驻马店	15 148
大广豫冀省界—濮阳	3 150	濮阳—大广豫冀省界	3 422
濮阳—周口	7 291	周口—濮阳	7 455
周口—大广豫鄂界	4 075	大广豫鄂界—周口	3 987
二广豫晋省界—济源	2 716	济源—二广豫晋省界	2 712
济源—洛阳	12 109	洛阳—济源	12 076
洛阳—汝阳	12 681	汝阳—洛阳	12 784
汝阳—南阳	3 371	南阳—汝阳	3 333
南阳—二广豫鄂界	7 394	二广豫鄂界—南阳	7 307
连霍豫皖界—商丘	15 708	商丘—连霍豫皖界	15 829
商丘—开封	21 241	开封—商丘	21 536
开封—郑州	28 272	郑州—开封	28 251
郑州—洛阳	28 003	洛阳—郑州	27 456
洛阳—三门峡	19 756	三门峡—洛阳	18 825
三门峡—连霍豫陕界	9 125	连霍豫陕界—三门峡	7 969
宁洛豫皖界—漯河	15 924	漯河—宁洛豫皖界	15 772
漯河—平顶山	10 410	平顶山—漯河	10 426
平顶山—汝阳	10 495	汝阳—平顶山	10 750
沪陕豫皖界—南阳	10 062	南阳—沪陕豫皖界	10 025
南阳—沪陕豫陕界	8 379	沪陕豫陕界—南阳	8 442
日兰豫鲁界—兰考	11 400	兰考—日兰豫鲁界	11 809
兰考—许昌	5 920	许昌—兰考	6 055
许昌—南阳	18 384	南阳—许昌	18 010
大广安南互通—林州	3 504	林州—大广安南互通	3 533
濮阳—鹤壁	10 694	鹤壁—濮阳	10 528
长垣—新乡	3 819	新乡—长垣	3 845
新乡—济源	9 085	济源—新乡	8 959
济源—济邵豫晋	622	济邵豫晋—济源	652
原阳—焦作	20 943	焦作—原阳	20 608
焦作—晋新豫晋界	13 473	晋新豫晋界—焦作	13 371
焦作—温县	3 235	温县—焦作	3 054

续上表

路段起止	客运密度（人/日）	路段起止	客运密度（人/日）
济广豫鲁界—济广豫皖界	4 920	济广豫皖界—济广豫鲁界	4 854
商丘—周口	4 811	周口—商丘	4 857
许亳省界—鄢陵	4 681	鄢陵—许亳省界	4 779
十八里河—郑州西	11 779	郑州西—十八里河	11 754
郑州南—机场	72 231	机场—郑州南	68 079
郑州侯寨—禹州	23 410	禹州—郑州侯寨	24 774
禹州—尧山	6 515	尧山—禹州	6 823
郑州站—登封	23 749	登封—郑州站	23 940
登封—洛阳	8 471	洛阳—登封	8 447
登封—许昌	7 431	许昌—登封	7 864
叶县—泌阳	366	泌阳—叶县	273
泌阳—焦桐豫鄂界	1 545	焦桐豫鄂界—泌阳	1 580
泌阳—新蔡	3 113	新蔡—泌阳	3 094

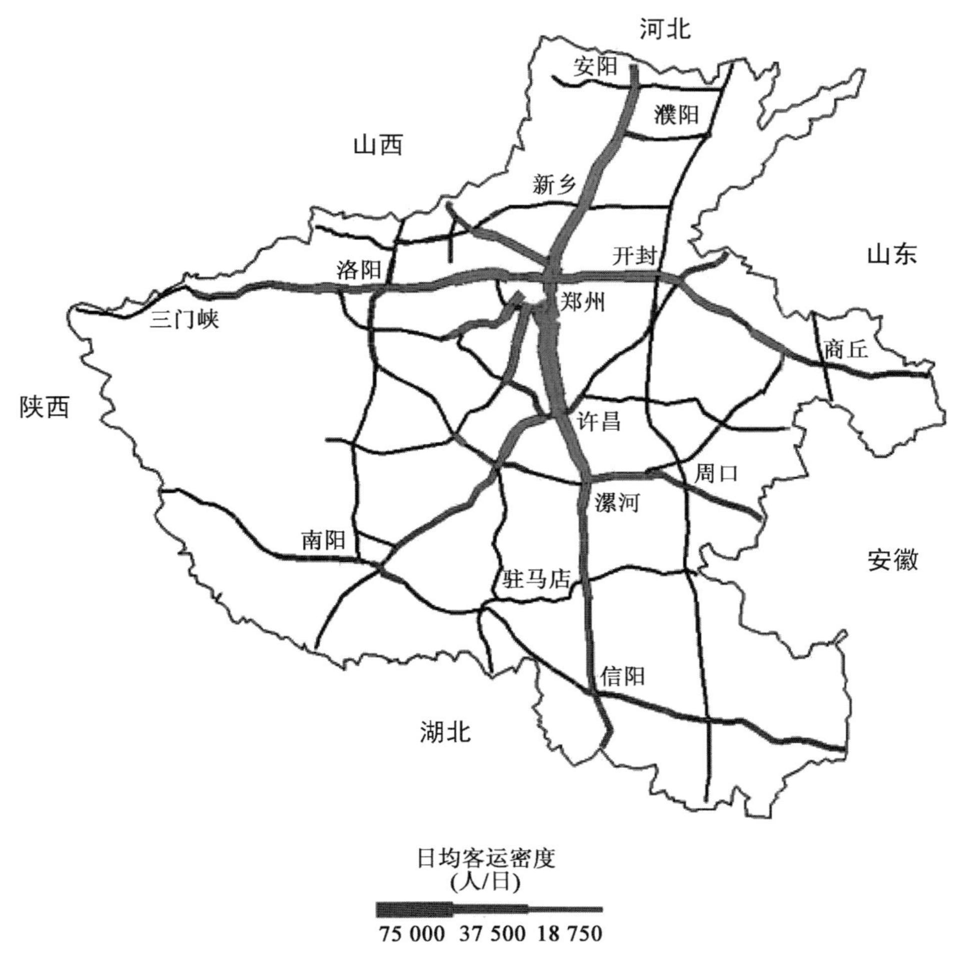

图 4.36　2010 年河南省高速公路日均客运密度

4.11.2　货运密度分布如表 4.37 和图 4.37 所示。

2010 年河南省高速公路货运密度　　表 4.37

路段起止	货运密度（吨/日）	路段起止	货运密度（吨/日）
京港澳豫冀界—鹤壁	116 598	鹤壁—京港澳豫冀界	96 446
鹤壁—新乡	116 257	新乡—鹤壁	102 753
新乡—郑州	99 410	郑州—新乡	89 657
郑州—许昌	93 894	许昌—郑州	86 078
许昌—漯河	114 148	漯河—许昌	89 117
漯河—驻马店	119 607	驻马店—漯河	96 331
驻马店—京港澳豫鄂界	111 827	京港澳豫鄂界—驻马店	86 720
大广豫冀省界—濮阳	1 546	濮阳—大广豫冀省界	1 457
濮阳—周口	6 154	周口—濮阳	4 440
周口—大广豫鄂界	6 567	大广豫鄂界—周口	6 597
二广豫晋省界—济源	27 345	济源—二广豫晋省界	5 002
济源—洛阳	36 519	洛阳—济源	25 059
洛阳—汝阳	35 573	汝阳—洛阳	25 801
汝阳—南阳	4 880	南阳—汝阳	4 068
南阳—二广豫鄂界	31 622	二广豫鄂界—南阳	25 243
连霍豫皖界—商丘	25 346	商丘—连霍豫皖界	35 259
商丘—开封	36 315	开封—商丘	51 319
开封—郑州	62 381	郑州—开封	71 753
郑州—洛阳	60 856	洛阳—郑州	64 592
洛阳—三门峡	104 790	三门峡—洛阳	110 026
三门峡—连霍豫陕界	93 920	连霍豫陕界—三门峡	95 873
宁洛豫皖界—漯河	39 393	漯河—宁洛豫皖界	33 882
漯河—平顶山	38 815	平顶山—漯河	26 583
平顶山—汝阳	34 812	汝阳—平顶山	25 788
沪陕豫皖界—南阳	11 289	南阳—沪陕豫皖界	16 782
南阳—沪陕豫陕界	18 846	沪陕豫陕界—南阳	30 687
日兰豫鲁界—兰考	64 147	兰考—日兰豫鲁界	52 924
兰考—许昌	28 256	许昌—兰考	20 572
许昌—南阳	33 219	南阳—许昌	33 320
大广安南互通—林州	1 803	林州—大广安南互通	1 997
濮阳—鹤壁	6 364	鹤壁—濮阳	6 640
长垣—新乡	5 988	新乡—长垣	6 772
新乡—济源	32 241	济源—新乡	36 280
济源—济邵豫晋	481	济邵豫晋—济源	1 171
原阳—焦作	16 231	焦作—原阳	29 157
焦作—晋新豫晋界	18 986	晋新豫晋界—焦作	28 970
焦作—温县	2 311	温县—焦作	2 492
济广豫鲁界—济广豫皖界	14 515	济广豫皖界—济广豫鲁界	11 955

续上表

路段起止	货运密度（吨/日）	路段起止	货运密度（吨/日）
商丘—周口	7 730	周口—商丘	9 292
许亳省界—鄢陵	2 508	鄢陵—许亳省界	4 396
十八里河—郑州西	8 572	郑州西—十八里河	11 989
郑州南—机场	3 946	机场—郑州南	4 535
郑州侯寨—禹州	4 984	禹州—郑州侯寨	10 272
禹州—尧山	1 461	尧山—禹州	4 067
郑州站—登封	6 463	登封—郑州站	11 613
登封—洛阳	17 683	洛阳—登封	24 857
登封—许昌	9 817	许昌—登封	4 224
叶县—泌阳	177	泌阳—叶县	165
泌阳—焦桐豫鄂界	2 054	焦桐豫鄂界—泌阳	2 479
泌阳—新蔡	4 776	新蔡—泌阳	2 012

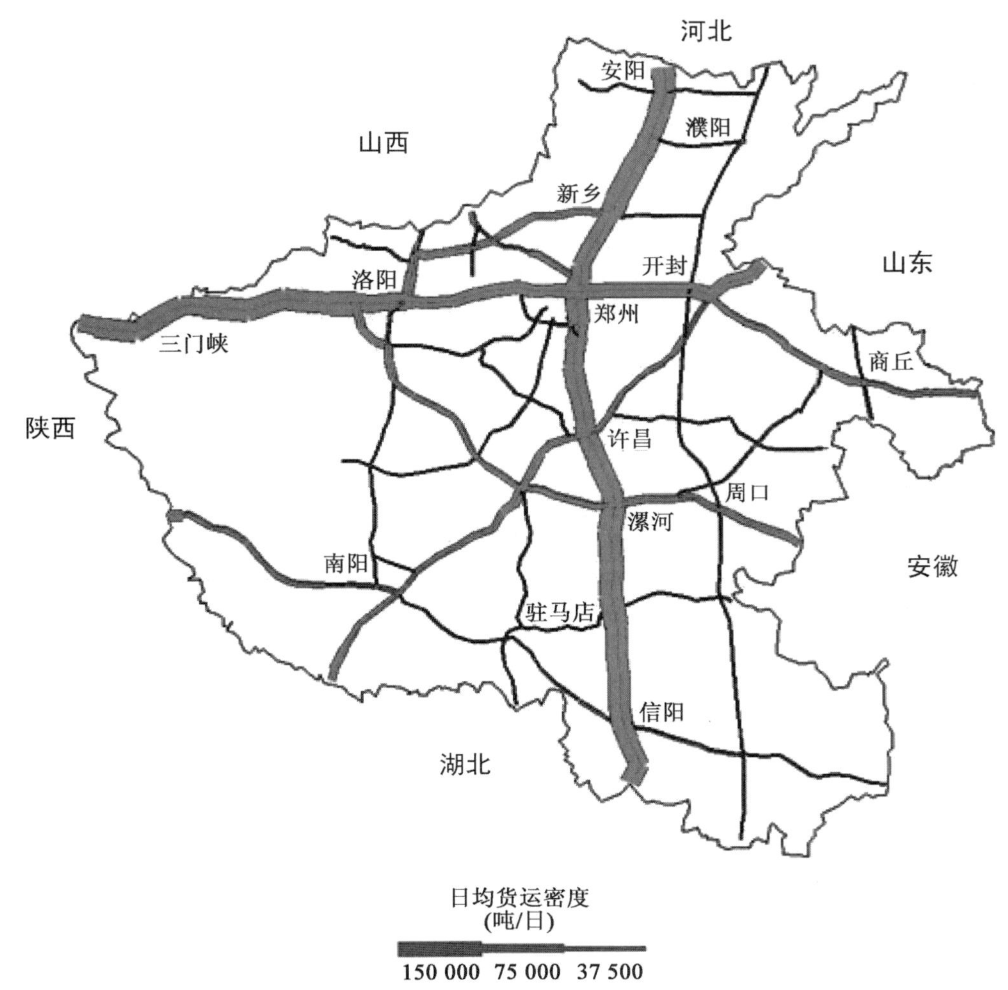

图 4.37　2010 年河南省高速公路日均货运密度

4.11.3　道路负荷分布如表4.38和图4.38所示。

2010年河南省高速公路轴载　　表4.38

路段起止	轴载（标准轴载当量轴次/日）	路段起止	轴载（标准轴载当量轴次/日）
京港澳豫冀界—鹤壁	40 231	鹤壁—京港澳豫冀界	27 756
鹤壁—新乡	36 863	新乡—鹤壁	29 818
新乡—郑州	32 124	郑州—新乡	24 836
郑州—许昌	30 134	许昌—郑州	21 906
许昌—漯河	38 645	漯河—许昌	22 354
漯河—驻马店	37 769	驻马店—漯河	25 045
驻马店—京港澳豫鄂界	35 173	京港澳豫鄂界—驻马店	25 946
大广豫冀省界—濮阳	600	濮阳—大广豫冀省界	502
濮阳—周口	2 275	周口—濮阳	1 542
周口—大广豫鄂界	2 984	大广豫鄂界—周口	3 781
二广豫晋省界—济源	6 636	济源—二广豫晋省界	1 253
济源—洛阳	16 894	洛阳—济源	13 645
洛阳—汝阳	9 748	汝阳—洛阳	6 834
汝阳—南阳	1 628	南阳—汝阳	1 126
南阳—二广豫鄂界	12 988	二广豫鄂界—南阳	7 539
连霍豫皖界—商丘	13 392	商丘—连霍豫皖界	12 849
商丘—开封	9 434	开封—商丘	17 048
开封—郑州	15 608	郑州—开封	23 009
郑州—洛阳	15 920	洛阳—郑州	20 067
洛阳—三门峡	25 081	三门峡—洛阳	32 666
三门峡—连霍豫陕界	19 448	连霍豫陕界—三门峡	21 942
宁洛豫皖界—漯河	14 322	漯河—宁洛豫皖界	8 734
漯河—平顶山	13 754	平顶山—漯河	5 642
平顶山—汝阳	9 936	汝阳—平顶山	5 878
沪陕豫皖界—南阳	3 000	南阳—沪陕豫皖界	4 914
南阳—沪陕豫陕界	4 088	沪陕豫陕界—南阳	7 046
日兰豫鲁界—兰考	15 471	兰考—日兰豫鲁界	14 712
兰考—许昌	7 365	许昌—兰考	5 648
许昌—南阳	10 565	南阳—许昌	11 001
大广安南互通—林州	698	林州—大广安南互通	1 125
濮阳—鹤壁	2 058	鹤壁—濮阳	3 162
长垣—新乡	1 676	新乡—长垣	2 344
新乡—济源	8 275	济源—新乡	10 342
济源—济邵豫晋	154	济邵豫晋—济源	394
原阳—焦作	4 728	焦作—原阳	11 355
焦作—晋新豫晋界	5 245	晋新豫晋界—焦作	9 381
焦作—温县	699	温县—焦作	839
济广豫鲁界—济广豫皖界	5 311	济广豫皖界—济广豫鲁界	4 069

续上表

路段起止	轴载 (标准轴载当量轴次/日)	路段起止	轴载 (标准轴载当量轴次/日)
商丘—周口	2 119	周口—商丘	2 546
许亳省界—鄢陵	809	鄢陵—许亳省界	1 846
十八里河—郑州西	2 546	郑州西—十八里河	4 444
郑州南—机场	2 217	机场—郑州南	1 609
郑州侯寨—禹州	1 965	禹州—郑州侯寨	3 869
禹州—尧山	690	尧山—禹州	1 670
郑州站—登封	2 135	登封—郑州站	7 645
登封—洛阳	5 100	洛阳—登封	8 582
登封—许昌	5 815	许昌—登封	1 508
叶县—泌阳	64	泌阳—叶县	48
泌阳—焦桐豫鄂界	905	焦桐豫鄂界—泌阳	759
泌阳—新蔡	8 299	新蔡—泌阳	1 308

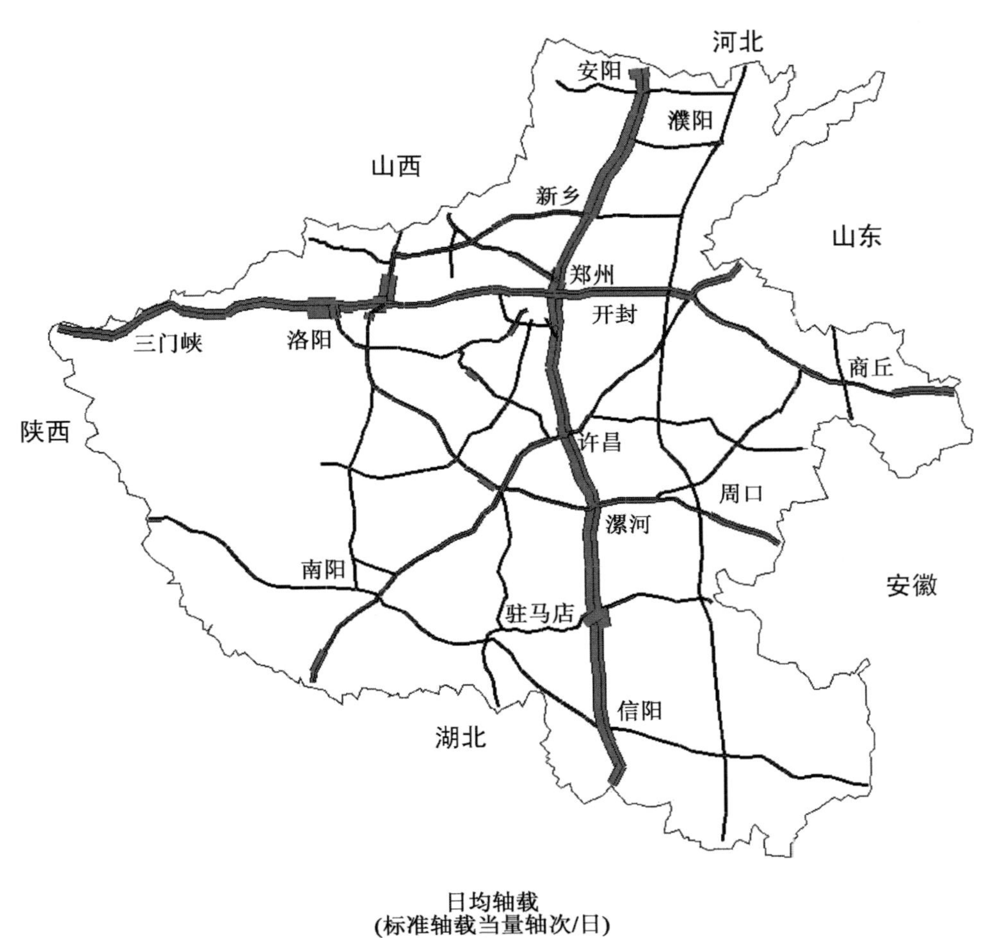

日均轴载
(标准轴载当量轴次/日)
75 000　37 500　18 750

图 4.38　2010 年河南省高速公路日均轴载

4.11.4　交通量分布如表 4.39 和图 4.39 所示。

2010 年河南省高速公路交通量　　表 4.39

路段起止	当量标准小客车（辆/日）	路段起止	当量标准小客车（辆/日）
京港澳豫冀界—鹤壁	17 556	鹤壁—京港澳豫冀界	16 954
鹤壁—新乡	19 138	新乡—鹤壁	18 720
新乡—郑州	18 858	郑州—新乡	19 643
郑州—许昌	19 459	许昌—郑州	20 101
许昌—漯河	18 092	漯河—许昌	17 825
漯河—驻马店	16 656	驻马店—漯河	16 390
驻马店—京港澳豫鄂界	13 628	京港澳豫鄂界—驻马店	12 664
大广豫冀省界—濮阳	757	濮阳—大广豫冀省界	791
濮阳—周口	2 071	周口—濮阳	2 050
周口—大广豫鄂界	1 534	大广豫鄂界—周口	1 438
二广豫晋省界—济源	3 218	济源—二广豫晋省界	1 422
济源—洛阳	7 203	洛阳—济源	6 478
洛阳—汝阳	7 210	汝阳—洛阳	7 186
汝阳—南阳	1 443	南阳—汝阳	1 492
南阳—二广豫鄂界	4 654	二广豫鄂界—南阳	4 376
连霍豫皖界—商丘	6 079	商丘—连霍豫皖界	6 752
商丘—开封	9 128	开封—商丘	9 438
开封—郑州	15 118	郑州—开封	14 353
郑州—洛阳	15 623	洛阳—郑州	14 198
洛阳—三门峡	18 863	三门峡—洛阳	16 446
三门峡—连霍豫陕界	14 073	连霍豫陕界—三门峡	11 859
宁洛豫皖界—漯河	6 903	漯河—宁洛豫皖界	7 296
漯河—平顶山	6 068	平顶山—漯河	6 078
平顶山—汝阳	6 213	汝阳—平顶山	6 396
沪陕豫皖界—南阳	3 013	南阳—沪陕豫皖界	3 261
南阳—沪陕豫陕界	4 124	沪陕豫陕界—南阳	4 656
日兰豫鲁界—兰考	9 475	兰考—日兰豫鲁界	8 268
兰考—许昌	4 246	许昌—兰考	3 767
许昌—南阳	7 331	南阳—许昌	7 504
大广安南互通—林州	1 220	林州—大广安南互通	1 224
濮阳—鹤壁	3 403	鹤壁—濮阳	3 196
长垣—新乡	1 724	新乡—长垣	1 752
新乡—济源	6 332	济源—新乡	6 151
济源—济邵豫晋	284	济邵豫晋—济源	287
原阳—焦作	7 977	焦作—原阳	7 438
焦作—晋新豫晋界	6 895	晋新豫晋界—焦作	4 959
焦作—温县	1 340	温县—焦作	1 366
济广豫鲁界—济广豫皖界	2 471	济广豫皖界—济广豫鲁界	2 445

续上表

路段起止	当量标准小客车（辆/日）	路段起止	当量标准小客车（辆/日）
商丘—周口	2 073	周口—商丘	2 238
许亳省界—鄢陵	1 320	鄢陵—许亳省界	1 435
十八里河—郑州西	5 048	郑州西—十八里河	4 786
郑州南—机场	17 952	机场—郑州南	17 155
郑州侯寨—禹州	6 237	禹州—郑州侯寨	6 824
禹州—尧山	2 004	尧山—禹州	2 131
郑州站—登封	7 291	登封—郑州站	7 184
登封—洛阳	5 093	洛阳—登封	5 028
登封—许昌	2 697	许昌—登封	2 419
叶县—泌阳	114	泌阳—叶县	115
泌阳—焦桐豫鄂界	527	焦桐豫鄂界—泌阳	680
泌阳—新蔡	1 234	新蔡—泌阳	1 044

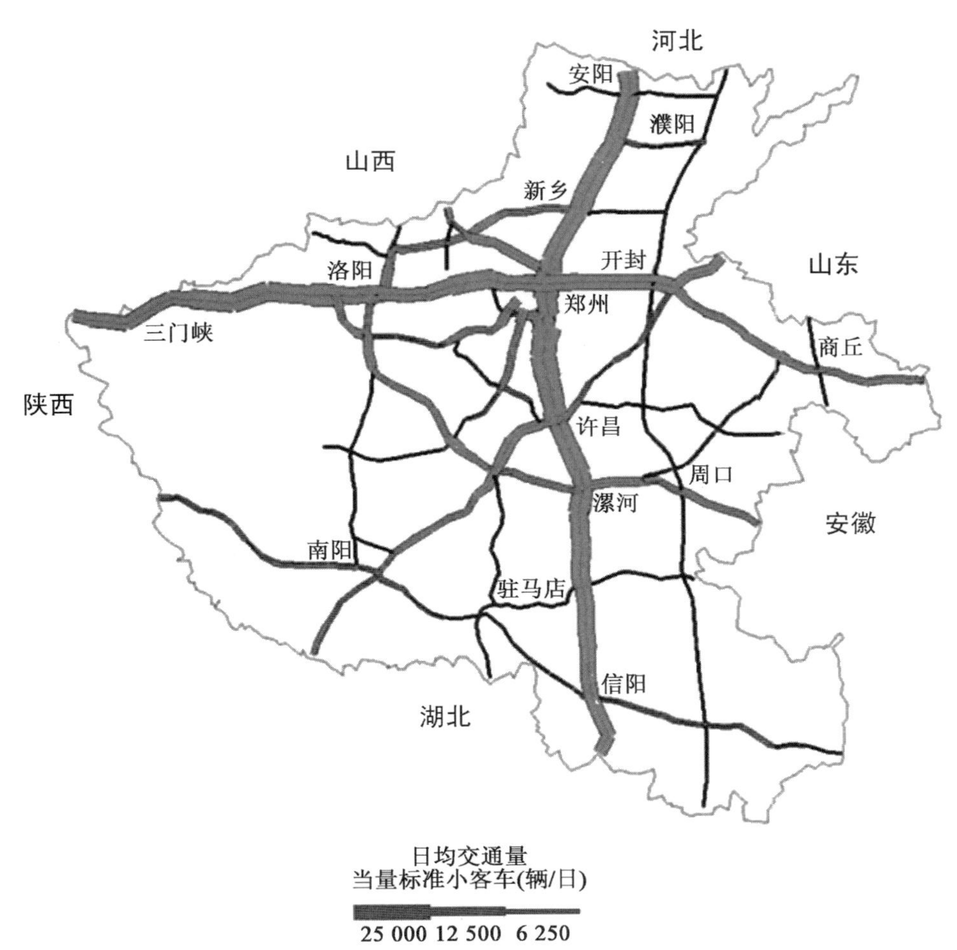

图 4.39　2010 年河南省高速公路日均交通量

4.12 湖北省高速公路运输密度

4.12.1 客运密度分布如表 4.40 和图 4.40 所示。

2010 年湖北省高速公路客运密度

表 4.40

路段起止点	客运密度（人/日）	路段起止点	客运密度（人/日）
鄂西北—十堰东	3 848	十堰东—鄂西北	3 932
十堰东—襄樊北	11 315	襄樊北—十堰东	11 470
襄樊北—孝感	14 419	孝感—襄樊北	15 262
襄阳北—襄樊	8 495	襄樊—襄阳北	8 723
襄樊—荆门	8 791	荆门—襄樊	8 814
荆门—荆州	5 912	荆州—荆门	5 972
荆州—东岳庙	7 991	东岳庙—荆州	7 601
武汉北—京山	4 027	京山—武汉北	4 350
京山—荆门	3 145	荆门—京山	3 429
荆门—宜都	5 197	宜都—荆门	5 302
宜都—恩施	13 732	恩施—宜都	13 820
恩施—白羊塘	9 225	白羊塘—恩施	9 371
宜昌—枝江	21 634	枝江—宜昌	22 114
枝江—潜江	30 759	潜江—枝江	30 733
潜江—仙桃	44 420	仙桃—潜江	44 658
仙桃—武汉西	55 448	武汉西—仙桃	56 478
鄂豫—潜江	1 751	潜江—鄂豫	1 749
潜江—荆岳桥	943	荆岳桥—潜江	903
鄂北—武汉北	17 056	武汉北—鄂北	17 384
武汉北—鄂南	28 079	鄂南—武汉北	27 980
武汉—麻城	1 716	麻城—武汉	1 832
武汉—杨柳	2 307	杨柳—武汉	2 320
武东—黄石	56 540	黄石—武东	56 537
黄石—黄梅	23 866	黄梅—黄石	24 012
黄梅—鄂皖界	14 790	鄂皖界—黄梅	14 707
黄梅—鄂赣界	18 046	鄂赣界—黄梅	18 210
黄冈北—黄石	2 157	黄石—黄冈北	2 197
黄陂—府河	43 092	府河—黄陂	43 293
武汉绕城(顺时针)	12 900	武汉绕城(逆时针)	12 895
汉南—新滩	2 486	新滩—汉南	2 530

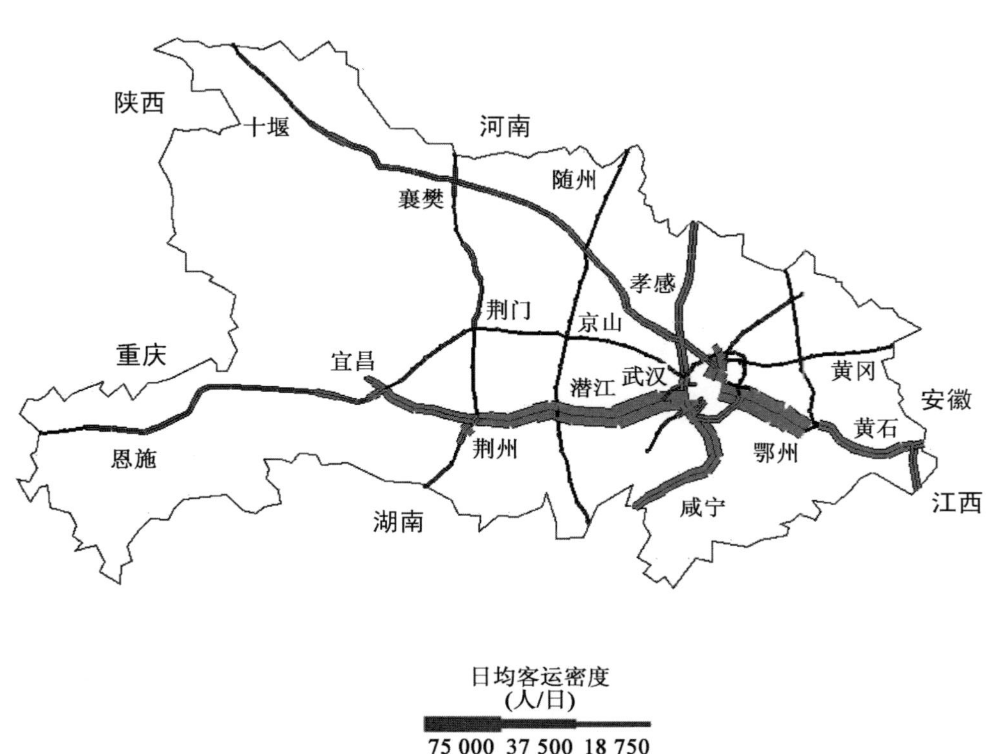

图 4.40　2010 年湖北省高速公路日均客运密度

4.12.2 货运密度分布如表4.41和图4.41所示。

2010年湖北省高速公路货运密度 表4.41

路段起止点	货运密度（吨/日）	路段起止点	货运密度（吨/日）
鄂西北—十堰东	14 801	十堰东—鄂西北	9 072
十堰东—襄樊北	18 191	襄樊北—十堰东	19 770
襄樊北—孝感	23 945	孝感—襄樊北	20 133
襄阳北—襄樊	39 018	襄樊—襄阳北	30 010
襄樊—荆门	32 285	荆门—襄樊	25 218
荆门—荆州	15 189	荆州—荆门	7 639
荆州—东岳庙	12 187	东岳庙—荆州	7 979
武汉北—京山	2 538	京山—武汉北	3 867
京山—荆门	2 384	荆门—京山	3 483
荆门—宜都	19 085	宜都—荆门	13 790
宜都—恩施	24 604	恩施—宜都	16 619
恩施—白羊塘	21 340	白羊塘—恩施	14 017
宜昌—枝江	18 162	枝江—宜昌	23 660
枝江—潜江	26 618	潜江—枝江	31 516
潜江—仙桃	31 608	仙桃—潜江	36 870
仙桃—武汉西	28 893	武汉西—仙桃	34 330
鄂豫—潜江	3 347	潜江—鄂豫	2 740
潜江—荆岳桥	1 535	荆岳桥—潜江	726
鄂北—武汉北	107 927	武汉北—鄂北	86 253
武汉北—鄂南	121 924	鄂南—武汉北	115 316
武汉—麻城	1 106	麻城—武汉	1 234
武汉—杨柳	1 981	杨柳—武汉	1 399
武东—黄石	61 941	黄石—武东	59 960
黄石—黄梅	54 775	黄梅—黄石	51 842
黄梅—鄂皖界	53 574	鄂皖界—黄梅	58 126
黄梅—鄂赣界	62 414	鄂赣界—黄梅	54 252
黄冈北—黄石	7 283	黄石—黄冈北	6 464
黄陂—府河	7 849	府河—黄陂	5 028
武汉绕城(顺时针)	37 611	武汉绕城(逆时针)	37 758
汉南—新滩	1 003	新滩—汉南	936

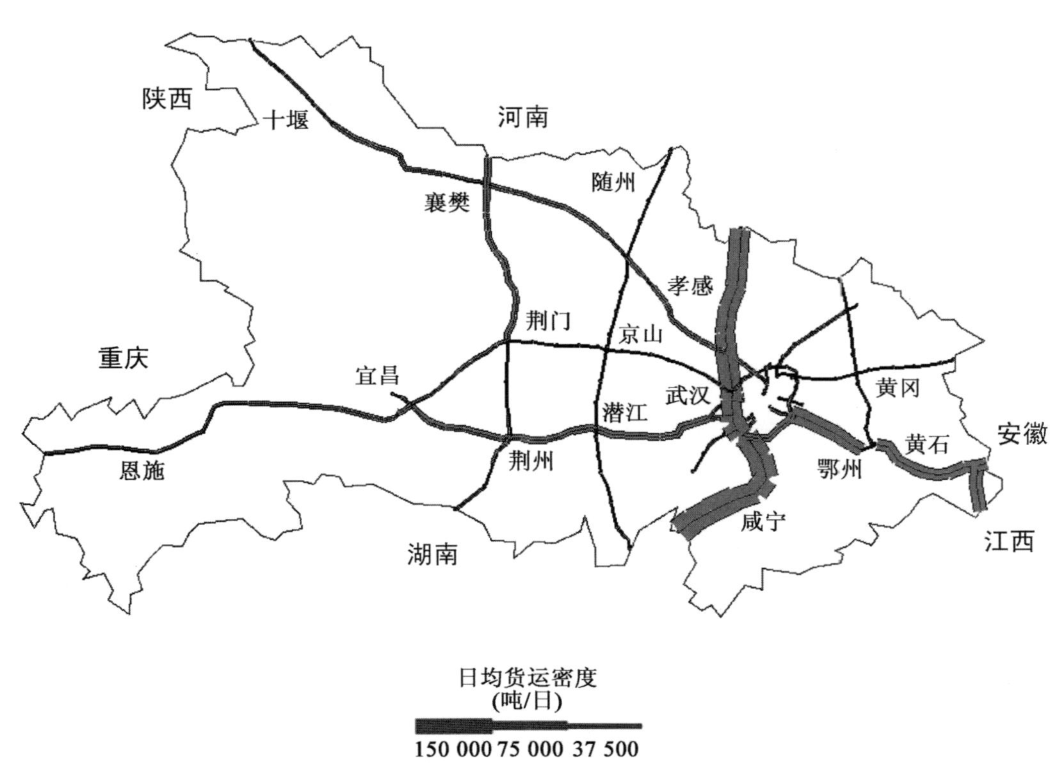

图 4.41 2010 年湖北省高速公路日均货运密度

4.12.3 道路负荷分布如表 4.42 和图 4.42 所示。

2010 年湖北省高速公路轴载 表 4.42

路段起止点	轴载（标准轴载当量轴次/日）	路段起止点	轴载（标准轴载当量轴次/日）
鄂西北—十堰东	4 992	十堰东—鄂西北	2 387
十堰东—襄樊北	7 627	襄樊北—十堰东	8 907
襄樊北—孝感	11 326	孝感—襄樊北	8 621
襄阳北—襄樊	19 091	襄樊—襄阳北	11 709
襄樊—荆门	15 035	荆门—襄樊	10 899
荆门—荆州	6 848	荆州—荆门	3 380
荆州—东岳庙	5 410	东岳庙—荆州	3 276
武汉北—京山	1 169	京山—武汉北	2 267
京山—荆门	1 089	荆门—京山	2 044
荆门—宜都	10 313	宜都—荆门	6 964
宜都—恩施	12 439	恩施—宜都	9 811
恩施—白羊塘	8 435	白羊塘—恩施	6 185
宜昌—枝江	10 291	枝江—宜昌	14 026
枝江—潜江	15 347	潜江—枝江	18 117
潜江—仙桃	19 176	仙桃—潜江	22 619
仙桃—武汉西	18 133	武汉西—仙桃	21 565
鄂豫—潜江	2 232	潜江—鄂豫	1 086
潜江—荆岳桥	908	荆岳桥—潜江	341
鄂北—武汉北	50 113	武汉北—鄂北	25 391
武汉北—鄂南	55 817	鄂南—武汉北	43 542
武汉—麻城	418	麻城—武汉	1 005
武汉—杨柳	788	杨柳—武汉	636
武东—黄石	31 477	黄石—武东	38 819
黄石—黄梅	22 503	黄梅—黄石	20 912
黄梅—鄂皖界	18 625	鄂皖界—黄梅	20 030
黄梅—鄂赣界	21 909	鄂赣界—黄梅	18 285
黄冈北—黄石	2 816	黄石—黄冈北	2 300
黄陂—府河	12 859	府河—黄陂	3 371
武汉绕城(顺时针)	14 346	武汉绕城(逆时针)	18 836
汉南—新滩	955	新滩—汉南	268

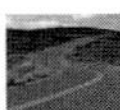

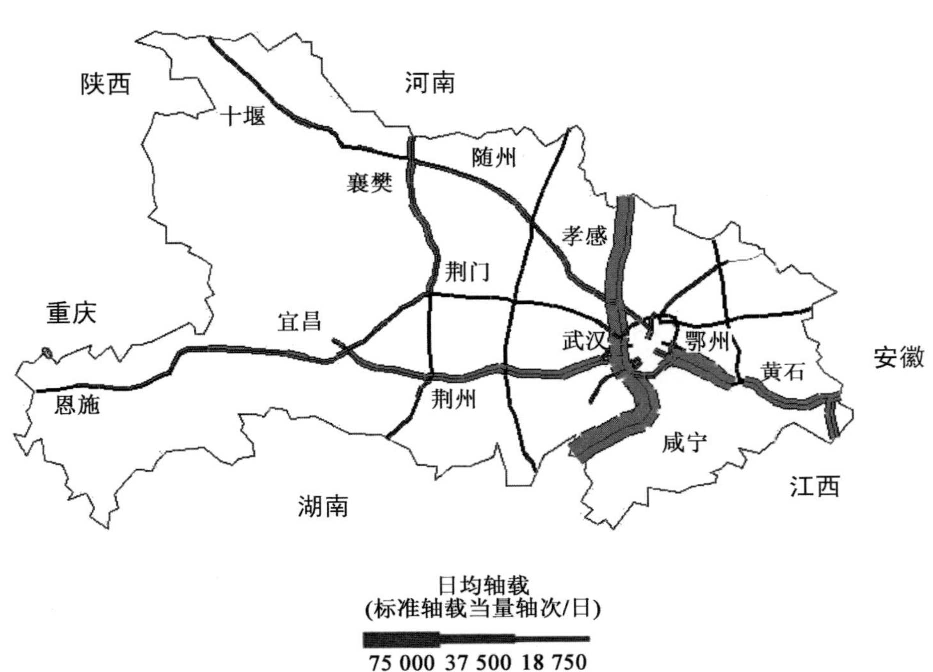

图4.42　2010年湖北省高速公路日均轴载

4.12.4 交通量分布如表4.43和图4.43所示。

2010年湖北省高速公路交通量 表4.43

路段起止点	当量标准小客车(辆/日)	路段起止点	当量标准小客车(辆/日)
鄂西北—十堰东	2 503	十堰东—鄂西北	2 470
十堰东—襄樊北	5 116	襄樊北—十堰东	5 143
襄樊北—孝感	5 101	孝感—襄樊北	5 073
襄阳北—襄樊	5 154	襄樊—襄阳北	5 049
襄樊—荆门	5 146	荆门—襄樊	4 985
荆门—荆州	2 790	荆州—荆门	2 527
荆州—东岳庙	2 952	东岳庙—荆州	2 734
武汉北—京山	1 523	京山—武汉北	1 593
京山—荆门	1 306	荆门—京山	1 345
荆门—宜都	3 418	宜都—荆门	3 322
宜都—恩施	4 758	恩施—宜都	4 355
恩施—白羊塘	3 843	白羊塘—恩施	3 458
宜昌—枝江	7 199	枝江—宜昌	7 469
枝江—潜江	8 228	潜江—枝江	8 574
潜江—仙桃	10 702	仙桃—潜江	11 189
仙桃—武汉西	11 606	武汉西—仙桃	12 026
鄂豫—潜江	763	潜江—鄂豫	831
潜江—荆岳桥	438	荆岳桥—潜江	399
鄂北—武汉北	13 181	武汉北—鄂北	12 451
武汉北—鄂南	16 571	鄂南—武汉北	16 449
武汉—麻城	568	麻城—武汉	593
武汉—杨柳	784	杨柳—武汉	754
武东—黄石	18 818	黄石—武东	18 295
黄石—黄梅	10 385	黄梅—黄石	10 560
黄梅—鄂皖界	9 003	鄂皖界—黄梅	9 213
黄梅—鄂赣界	10 367	鄂赣界—黄梅	10 256
黄冈北—黄石	1 228	黄石—黄冈北	1 204
黄陂—府河	7 709	府河—黄陂	7 639
武汉绕城(顺时针)	6 466	武汉绕城(逆时针)	6 209
汉南—新滩	864	新滩—汉南	892

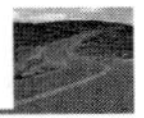

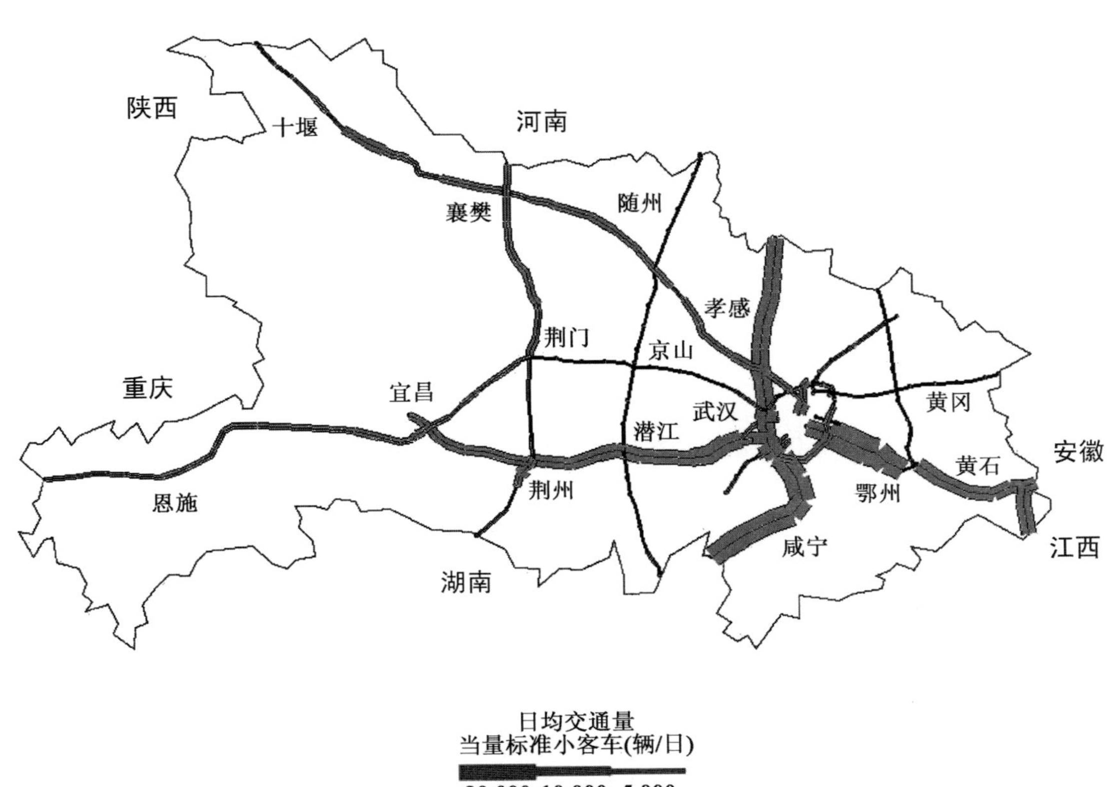

图 4.43 2010 年湖北省高速公路日均交通量

4.13 湖南省高速公路运输密度

4.13.1 客运密度分布如表 4.44 和图 4.44 所示。

2010 年湖南省高速公路客运密度

表 4.44

路段起止点	客运密度（人/日）	路段起止点	客运密度（人/日）
羊楼司(湘鄂)—岳阳	22 752	岳阳—羊楼司(湘鄂)	23 325
岳阳—长沙	36 726	长沙—岳阳	38 929
长沙—永安	25 750	永安—长沙	24 785
长沙—湘潭	70 815	湘潭—长沙	72 004
湘潭—醴陵	23 582	醴陵—湘潭	23 675
新晃(湘黔)—怀化南	15 667	怀化南—新晃(湘黔)	15 894
怀化南—洞口	21 196	洞口—怀化南	22 712
洞口—隆回	29 434	隆回—洞口	30 268
隆回—邵阳南	32 326	邵阳南—隆回	32 419
邵阳南—娄底	32 953	娄底—邵阳南	31 478
娄底—韶山	43 514	韶山—娄底	43 846
韶山—湘潭	48 980	湘潭—韶山	48 436
小塘(湘粤)—宜章	45 699	宜章—小塘(湘粤)	38 169
宜章—郴州	48 209	郴州—宜章	41 153
郴州—耒阳	49 186	耒阳—郴州	42 997
耒阳—衡阳	47 544	衡阳—耒阳	41 457
衡阳—湘潭	62 999	湘潭—衡阳	58 698
枣木铺(湘桂)—永州	8 514	永州—枣木铺(湘桂)	7 219
永州—石埠	11 232	石埠—永州	10 603
石埠—衡阳	16 191	衡阳—石埠	16 058
张家界—常德	10 830	常德—张家界	13 802
常德—益阳	19 885	益阳—常德	36 335
益阳—长沙	27 078	长沙—益阳	57 298
常德—吉首	11 072	吉首—常德	6 919
邵阳县—永州东	8 810	永州东—邵阳县	8 297
衡东—炎帝陵	2 953	炎帝陵—衡东	2 862
大浦—松木塘	13 080	松木塘—大浦	11 150
松木塘—邵阳	2 768	邵阳—松木塘	2 601
长沙—龙头铺	9 635	龙头铺—长沙	8 558

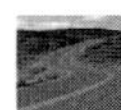

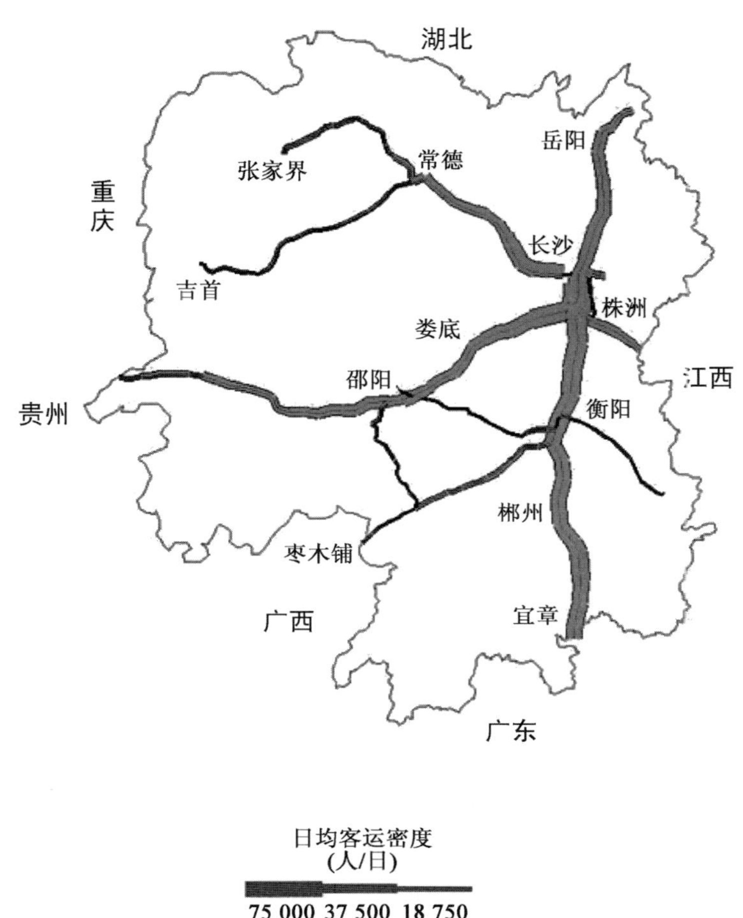

图4.44　2010年湖南省高速公路日均客运密度

4.13.2 货运密度分布如表4.45和图4.45所示。

2010年湖南省高速公路货运密度 表4.45

路段起止点	货运密度(吨/日)	路段起止点	货运密度(吨/日)
羊楼司(湘鄂)—岳阳	112 059	岳阳—羊楼司(湘鄂)	102 744
岳阳—长沙	123 414	长沙—岳阳	108 371
长沙—永安	9 277	永安—长沙	8 138
长沙—湘潭	132 816	湘潭—长沙	129 545
湘潭—醴陵	43 300	醴陵—湘潭	42 517
新晃(湘黔)—怀化南	14 402	怀化南—新晃(湘黔)	19 755
怀化南—洞口	16 215	洞口—怀化南	23 470
洞口—隆回	18 690	隆回—洞口	25 730
隆回—邵阳南	19 289	邵阳南—隆回	26 493
邵阳南—娄底	22 628	娄底—邵阳南	32 084
娄底—韶山	33 506	韶山—娄底	38 929
韶山—湘潭	30 894	湘潭—韶山	38 679
小塘(湘粤)—宜章	76 768	宜章—小塘(湘粤)	84 575
宜章—郴州	77 096	郴州—宜章	87 098
郴州—耒阳	77 117	耒阳—郴州	85 201
耒阳—衡阳	75 752	衡阳—耒阳	78 660
衡阳—湘潭	133 824	湘潭—衡阳	127 544
枣木铺(湘桂)—永州	42 588	永州—枣木铺(湘桂)	30 563
永州—石埠	42 582	石埠—永州	3 3157
石埠—衡阳	43 143	衡阳—石埠	34 046
张家界—常德	6 353	常德—张家界	8 580
常德—益阳	14 703	益阳—常德	23 186
益阳—长沙	18 807	长沙—益阳	37 059
常德—吉首	6 330	吉首—常德	3 750
邵阳县—永州东	3 837	永州东—邵阳县	3 170
衡东—炎帝陵	1 729	炎帝陵—衡东	1 459
大浦—松木塘	8 363	松木塘—大浦	5 679
松木塘—邵阳	1 238	邵阳—松木塘	1 018
长沙—龙头铺	2 520	龙头铺—长沙	3 203

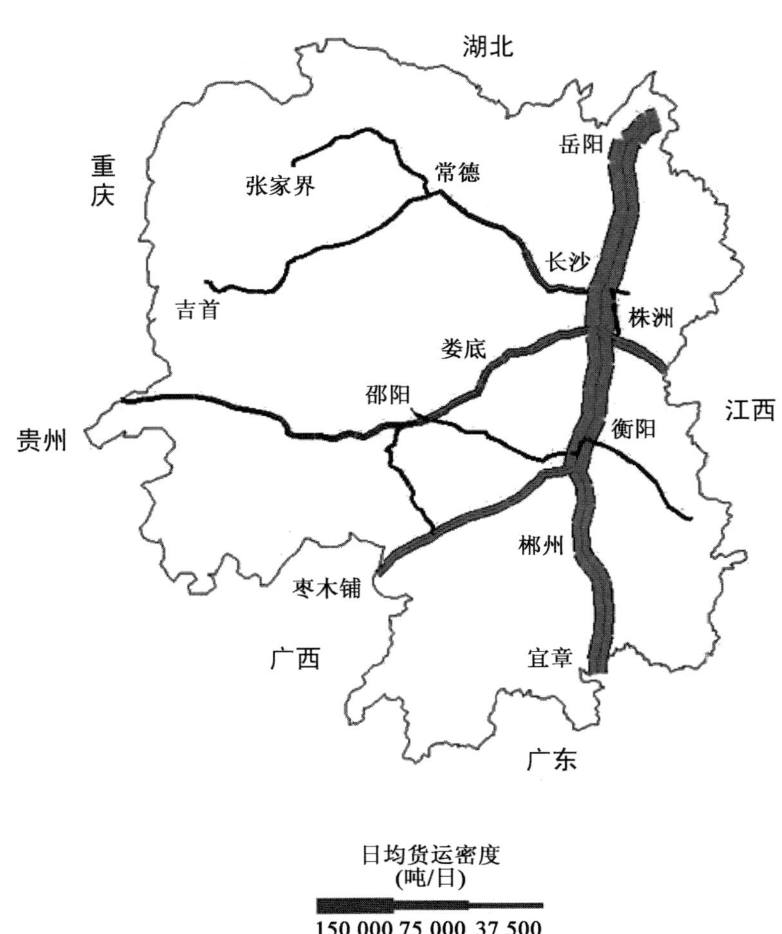

图 4.45　2010 年湖南省高速公路日均货运密度

4.13.3 交通量分布如表4.46和图4.46所示。

2010年湖南省高速公路交通量 表4.46

路段起止点	当量标准小客车（辆/日）	路段起止点	当量标准小客车（辆/日）
羊楼司（湘鄂）—岳阳	14 716	岳阳—羊楼司（湘鄂）	15 666
岳阳—长沙	20 484	长沙—岳阳	21 522
长沙—永安	8 562	永安—长沙	8 693
长沙—湘潭	28 143	湘潭—长沙	28 854
湘潭—醴陵	8 803	醴陵—湘潭	8 879
新晃（湘黔）—怀化南	3 823	怀化南—新晃（湘黔）	4 716
怀化南—洞口	4 633	洞口—怀化南	5 604
洞口—隆回	6 032	隆回—洞口	7 057
隆回—邵阳南	6 726	邵阳南—隆回	7 790
邵阳南—娄底	9 249	娄底—邵阳南	10 492
娄底—韶山	11 691	韶山—娄底	13 120
韶山—湘潭	10 970	湘潭—韶山	12 232
小塘（湘粤）—宜章	14 008	宜章—小塘（湘粤）	12 451
宜章—郴州	14 612	郴州—宜章	13 188
郴州—耒阳	15 045	耒阳—郴州	13 550
耒阳—衡阳	14 483	衡阳—耒阳	13 023
衡阳—湘潭	24 593	湘潭—衡阳	22 122
枣木铺（湘桂）—永州	6 845	永州—枣木铺（湘桂）	5 192
永州—石埠	7 288	石埠—永州	6 005
石埠—衡阳	7 945	衡阳—石埠	6 768
张家界—常德	3 670	常德—张家界	4 554
常德—益阳	10 680	益阳—常德	14 291
益阳—长沙	17 988	长沙—益阳	27 189
常德—吉首	2 551	吉首—常德	1 979
邵阳县—永州东	1 621	永州东—邵阳县	1 596
衡东—炎帝陵	962	炎帝陵—衡东	973
大浦—松木塘	3 653	松木塘—大浦	3 514
松木塘—邵阳	379	邵阳—松木塘	378
长沙—龙头铺	2 928	龙头铺—长沙	2 795

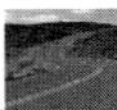

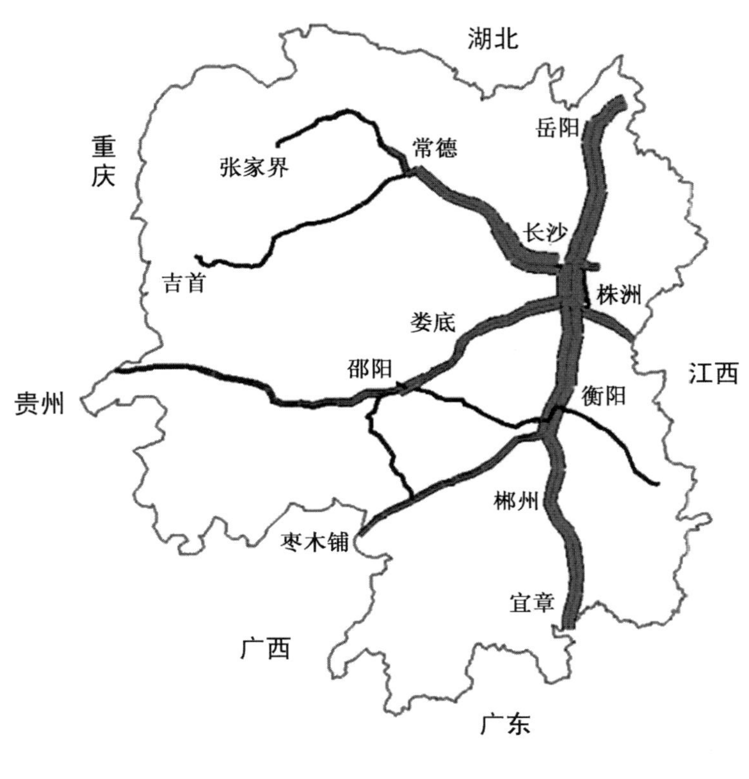

图 4.46　2010 年湖南省高速公路日均交通量

4.14 广东省高速公路运输密度

4.14.1 客运密度分布如表4.47和图4.47所示。

2010年广东省高速公路客运密度　表4.47

路段起止	客运密度（人/日）	路段起止	客运密度（人/日）
广州—阳江	59 677	阳江—广州	60 306
阳江—湛江	30 120	湛江—阳江	30 223
粤西—湛江	12 569	湛江—粤西	12 630
广州—金白	7 198	金白—广州	7 615
广州—云浮	39 535	云浮—广州	13 067
粤北主线—广州	36 051	广州—粤北主线	16 044
广州—太平	163 730	太平—广州	165 937
太平—深圳皇岗	153 325	深圳皇岗—太平	154 482
广州—惠州	42 756	惠州—广州	41 257
惠州—河源	49 920	河源—惠州	50 460
惠州—凌坑	16 917	凌坑—惠州	15 969
惠州—龙岗	43 186	龙岗—惠州	43 501
河源—粤赣	16 384	粤赣—河源	17 455
东源—梅州	18 096	梅州—东源	16 773
城西—广福主线	5 908	广福主线—城西	6 431
梅州—揭阳	17 098	揭阳—梅州	16 030
揭阳—潮州	22 726	潮州—揭阳	31 556
揭阳—东港	52 950	东港—揭阳	42 152
汾水关—汕头	21 213	汕头—汾水关	24 794
汕头—陆丰	63 871	陆丰—汕头	53 793
陆丰—深圳	93 599	深圳—陆丰	100 518
珠海—东城	11 482	东城—珠海	11 381
江门—珠海西	17 927	珠海西—江门	18 097
司前—斗山	10 854	斗山—司前	10 743
云浮—平台	8 435	平台—云浮	6 235
广州—怀集	676	怀集—广州	670

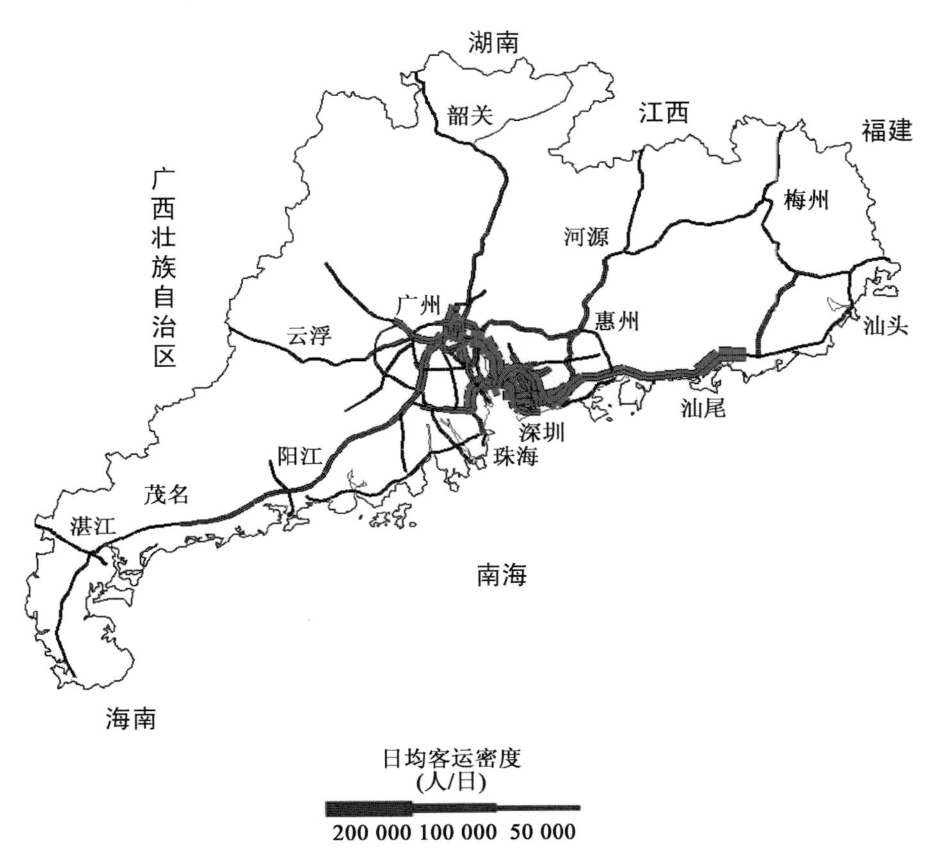

图 4.47　2010 年广东省高速公路日均客运密度

4.14.2 货运密度分布如表 4.48 和图 4.48 所示。

2010 年广东省高速公路货运密度 表 4.48

路段起止	货运密度（吨/日）	路段起止	货运密度（吨/日）
广州—阳江	65 364	阳江—广州	67 785
阳江—湛江	44 061	湛江—阳江	45 911
粤西—湛江	21 563	湛江—粤西	22 871
广州—金白	7 472	金白—广州	8 864
广州—云浮	43 199	云浮—广州	15 797
粤北主线—广州	116 434	广州—粤北主线	100 739
广州—太平	78 093	太平—广州	78 876
太平—深圳皇岗	52 368	深圳皇岗—太平	52 230
广州—惠州	53 226	惠州—广州	48 779
惠州—河源	83 808	河源—惠州	88 669
惠州—凌坑	17 221	凌坑—惠州	13 693
惠州—龙岗	33 328	龙岗—惠州	28 852
河源—粤赣	61 161	粤赣—河源	64 921
东源—梅州	13 631	梅州—东源	13 597
城西—广福主线	10 744	广福主线—城西	10 810
梅州—揭阳	24 317	揭阳—梅州	24 729
揭阳—潮州	11 396	潮州—揭阳	12 794
揭阳—东港	21 688	东港—揭阳	20 268
汾水关—汕头	36 744	汕头—汾水关	36 858
汕头—陆丰	46 562	陆丰—汕头	45 942
陆丰—深圳	52 138	深圳—陆丰	53 524
珠海—东城	5 693	东城—珠海	5 919
江门—珠海西	9 734	珠海西—江门	9 382
司前—斗山	5 405	斗山—司前	5 321
云浮—平台	12 750	平台—云浮	10 804
广州—怀集	687	怀集—广州	824

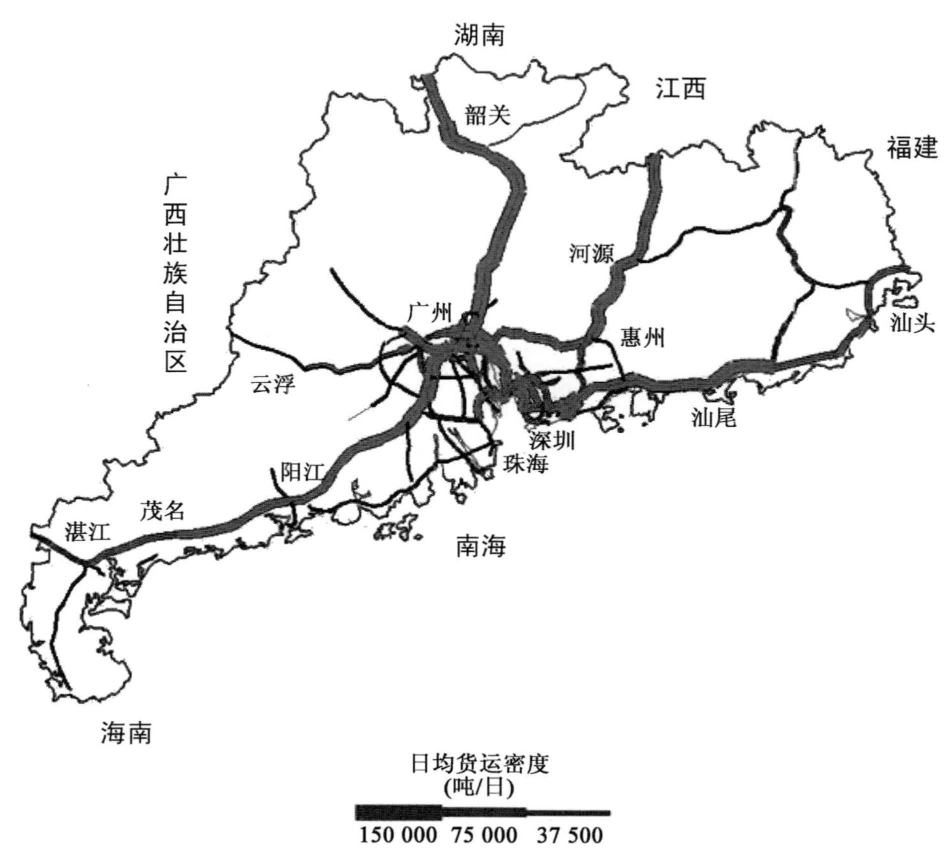

图 4.48　2010 年广东省高速公路日均货运密度

4.15 重庆市高速公路运输密度

4.15.1 客运密度分布如表4.49和图4.49所示。

2010年重庆市高速公路客运密度 表4.49

路段起止	客运密度（人/日）	路段起止	客运密度（人/日）
G65渝北—长寿	50 755	长寿—G65渝北	50 612
长寿—垫江	27 808	垫江—长寿	27 783
垫江—万州	13 378	万州—垫江	13 250
万州—云阳	8 029	云阳—万州	8 162
小周—开县	8 856	开县—小周	8 838
垫江—牡丹源	4 897	牡丹源—垫江	4 831
垫江—忠县	11 405	忠县—垫江	11 689
忠县—冷水（渝鄂界）	9 033	冷水（渝鄂界）—忠县	9 296
长寿—涪陵	12 865	涪陵—长寿	12 795
G65渝北—草坝场	18 243	草坝场—G65渝北	18 042
G65巴南—南川	17 791	南川—G65巴南	17 808
南川—武隆	9 453	武隆—南川	9 506
武隆—黔江	4 573	黔江—武隆	4 522
黔江—濯水	611	濯水—黔江	551
G75巴南—綦江	36 473	綦江—G75巴南	36 165
綦江—崇溪河	21 554	崇溪河—綦江	21 413
綦江—万盛	7 894	万盛—綦江	7 798
西彭—白沙	7 619	白沙—西彭	7 604
G85九龙坡—永川	60 916	永川—G85九龙坡	60 655
永川—渔箭	34 637	渔箭—永川	34 376
G93沙坪坝—铜梁	33 691	铜梁—G93沙坪坝	33 319
铜梁—书房坝	19 915	书房坝—铜梁	19 654
G75北碚—合川	37 453	合川—G75北碚	28 394
合川—钱塘	12 108	钱塘—合川	10 011
西彭—一品（逆时针）	7 426	一品—西彭（顺时针）	7 733
一品—复盛（逆时针）	2 504	复盛—一品（顺时针）	2 672
复盛—G75北碚（逆时针）	6 585	G75北碚—复盛（顺时针）	6 743
G75北碚—璧山（逆时针）	7 563	璧山—G75北碚（顺时针）	7 657
璧山—西彭（逆时针）	6 882	西彭—璧山（顺时针）	6 835

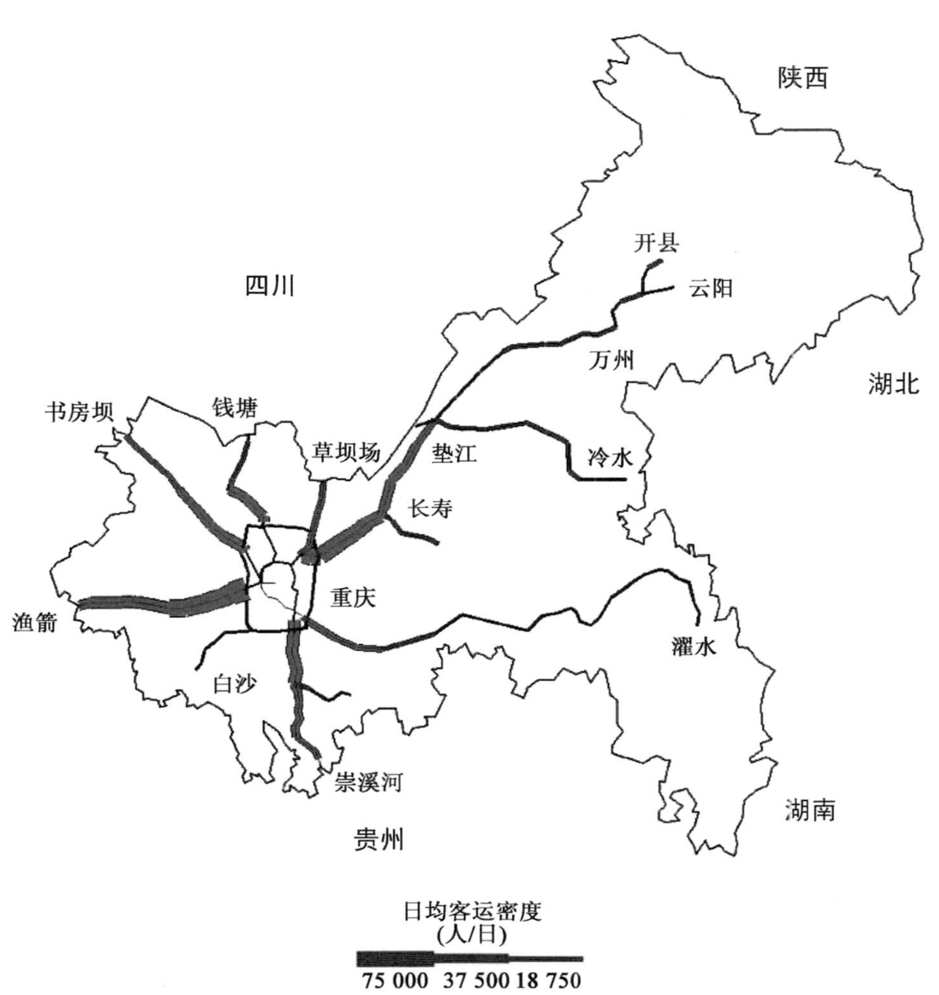

图 4.49　2010 年重庆市高速公路日均客运密度

4.15.2 货运密度分布如表 4.50 和图 4.50 所示。

2010 年重庆市高速公路货运密度 表 4.50

路段起止	货运密度（吨/日）	路段起止	货运密度（吨/日）
G65 渝北—长寿	22 901	长寿—G65 渝北	23 351
长寿—垫江	16 864	垫江—长寿	19 327
垫江—万州	6 838	万州—垫江	4 331
万州—云阳	2 815	云阳—万州	1 911
小周—开县	2 959	开县—小周	3 985
垫江—牡丹源	12 110	牡丹源—垫江	10 476
垫江—忠县	16 388	忠县—垫江	22 621
忠县—冷水(渝鄂界)	16 131	冷水(渝鄂界)—忠县	22 734
长寿—涪陵	6 453	涪陵—长寿	4 537
G65 渝北—草坝场	7 859	草坝场—G65 渝北	10 560
G65 巴南—南川	6 356	南川—G65 巴南	5 450
南川—武隆	3 892	武隆—南川	2 648
武隆—黔江	3 190	黔江—武隆	2 320
黔江—濯水	624	濯水—黔江	316
G75 巴南—綦江	26 642	綦江—G75 巴南	30 459
綦江—崇溪河	21 415	崇溪河—綦江	25 029
綦江—万盛	3 376	万盛—綦江	5 259
西彭—白沙	3 689	白沙—西彭	3 531
G85 九龙坡—永川	28 268	永川—G85 九龙坡	25 617
永川—渔箭	24 400	渔箭—永川	20 537
G93 沙坪坝—铜梁	34 008	铜梁—G93 沙坪坝	31 930
铜梁—书房坝	35 500	书房坝—铜梁	30 610
G75 北碚—合川	12 245	合川—G75 北碚	10 937
合川—钱塘	4 913	钱塘—合川	4 055
西彭——品(逆时针)	9 083	一品—西彭(顺时针)	10 410
一品—复盛(逆时针)	2 223	复盛——品(顺时针)	2 535
复盛—G75 北碚(逆时针)	6 000	G75 北碚—复盛(顺时针)	5 778
G75 北碚—璧山(逆时针)	7 074	璧山—G75 北碚(顺时针)	8 940
璧山—西彭(逆时针)	8 830	西彭—璧山(顺时针)	9 983

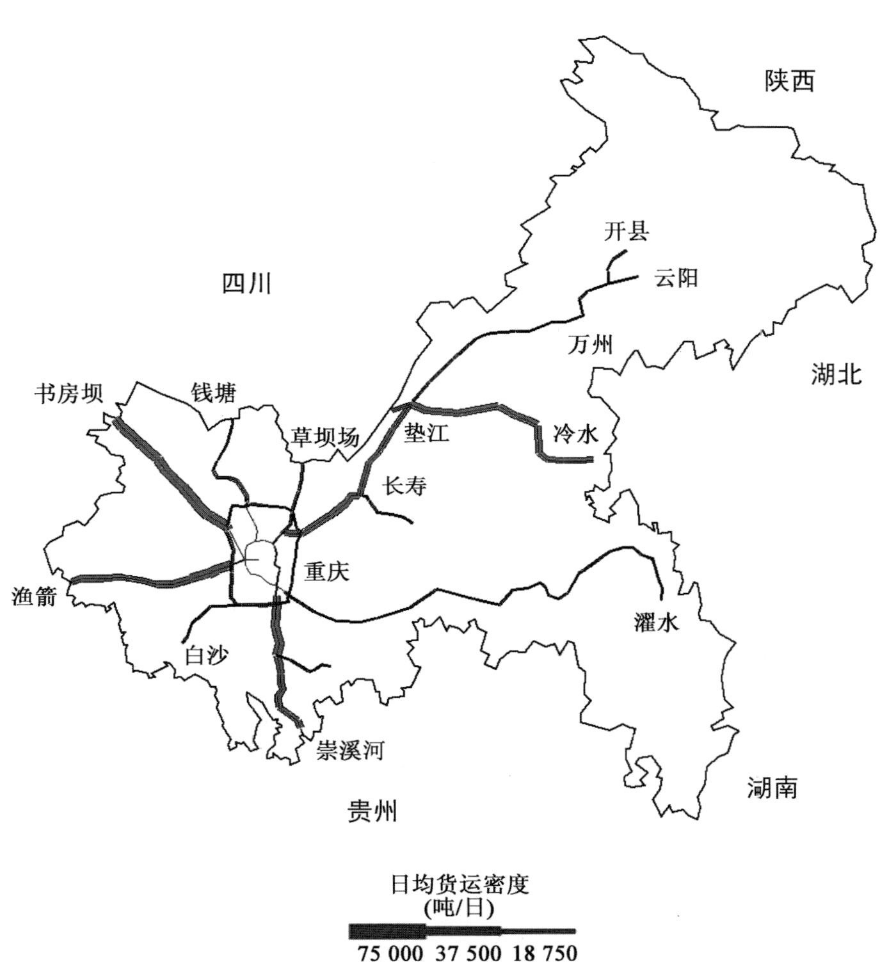

图 4.50　2010 年重庆市高速公路日均货运密度

4.15.3 道路负荷分布如表4.51和图4.51所示。

2010年重庆市高速公路轴载 表4.51

路段起止	轴载（标准轴载当量轴次/日）	路段起止	轴载（标准轴载当量轴次/日）
G65渝北—长寿	16 953	长寿—G65渝北	15 016
长寿—垫江	9 144	垫江—长寿	12 317
垫江—万州	7 296	万州—垫江	2 420
万州—云阳	2 256	云阳—万州	1 625
小周—开县	2 746	开县—小周	5 887
垫江—牡丹源	4 601	牡丹源—垫江	6 501
垫江—忠县	5 408	忠县—垫江	6 341
忠县—冷水(渝鄂界)	6 802	冷水(渝鄂界)—忠县	7 364
长寿—涪陵	8 385	涪陵—长寿	5 332
G65渝北—草坝场	5 613	草坝场—G65渝北	11 671
G65巴南—南川	6 328	南川—G65巴南	4 796
南川—武隆	4 013	武隆—南川	2 191
武隆—黔江	3 043	黔江—武隆	1 550
黔江—濯水	834	濯水—黔江	175
G75巴南—綦江	13 559	綦江—G75巴南	20 659
綦江—崇溪河	11 275	崇溪河—綦江	21 369
綦江—万盛	3 386	万盛—綦江	3 751
西彭—白沙	1 689	白沙—西彭	325
G85九龙坡—永川	24 143	永川—G85九龙坡	17 458
永川—渔箭	19 732	渔箭—永川	13 967
G93沙坪坝—铜梁	22 587	铜梁—G93沙坪坝	17 655
铜梁—书房坝	24 824	书房坝—铜梁	16 102
G75北碚—合川	12 055	合川—G75北碚	12 462
合川—钱塘	6 010	钱塘—合川	3 982
西彭——品(逆时针)	4 593	一品—西彭(顺时针)	6 726
一品—复盛(逆时针)	1 502	复盛——品(顺时针)	1 232
复盛—G75北碚(逆时针)	3 536	G75北碚—复盛(顺时针)	4 754
G75北碚—璧山(逆时针)	3 760	璧山—G75北碚(顺时针)	2 554
璧山—西彭(逆时针)	4 233	西彭—璧山(顺时针)	5 284

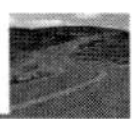

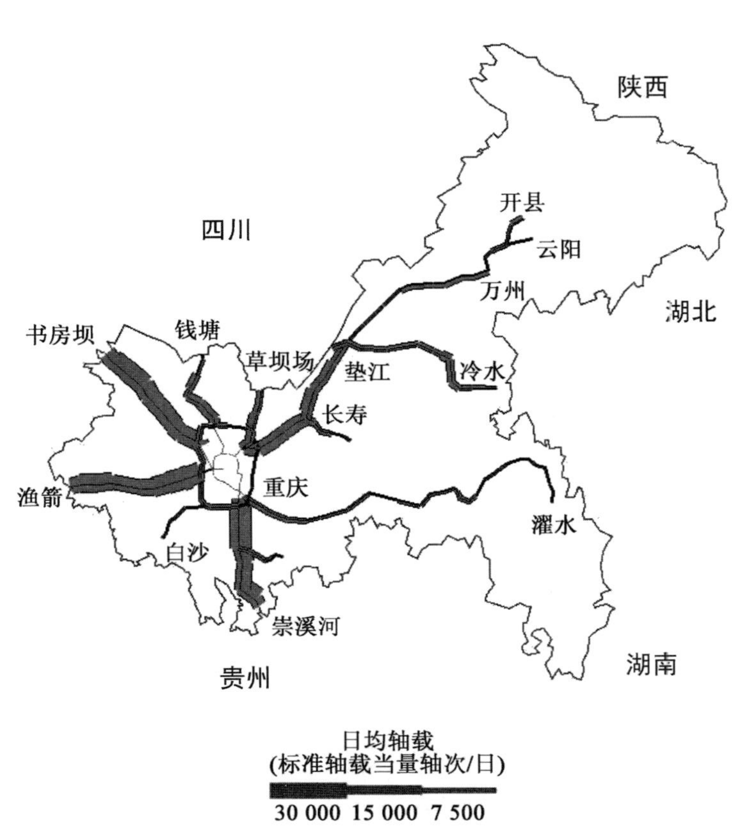

图 4.51　2010 年重庆市高速公路日均轴载

4.15.4 交通量分布如表4.52和图4.52所示。

2010年重庆市高速公路交通量 表4.52

路段起止	当量标准小客车（辆/日）	路段起止	当量标准小客车（辆/日）
G65渝北—长寿	12 493	长寿—G65渝北	12 451
长寿—垫江	7 187	垫江—长寿	7 275
垫江—万州	3 408	万州—垫江	3 281
万州—云阳	1 986	云阳—万州	1 963
小周—开县	2 523	开县—小周	2 500
垫江—牡丹源	2 364	牡丹源—垫江	2 042
垫江—忠县	3 752	忠县—垫江	4 457
忠县—冷水(渝鄂界)	3 207	冷水(渝鄂界)—忠县	3 912
长寿—涪陵	3 541	涪陵—长寿	3 450
G65渝北—草坝场	4 946	草坝场—G65渝北	4 790
G65巴南—南川	4 910	南川—G65巴南	4 470
南川—武隆	2 729	武隆—南川	2 341
武隆—黔江	1 604	黔江—武隆	1 387
黔江—濯水	278	濯水—黔江	220
G75巴南—綦江	10 645	綦江—G75巴南	10 660
綦江—崇溪河	6 483	崇溪河—綦江	6 562
綦江—万盛	2 423	万盛—綦江	2 317
西彭—白沙	2 541	白沙—西彭	2 405
G85九龙坡—永川	15 241	永川—G85九龙坡	14 995
永川—渔箭	9 162	渔箭—永川	8 966
G93沙坪坝—铜梁	11 582	铜梁—G93沙坪坝	11 039
铜梁—书房坝	8 849	书房坝—铜梁	8 549
G75北碚—合川	9 291	合川—G75北碚	7 099
合川—钱塘	2 706	钱塘—合川	2 324
西彭——品(逆时针)	2 791	一品—西彭(顺时针)	3 094
一品—复盛(逆时针)	1 001	复盛——品(顺时针)	1 048
复盛—G75北碚(逆时针)	2 864	G75北碚—复盛(顺时针)	2 742
G75北碚—璧山(逆时针)	3 675	璧山—G75北碚(顺时针)	3 667
璧山—西彭(逆时针)	3 037	西彭—璧山(顺时针)	3 078

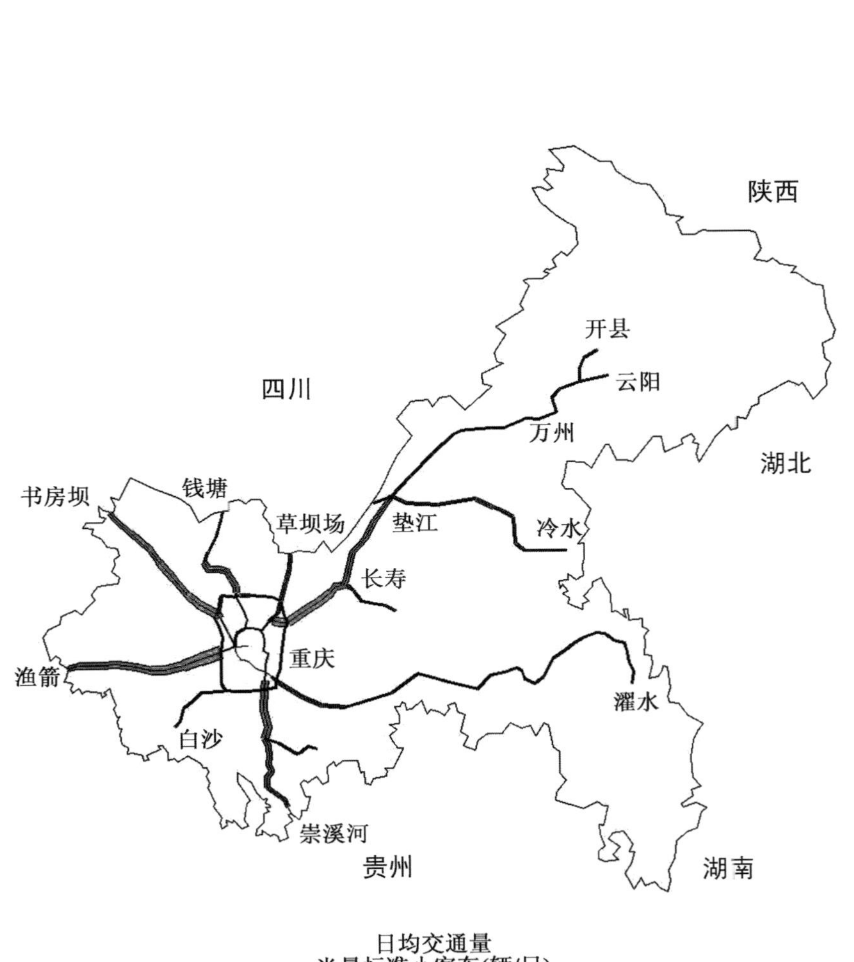

图 4.52　2010 年重庆市高速公路日均交通量

4.16 四川省高速公路运输密度

4.16.1 客运密度分布如表4.53和图4.53所示。

2010年四川省高速公路客运密度 表4.53

路段起止点	客运密度（人/日）	路段起止点	客运密度（人/日）
棋盘关（川陕交界）—广元	8 183	广元—棋盘关（川陕交界）	8 093
广元—绵阳	16 368	绵阳—广元	17 054
绵阳—德阳	37 195	德阳—绵阳	37 027
德阳—成都成绵站	56 713	成都成绵站—德阳	58 267
成都成温邛站—崇州	59 194	崇州—成都成温邛站	55 029
崇州—邛崃	24 119	邛崃—崇州	25 354
成都绕东机场站—白家	18 906	白家—成都绕东机场站	17 431
白家—青龙	63 284	青龙—白家	60 743
青龙—眉山	44 723	眉山—青龙	42 556
眉山—绵竹	28 052	绵竹—眉山	27 003
绵竹—乐山	12 034	乐山—绵竹	12 264
青龙—雅安东	17 916	雅安东—青龙	17 094
雅安东—青衣江大桥	13 142	青衣江大桥—雅安东	13 124
青衣江大桥—雅安南	1 706	雅安南—青衣江大桥	1 362
成都—简阳	64 181	简阳—成都	63 721
简阳—内江	40 439	内江—简阳	39 449
内江—隆昌	28 921	隆昌—内江	27 037
隆昌—渔箭（川渝界）	21 132	渔箭（川渝界）—隆昌	20 908
内江—自贡	25 777	自贡—内江	25 820
自贡—宜宾北	16 314	宜宾北—自贡	16 250
宜宾北—内宜	7 325	内宜—宜宾北	7 265
隆昌—泸州	18 247	泸州—隆昌	17 316
泸州—纳溪	4 097	纳溪—泸州	3 314
成都成南站—红涪	42 499	红涪—成都成南站	42 628
红涪—罗家湾	29 995	罗家湾—红涪	29 220
罗家湾—遂宁四川站	15 035	遂宁四川站—罗家湾	15 123
红涪—南充	23 492	南充—红涪	24 548
南充—南渝四川站	9 319	南渝四川站—南充	9 068
南充—邻水	13 781	邻水—南充	13 994
邻水—川渝（川渝界）	12 968	川渝（川渝界）—邻水	10 847
邻水—达州	10 347	达州—邻水	9 413
达州—徐家坝	5 763	徐家坝—达州	4 068
徐家坝—罗江	2 838	罗江—徐家坝	2 938
邻水—邻垫四川站	6 030	邻垫四川站—邻水	5 805
成绵站—成灌站（逆）	34 780	成灌站—成绵站（顺）	36 583
成灌—成温邛—绕东机场站	47 520	绕东机场站—成温邛—成灌	51 499
成绵—成南—成渝站	33 800	成渝站—成南—成绵	32 408
成渝站—绕东机场站	28 406	绕东机场站—成渝站	37 933
成灌站—都江堰	10 121	都江堰—成灌站	6 063
都江堰—映秀	13 158	映秀—都江堰	9 142
泸沽—西昌	11 166	西昌—泸沽	11 330
西昌—攀枝花	5 051	攀枝花	8 763
攀枝花—田房	3 503	田房—攀枝花	4 712
广元—巴中	727	巴中—广元	350

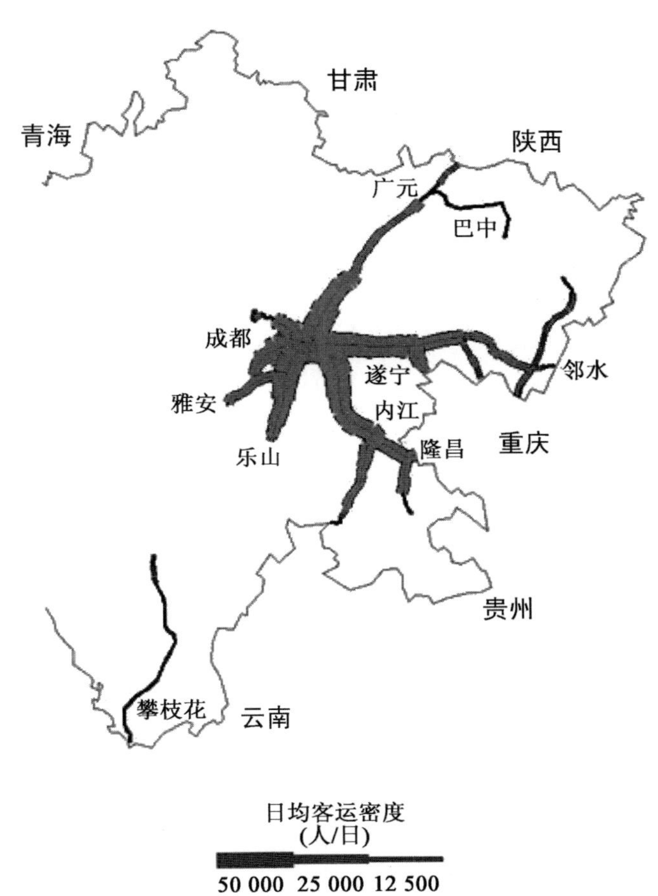

图 4.53　2010 年四川省高速公路日均客运密度

4.16.2　货运密度分布如表 4.54 和图 4.54 所示。

2010 年四川省高速公路货运密度　　表 4.54

路段起止点	货运密度（吨/日）	路段起止点	货运密度（吨/日）
棋盘关（川陕交界）—广元	44 973	广元—棋盘关（川陕交界）	30 169
广元—绵阳	52 257	绵阳—广元	40 300
绵阳—德阳	48 574	德阳—绵阳	51 422
德阳—成都成绵站	51 048	成都成绵站—德阳	53 763
成都成温邛站—崇州	18 068	崇州—成都成温邛站	15 948
崇州—邛崃	7 531	邛崃—崇州	7 294
成都绕东机场站—白家	25 990	白家—成都绕东机场站	39 250
白家—青龙	35 010	青龙—白家	67 304
青龙—眉山	23 624	眉山—青龙	54 745
眉山—绵竹	16 013	绵竹—眉山	35 388
绵竹—乐山	6 382	乐山—绵竹	12 181
青龙—雅安东	14 525	雅安东—青龙	14 724
雅安东—青衣江大桥	10 743	青衣江大桥—雅安东	10 058
青衣江大桥—雅安南	4 607	雅安南—青衣江大桥	5 179
成都—简阳	30 455	简阳—成都	38 732
简阳—内江	26 105	内江—简阳	34 476
内江—隆昌	27 035	隆昌—内江	24 432
隆昌—渔箭（川渝界）	19 683	渔箭（川渝界）—隆昌	18 373
内江—自贡	22 145	自贡—内江	26 488
自贡—宜宾北	18 483	宜宾北—自贡	24 780
宜宾北—内宜	11 991	内宜—宜宾北	13 424
隆昌—泸州	11 915	泸州—隆昌	10 833
泸州—纳溪	5 778	纳溪—泸州	5 826
成都成南站—红涪	40 994	红涪—成都成南站	37 902
红涪—罗家湾	36 023	罗家湾—红涪	36 969
罗家湾—遂宁四川站	29 171	遂宁四川站—罗家湾	33 593
红涪—南充	18 985	南充—红涪	17 435
南充—南渝四川站	2 538	南渝四川站—南充	3 807
南充—邻水	13 306	邻水—南充	22 402
邻水—川渝（川渝界）	7 297	川渝（川渝界）—邻水	6 566
邻水—达州	10 268	达州—邻水	10 712
达州—徐家坝	12 280	徐家坝—达州	8 518
徐家坝—罗江	8 810	罗江—徐家坝	7 708
邻水—邻垫四川站	7 972	邻垫四川站—邻水	7 859
成绵站—成灌站（逆）	43 985	成灌站—成绵站（顺）	35 770
成灌—成温邛—绕东机场站	23 955	绕东机场站—成温邛—成灌	24 625
成绵—成南—成渝站	44 968	成渝站—成南—成绵	58 297
成渝站—绕东机场站	28 406	绕东机场站—成渝站	37 933
成灌站—都江堰	10 121	都江堰—成灌站	6 063
都江堰—映秀	13 158	映秀—都江堰	9 142
泸沽—西昌	11 166	西昌—泸沽	11 330
西昌—攀枝花	5 051	攀枝花	8 763
攀枝花—田房	3 503	田房—攀枝花	4 712
广元—巴中	727	巴中—广元	350

图 4.54　2010 年四川省高速公路日均货运密度

4.16.3　交通量分布如表4.55和图4.55所示。

2010年四川省高速公路交通量　　表4.55

路段起止点	当量标准小客车（辆/日）	路段起止点	当量标准小客车（辆/日）
棋盘关(川陕交界)—广元	4 678	广元—棋盘关(川陕交界)	4 811
广元—绵阳	7 712	绵阳—广元	8 105
绵阳—德阳	13 935	德阳—绵阳	14 301
德阳—成都成绵站	20 476	成都成绵站—德阳	21 009
成都成温邛站—崇州	21 111	崇州—成都成温邛站	19 476
崇州—邛崃	8 424	邛崃—崇州	8 649
成都绕东机场站—白家	10 883	白家—成都绕东机场站	10 155
白家—青龙	20 898	青龙—白家	19 904
青龙—眉山	15 239	眉山—青龙	14 095
眉山—绵竹	9 172	绵竹—眉山	8 619
绵竹—乐山	4 080	乐山—绵竹	4 007
青龙—雅安东	6 017	雅安东—青龙	5 691
雅安东—青衣江大桥	4 498	青衣江大桥—雅安东	4 220
青衣江大桥—雅安南	1 039	雅安南—青衣江大桥	821
成都—简阳	17 094	简阳—成都	16 697
简阳—内江	11 016	内江—简阳	10 375
内江—隆昌	7 855	隆昌—内江	7 293
隆昌—渔箭(川渝界)	5 192	渔箭(川渝界)—隆昌	5 198
内江—自贡	7 695	自贡—内江	7 411
自贡—宜宾北	5 671	宜宾北—自贡	5 314
宜宾北—内宜	3 192	内宜—宜宾北	2 854
隆昌—泸州	4 853	泸州—隆昌	4 529
泸州—纳溪	1 822	纳溪—泸州	1 375
成都成南站—红涪	12 887	红涪—成都成南站	12 794
红涪—罗家湾	10 287	罗家湾—红涪	10 018
罗家湾—遂宁四川站	5 768	遂宁四川站—罗家湾	5 723
红涪—南充	6 759	南充—红涪	6 915
南充—南渝四川站	1 820	南渝四川站—南充	1 776
南充—邻水	4 701	邻水—南充	4 542
邻水—川渝(川渝界)	3 227	川渝(川渝界)—邻水	2 716
邻水—达州	3 349	达州—邻水	2 970
达州—徐家坝	2 922	徐家坝—达州	1 990
徐家坝—罗江	1 747	罗江—徐家坝	1 740
邻水—邻垫四川站	1 814	邻垫四川站—邻水	1 862
成绵站—成灌站(逆)	18 014	成灌站—成绵站(顺)	18 536
成灌—成温邛—绕东机场站	21 769	绕东机场站—成温邛—成灌	22 780
成绵—成南—成渝站	15 899	成渝站—成南—成绵	15 494
成渝站—绕东机场站	17 459	绕东机场站—成渝站	17 278
成灌站—都江堰	10 967	都江堰—成灌站	10 958
都江堰—映秀	3 552	映秀—都江堰	3 606
泸沽—西昌	3 205	西昌—泸沽	3 052
西昌—攀枝花	1 832	攀枝花	1 763
攀枝花—田房	929	田房—攀枝花	904
广元—巴中	485	巴中—广元	448

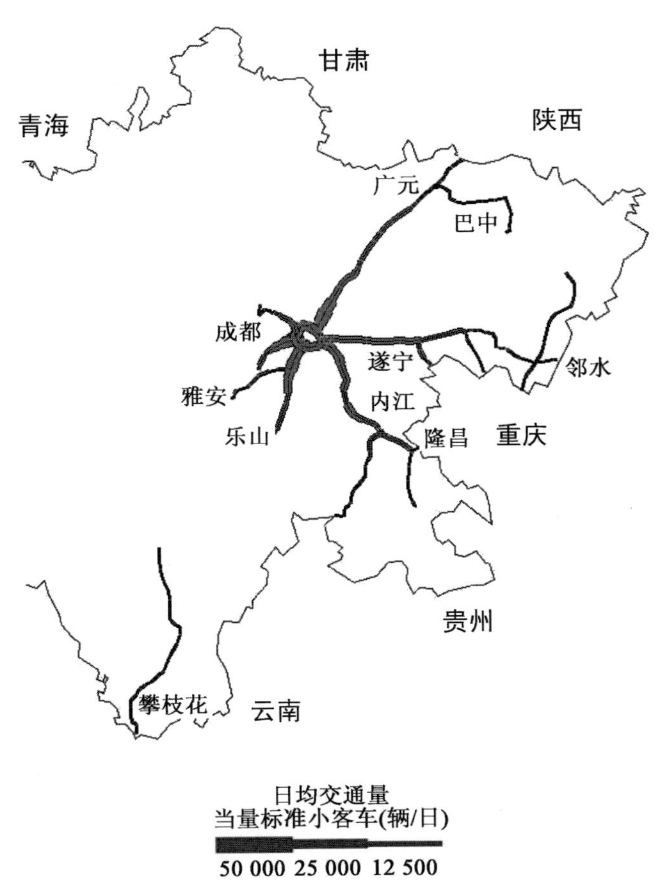

图4.55　2010年四川省高速公路日均交通量

4.17 陕西省高速公路运输密度

4.17.1 客运密度分布如表 4.56 和图 4.56 所示。

2010 年陕西省高速公路客运密度 表 4.56

路段起止	客运密度（人/日）	路段起止	客运密度（人/日）
陕蒙界—榆林	5 862	榆林—陕蒙界	5 798
榆林—店塔	4 598	店塔—榆林	4 409
榆林—靖边	10 304	靖边—榆林	9 920
王圈梁—靖边	5 805	靖边—王圈梁	6 398
靖边—吴堡主线	3 454	吴堡主线—靖边	3 482
靖边—延安南	9 310	延安南—靖边	9 803
延安南—黄堡	16 071	黄堡—延安南	16 464
黄堡—未央	16 841	未央—黄堡	16 171
新筑—禹门口	16 070	禹门口—新筑	15 163
灞桥—潼关	17 295	潼关—灞桥	19 868
香王—商洛西	17 066	商洛西—香王	16 950
商洛西—界碑	5 952	界碑—商洛西	5 654
阎村—漫川关主线	3 400	漫川关主线—阎村	3 130
曲江—安康西	6 277	安康西—曲江	6 018
河池寨—汉中	14 600	汉中—河池寨	14 370
汉中—宁强	7 318	宁强—汉中	7 377
三桥—咸阳西	36 650	咸阳西—三桥	33 374
咸阳西—杨凌	30 746	杨凌—咸阳西	27 801
杨凌—宝鸡	16 079	宝鸡—杨凌	16 108
宝鸡—陈仓	4 035	陈仓—宝鸡	3 357
六村堡—永寿南	24 279	永寿南—六村堡	23 834
永寿南—彬县	12 872	彬县—永寿南	12 101
彬县—陕甘界	7 276	陕甘界—彬县	6 456
汉城—机场	18 213	机场—汉城	15 603
法门寺—太白山	3 423	太白山—法门寺	3 449
西安南环城逆时针	21 456	西安南环城顺时针	21 470
西安北环城逆时针	18 553	西安北环城顺时针	18 175
陕西壶口—富县	839	富县—陕西壶口	976
富县—张家湾	370	张家湾—富县	332
渭南—蒲城	1 314	蒲城—渭南	1 290
安康—汉中	893	汉中—安康	804

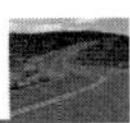

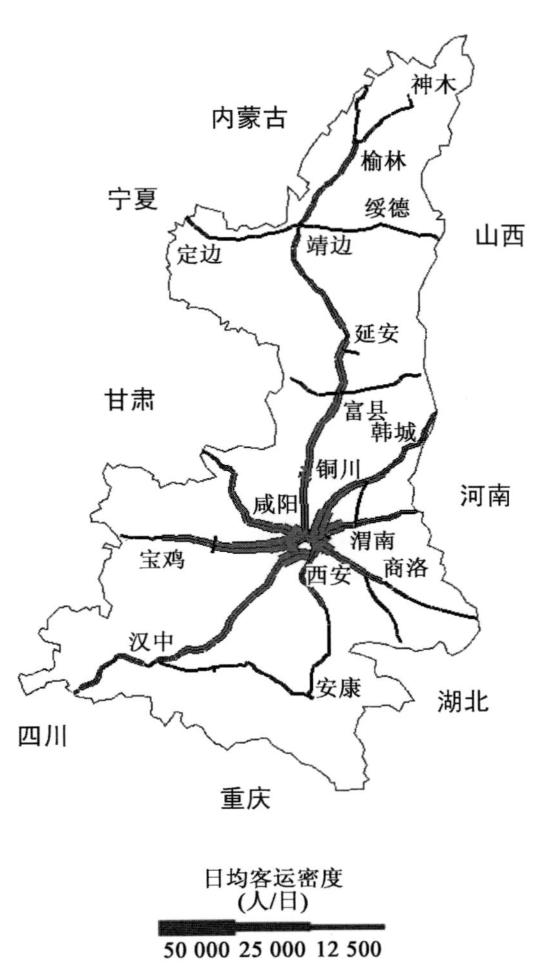

图 4.56　2010 年陕西省高速公路日均客运密度

4.17.2 货运密度分布如表4.57和图4.57所示。

2010年陕西省高速公路货运密度　　表4.57

路段起止	货运密度（吨/日）	路段起止	货运密度（吨/日）
陕蒙界—榆林	86 957	榆林—陕蒙界	15 688
榆林—店塔	11 212	店塔—榆林	17 505
榆林—靖边	84 509	靖边—榆林	18 230
王圈梁—靖边	57 399	靖边—王圈梁	38 941
靖边—吴堡主线	84 780	吴堡主线—靖边	40 346
靖边—延安南	96 310	延安南—靖边	31 506
延安南—黄堡	94 509	黄堡—延安南	59 428
黄堡—未央	94 579	未央—黄堡	37 171
新筑—禹门口	38 588	禹门口—新筑	46 161
灞桥—潼关	73 731	潼关—灞桥	98 632
香王—商洛西	100 523	商洛西—香王	49 717
商洛西—界碑	64 318	界碑—商洛西	39 426
阎村—漫川关主线	17 163	漫川关主线—阎村	9 109
曲江—安康西	6 555	安康西—曲江	2 070
河池寨—汉中	55 529	汉中—河池寨	36 497
汉中—宁强	55 796	宁强—汉中	34 809
三桥—咸阳西	23 276	咸阳西—三桥	27 404
咸阳西—杨凌	25 266	杨凌—咸阳西	24 121
杨凌—宝鸡	26 226	宝鸡—杨凌	22 383
宝鸡—陈仓	26 799	陈仓—宝鸡	25 160
六村堡—永寿南	37 568	永寿南—六村堡	72 908
永寿南—彬县	37 657	彬县—永寿南	60 872
彬县—陕甘界	33 378	陕甘界—彬县	37 995
汉城—机场	40	机场—汉城	21
法门寺—太白山	1 815	太白山—法门寺	1 083
西安南环城逆时针	45 629	西安南环城顺时针	35 848
西安北环城逆时针	113 640	西安北环城顺时针	71 123
陕西壶口—富县	367	富县—陕西壶口	783
富县—张家湾	381	张家湾—富县	885
渭南—蒲城	931	蒲城—渭南	8 115
安康—汉中	671	汉中—安康	584

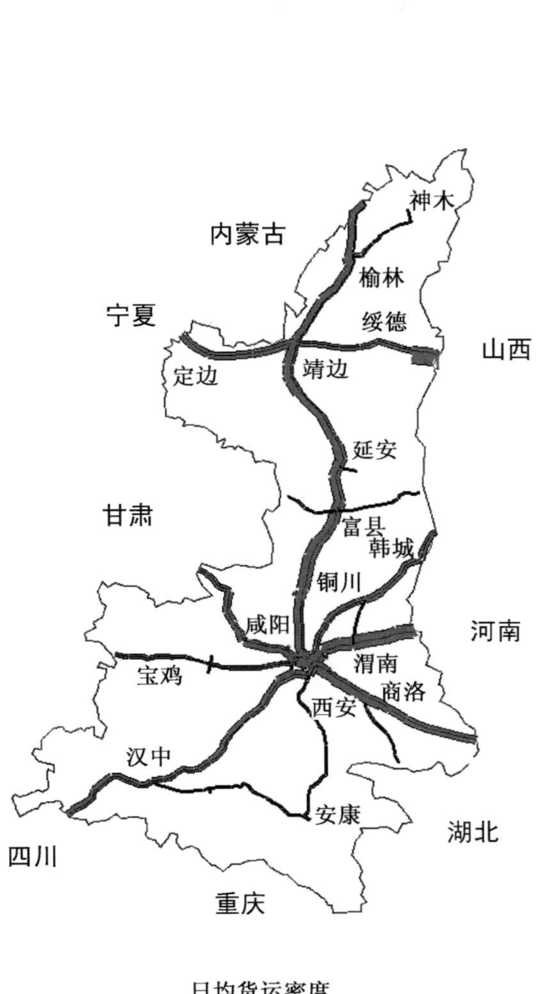

图 4.57　2010 年陕西省高速公路日均货运密度

4.17.3　道路负荷分布如表 4.58 和图 4.58 所示。

2010 年陕西省高速公路轴载　　表 4.58

路段起止	轴载（标准轴载当量轴次/日）	路段起止	轴载（标准轴载当量轴次/日）
陕蒙界—榆林	17 821	榆林—陕蒙界	4 377
榆林—店塔	923	店塔—榆林	4 114
榆林—靖边	19 491	靖边—榆林	4 075
王圈梁—靖边	11 954	靖边—王圈梁	5 759
靖边—吴堡主线	16 130	吴堡主线—靖边	6 685
靖边—延安南	23 561	延安南—靖边	7 188
延安南—黄堡	24 704	黄堡—延安南	14 110
黄堡—未央	25 247	未央—黄堡	12 652
新筑—禹门口	8 833	禹门口—新筑	12 088
灞桥—潼关	13 778	潼关—灞桥	21 252
香王—商洛西	24 898	商洛西—香王	9 680
商洛西—界碑	15 361	界碑—商洛西	7 515
阎村—漫川关主线	4 895	漫川关主线—阎村	1 752
曲江—安康西	3 068	安康西—曲江	796
河池寨—汉中	16 606	汉中—河池寨	8 527
汉中—宁强	18 448	宁强—汉中	7 904
三桥—咸阳西	7 935	咸阳西—三桥	7 405
咸阳西—杨凌	7 334	杨凌—咸阳西	7 161
杨凌—宝鸡	8 787	宝鸡—杨凌	5 835
宝鸡—陈仓	9 626	陈仓—宝鸡	6 050
六村堡—永寿南	8 892	永寿南—六村堡	20 886
永寿南—彬县	8 338	彬县—永寿南	19 015
彬县—陕甘界	6 998	陕甘界—彬县	11 886
汉城—机场	27	机场—汉城	16
法门寺—太白山	721	太白山—法门寺	445
西安南环城逆时针	11 382	西安南环城顺时针	8 677
西安北环城逆时针	25 855	西安北环城顺时针	17 161
陕西壶口—富县	125	富县—陕西壶口	242
富县—张家湾	181	张家湾—富县	416
渭南—蒲城	234	蒲城—渭南	1 791
安康—汉中	340	汉中—安康	287

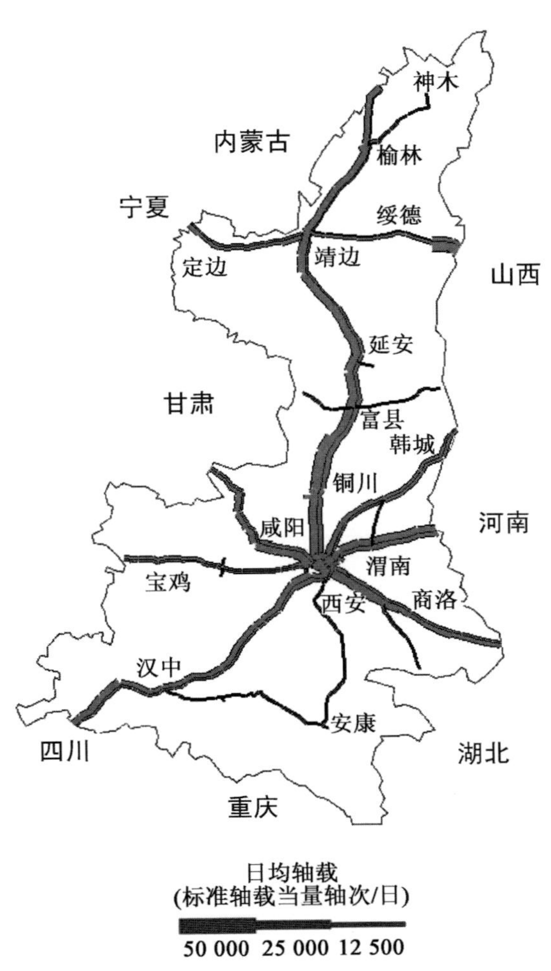

图 4.58　2010 年陕西省高速公路日均轴载

4.17.4　交通量分布如表 4.59 和图 4.59 所示。

2010 年陕西省高速公路交通量　　表 4.59

路段起止	当量标准小客车（辆/日）	路段起止	当量标准小客车（辆/日）
陕蒙界—榆林	9 010	榆林—陕蒙界	8 823
榆林—店塔	3 883	店塔—榆林	3 805
榆林—靖边	10 054	靖边—榆林	9 491
王圈梁—靖边	6 887	靖边—王圈梁	7 574
靖边—吴堡主线	8 029	吴堡主线—靖边	8 247
靖边—延安南	10 866	延安南—靖边	10 548
延安南—黄堡	12 748	黄堡—延安南	12 499
黄堡—未央	13 002	未央—黄堡	10 736
新筑—禹门口	9 461	禹门口—新筑	9 083
灞桥—潼关	10 995	潼关—灞桥	16 055
香王—商洛西	12 930	商洛西—香王	10 575
商洛西—界碑	7 171	界碑—商洛西	6 525
阎村—漫川关主线	2 364	漫川关主线—阎村	2 347
曲江—安康西	2 178	安康西—曲江	2 105
河池寨—汉中	8 917	汉中—河池寨	8 806
汉中—宁强	7 417	宁强—汉中	7 412
三桥—咸阳西	12 868	咸阳西—三桥	11 791
咸阳西—杨凌	10 590	杨凌—咸阳西	9 346
杨凌—宝鸡	7 153	宝鸡—杨凌	6 814
宝鸡—陈仓	4 101	陈仓—宝鸡	3 623
六村堡—永寿南	13 363	永寿南—六村堡	13 018
永寿南—彬县	10 507	彬县—永寿南	8 942
彬县—陕甘界	5 936	陕甘界—彬县	5 350
汉城—机场	5 833	机场—汉城	5 128
法门寺—太白山	1 069	太白山—法门寺	1 126
西安南环城逆时针	12 458	西安南环城顺时针	11 078
西安北环城逆时针	18 405	西安北环城顺时针	16 442
陕西壶口—富县	318	富县—陕西壶口	297
富县—张家湾	344	张家湾—富县	353
渭南—蒲城	895	蒲城—渭南	1 275
安康—汉中	429	汉中—安康	386

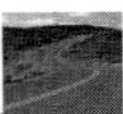

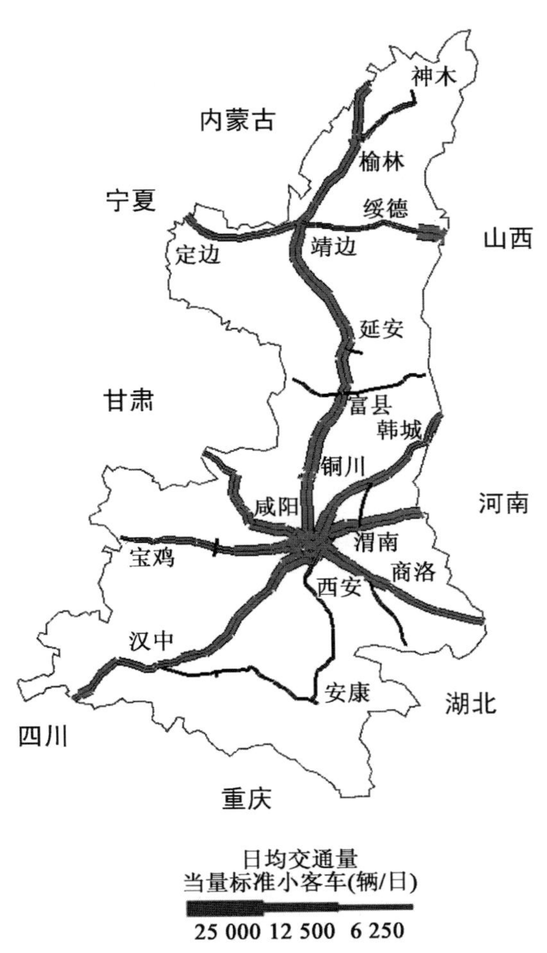

图 4.59　2010 年陕西省高速公路日均交通量

附　录

附录1　各省(区、市)高速公路收费系统数据库信息类型

2010年,广西壮族自治区和甘肃省高速公路实施货车计重收费。北京市和贵州省高速公路拓展联网收费。高速公路运输量统计主要数据来源得到进一步完善,见附表1。

2010年度各省(区、市)收费系统数据库信息　　附表1

	车型	客车车型	货车车型	货车轴型	货车轴重	货车总重	货车轴数
北京	●						
天津		●		●		●	
河北		●		●	●	●	
山西		●		●	●	●	
内蒙		●				●	●
辽宁		●				●	●
吉林	●						
黑龙江		●		●	●	●	
上海		●	●				
江苏		●		●	●	●	
浙江		●				●	●
安徽		●				●	●
福建		●		●	●	●	
江西		●		●	●	●	
山东		●		●	●	●	
河南		●		●	●	●	
湖北		●		●	●	●	
湖南		●		●	●	●	
广东	●						
广西		●				●	●
重庆		●		●	●	●	
四川		●				●	●
贵州		●		●		●	
云南		●				●	●
陕西		●		●	●	●	
甘肃		●				●	●
宁夏		●		●	●	●	
青海		●		●	●	●	
新疆	●						

注:1. 表中●项表示数据库中有该项信息;
　　2. 海南省不设站收费,只收取燃油附加费;
　　3. 2010年广东粤北网货车已开始计重收费。

附录2 各省(区、市)客车收费车型划分标准

北京、天津、河北、山西、内蒙、辽宁、吉林、黑龙江、上海、江苏、安徽、江西、福建、山东、湖南、广西、四川、贵州、陕西、宁夏、青海、新疆等省(区、市)执行部标《收费公路车辆通行费车型分类》(JT/T 489—2003)(见附表2)。

其他省市见附表3~附表9。

收费客车车型划分(JT/T 489—2003) 附表2

车型	I	II	III	IV
座位数	≤7	8~19	20~39	≥40

浙江省收费客车车型划分 附表3

车型	I	II	III
座位数	≤20	21~40	>40

河南省收费客车车型划分 附表4

车型	I	II	III
座位数	≤9	10~29	≥30

湖北省收费客车车型划分 附表5

车型	I	II	III	IV	V
座位数	≤5	6~17	18~30	31~50	≥51

广东省收费客车车型划分 附表6

车型	I	II	III	IV
轴数	2	2	2	3
轮胎数	2~4	4	6	6~10
车头高度(米)	<1.3	≥1.3	≥1.3	≥1.3
轴距(米)	<3.2	≥3.2	≥3.2	≥3.2

重庆市收费客车车型划分 附表7

车型	I	II	III	IV
座位数	≤9	10~25	26~50	≥51

云南省收费客车车型划分 附表8

车型	I	III	V
座位数	≤10	11~30	≥31

注:思小、罗锁、昆石、昆嵩、通延、鸡石、嵩曲、曲陆、绕城东等高速公路路段执行上述标准;其余路段执行部颁标准(JT/T 489—2003)。

甘肃省收费客车车型划分 附表9

车型	I	II	III	IV
座位数	≤6	7~20	21~50	≥51

附录3　运输结构指标性数据说明

在统计运输指标时，没有包括香港、澳门特别行政区和台湾省相关数据。各省（区、市）（不含海南省）已通车而未设站收费的高速公路路段的运输量也未计入。

高速公路运输结构指标性数据的处理和统计学测试等项参见《2008中国高速公路运输量调查分析报告》。

高速公路运输量统计调查工作采取统一核算方式。派专人到各省（区、市）高速公路管理部门和业主单位采集收费系统数据库数据和相关资料。全部数据汇总后，集中进行处理、核算和分析，撰写调查分析报告。

统一核算方式有助于提高高速公路运输量统计数据的质量，增强运输经济运行分析的可信度。同时，可以减轻各省（区、市）被调查部门和单位的工作量。

1. 高速公路运输与国民经济

（1）每万元国内生产总值（按现价计算）的高速公路货运量

$$=\frac{\text{年度全国高速公路货运量（吨）}}{\text{年度国内生产总值（按当年价格计算）（万元）}}$$

（2）每万元国内生产总值（按现价计算）的高速公路货物周转量

$$=\frac{\text{年度全国高速公路货物周转量（吨公里）}}{\text{年度国内生产总值（按当年价格计算）（万元）}}$$

（3）全国平均每人高速公路乘车次数

$$=\frac{\text{年度全国高速公路客运量（人次）}}{\text{年度全国总人口}}$$

（4）全国平均每人高速公路乘行距离（公里）

$$=\frac{\text{年度全国高速公路旅客周转量（人公里）}}{\text{年度全国总人口}}$$

2. 高速公路基础设施

（1）通车里程（公里）是指高速公路已建成通车的里程。

（2）车道里程（公里）是用于车辆通行的主线车道的长度，用于反映公路的综合通行能力。

（3）平均车道数（条）$=\frac{\text{车道里程（公里）}}{\text{通车里程（公里）}}$

3. 高速公路交通状况

（1）行驶量（亿车公里）是指各省（区、市）高速公路行驶量之和。

（2）货车在行驶量中比重（%）$=\frac{\text{车道里程（公里）}}{\text{通车里程（公里）}}$

（3）道路负荷以标准轴载当量轴次计。

在取得车辆轴重数据的省（区、市），绝大部分可按照部标《公路沥青路面设计规范》（JTG D50—2006）计算各个路段的道路负荷。

4. 高速公路旅客运输

（1）客运量（亿人）

各省（区、市）高速公路客运量包括省（区、市）内客运量、出省（区、市）客运量、进省（区、市）客运量和穿越客运量。

为避免重复计算，全国高速公路客运量只汇总各省（区、市）的省（区、市）内客运量和出省（区、市）客运量。有23个省（区、市）（里程占全国高速公路通车里程的81.57%）可以同时求取高速公路客运量和旅客周转量两项指标；其他省（区、市）可以求取高速公路旅客周转量指标。通过23个省（区、市）的高速

公路旅客周转量在全国高速公路旅客周转量中的比重，放大推算全国高速公路客运量。

(2)旅客周转量(亿人公里)

旅客周转量是指各省(区、市)高速公路旅客周转量之和。

(3)客运密度(万人公里/公里)

$$客运密度(万人公里/公里)=\frac{旅客周转量(万人公里)}{通车里程(公里)}$$

客运密度是指每公里高速公路上通过的旅客人数。客运密度分布是把各个路段的客运密度汇总在某一干线、某一省(区、市)或全国高速公路路网上。

(4)旅客平均行程(公里)

$$旅客平均行程(公里)=\frac{旅客周转量(亿人公里)}{客运量(亿人)}$$

旅客平均行程是指旅客在高速公路网中的旅行距离，是旅客完成一次旅行总距离的一部分。由23个省(区、市)(里程占全国高速公路通车里程的81.57%)的旅客周转量除以省(区、市)内客运量和出省(区、市)客运量之和得到的。

(5)省(区、市)内旅客平均行程(公里)

省(区、市)内旅客平均行程(公里)，由23个省(区、市)(里程占全国高速公路通车里程的81.57%)的省(区、市)内旅客周转量除以省(区、市)内客运量得到的。

(6)跨省(区、市)的旅客平均行程(公里)

跨省(区、市)的旅客平均行程(公里)，由23个省(区、市)(里程占全国高速公路通车里程的81.57%)的跨省(区、市)旅客周转量除以出省(区、市)的客运量得到的。

(7)客车平均速度(公里/小时)

$$每辆客车的速度=\frac{客车行驶距离(公里)}{运行时间(小时)}$$

这里的运行时间是指出口时刻与入口时刻之差，包括行驶时间、服务区(或停车区)休息时间、路边暂停时间以及出口交费等待时间。

客车平均速度由河北、江苏、山东、福建、湖北、湖南、四川、山西、河南、陕西、江西、广西、安徽和重庆等14个省(区、市)数据计算出的。

(8)高速公路客运结构分析

①≤7座客运车辆在客车车数中的比重(%)。

②≤7座客运车辆人数在客运量中的比重(%)。

③≤7座客运车辆完成的周转量在旅客周转量中的比重(%)。

未执行部标《收费公路车辆通行费车型分类》(JT/T 489—2003)的省市，统计时把Ⅰ型客车划入≤7座客运车辆项目内。

④客运车辆平均座位数和乘坐率

大多数省(区、市)执行部标《收费公路车辆通行费车型分类》(JT/T 489—2003)，通过收费站的调查，求取各个车型客运车辆的平均座位数和乘坐率：

$$车型客运车辆的平均乘坐率(\%)=\frac{该车型客运车辆乘客数}{该车型客运车辆座位数}\times100\%$$

⑤轿车平均乘坐人数(人/车)

它是指5座轿车的平均乘坐人数(人/车)$=\frac{轿车乘客数(人)}{轿车数(车)}$。通过在收费站的调查求得。

5.高速公路货物运输

(1)货运量(亿吨)

各省(区、市)高速公路货运量包括省(区、市)内货运量、出省(区、市)货运量、进省(区、市)货运量和穿越货运量。

为避免重复计算，全国高速公路货运量只汇总各省(区、市)的省(区、市)内货运量和出省省(区、市)货运量。有23个省(区、市)(里程占全国高速公路通车里程的82.16%)可以同时求取高速公路货运量和货物周转量两项指标；其他省(区、市)可以求取高速公路货物周转量指标。通过23个省(区、市)的高速公路货物周转量在全国高速公路货物周转量中的比重，放大推算全国高速公路货运量。

(2)货物周转量(亿吨公里)

货物周转量是指各省(区、市)高速公路货物周转量之和。

(3)货运密度(万吨公里/公里)

货运密度(万吨公里/公里)$=\frac{\text{货物周转量(万吨公里)}}{\text{通车里程(公里)}}$，是每公里高速公路上通过的货物量。货运密度分布是把各个路段的货运密度汇总在某一干线、某一省区市或全国高速公路路网上。

(4)货物平均运程(公里)

货物平均运程(公里)$=\frac{\text{货物周转量(亿吨公里)}}{\text{货运量(亿吨)}}$，仅指货物在高速公路网中的运输距离，是货物完成一次运输过程总距离的一部分。由23个省(区、市)(里程占全国高速公路通车里程的82.16%)的货物周转量除以省(区、市)内货运量和出省(区、市)货运量之和求出。

(5)省(区、市)内货物平均运程(公里)

省(区、市)内货物平均运程(公里)，由23个省(区、市)(里程占全国高速公路通车里程的82.16%)的省(区、市)内货物周转量除以省(区、市)内货运量求出。

(6)跨省(区、市)的货物平均运程(公里)

跨省(区、市)的货物平均运程(公里)，由23个省(区、市)(里程占全国高速公路通车里程的82.16%)的跨省货物周转量除以出省(区、市)货运量求出。

(7)货车平均速度(公里/小时)

每辆货车的速度(公里/小时)$=\frac{\text{货车行驶距离(公里)}}{\text{运行时间(小时)}}$，这里的运行时间是指出口时刻与入口时刻之差，包括行驶时间、服务区(或停车区)休息时间、路边暂停时间以及出口交费等待时间。

货车平均速度由河北、江苏、山东、福建、湖北、湖南、山西、河南、陕西、江西、广西、安徽和重庆等13个省(区、市)数据求出。

(8)高速公路货运结构分析

①货车轴型构成

货车轴型构成是指各种轴型货车在高速公路网的货车车数、货车行驶量以及完成的货物周转量中的比重。轴型按轴数、轮胎数、单一车体和汽车列车划分为2轴4胎、2轴6胎、3轴和4轴单车以及半挂列车4大类。

②货车空驶状况

货车空驶状况用空车走行率来衡量。

$$\text{空车走行率(\%)}=\frac{\text{空车行驶量(车公里)}}{\text{重车行驶量(车公里)}}\times100\%$$

③货车超限运输状况

车辆的轴载质量限值按国标《道路车辆外廓尺寸、轴载及质量限值》(GB 1589—2004)规定为：

单轴(每侧单轮胎)7吨；

单轴(每侧双轮胎)10吨；

并装双轴(每侧双轮胎)18吨(每少两个轮胎减4吨)；

并装三轴(每侧双轮胎)24吨(每少两个轮胎减少4吨)。

根据车辆轴型确定车辆总质量限值。

按照行政治超的限值规定，车辆总质量的限值为：

2 轴货车　20 吨；

3 轴货车　30 吨；

4 轴货车　40 吨；

5 轴货车　50 吨；

6 轴货车　55 吨。

分别按两种规定的限值，计算超限 0～30％(含 30％)，30％～50％(含 50％)，50％～100％(含100％)以及＞100％的超限运输车辆在货车总数中的比重(超限率)。

6. 县乡运输量比重(％)

县乡运输量比是指从县级及县级以下地区内的高速公路收费站进入的客运量和货运量与总客运量和总货运量之比。

所列指标根据河北、山西、辽宁、江苏、浙江、安徽、江西、福建、山东、河南、湖北、湖南、广西、陕西、甘肃等 15 个省区(里程占全国高速公路通车里程的 66.74％)统计得到。其中江苏省长江以南地区、浙江省杭州、嘉兴、湖州、绍兴、宁波五市全部辖区都列入城市区域。

7. 省(区、市)的穿越车流状况

省(区、市)的穿越车流是指起止点都不在省(区、市)域高速公路网内的车流。穿越车流与被穿越的省份社会经济发展并无直接关系，但这部分车流的畅通影响全国高速公路网整体平稳有序的运营。

8. 道路负荷分布

按照《公路沥青路面设计规范》(JTG D50—2006)的规定，标准轴载为单轴双胎轴载 10 吨。

各型车轴标准轴载当量轴次 m 的计算公式为：

(1)单轴单胎　$m=6.4\times\left(\frac{P}{10}\right)^{4.35}$；

(2)单轴双胎　$m=1.0\times\left(\frac{P}{10}\right)^{4.35}$；

(3)双联轴单胎　$m=2.2\times6.4\times\left(\frac{P}{20}\right)^{4.35}$；

(4)双联轴双胎　$m=2.2\times\left(\frac{P}{20}\right)^{4.35}$；

(5)三联轴单胎　$m=3.4\times6.4\times\left(\frac{P}{30}\right)^{4.35}$；

(6)三联轴双胎　$m=3.4\times\left(\frac{P}{30}\right)^{4.35}$。

式中，P 为该型车轴的总轴重(吨)。

高速公路多为沥青路面，上述当量轴次算式用于以设计弯沉值为指标及沥青层层底拉应力的验算。

省(市)的道路负荷分布是把各个路段的标准轴载当量轴次汇总在省(市)高速公路路网上。

9. 交通量分布

2010 年公路交通情况调查车型(按《公路工程技术标准》(JTG B01—2003))是以货车载货量和客车座位数为特征值来划分的，其中与高速公路有关的车型划分见附表 10。

高速公路有关的交调车型　　附表 10

序　号	车　型	特　征　值	当量标准小客车换算系数
1	小型客车	≤19 座	1.0
2	大型客车	≥20 座	1.5

续上表

序　　号	车　　型	特　征　值	当量标准小客车换算系数
3	小型货车	载货量≤2 吨	1.0
4	中型货车	>2 吨,≤7 吨	1.5
5	大型货车	>7 吨,≤14 吨	2.0
6	特大型货车	>14 吨	3.0
7	拖挂车		3.0
8	集装箱车		3.0

把交通量调查客车分类阈值与部标《收费公路车辆通行费车型分类》(JT/T 489—2003)(见附表 2)对照后,高速公路客车交通量的当量标准小客车换算系数可按附表 11 计算。

高速公路客车的当量标准小客车换算系数　　附表 11

收费车型	座位数	交通车型	当量标准小客车换算系数
Ⅰ型	≤7	小型客车	1.0
Ⅱ型	8～19	小型客车	1.0
Ⅲ型	20～39	大型客车	1.5
Ⅳ型	≥40	大型客车	1.5

在附表 2 中一些省(市)收费客车车型划分与部标(JT/T 489—2003)有出入,但是也可以参照部颁标准划分。

整理出各个轴型货车的重车载货量与交通量调查货车分类阈值对照后,高速公路货车交通量的当量标准小客车换算系数可按附表 12 计算。

2010 高速公路货车的当量标准小客车换算系数　　附表 12

轴　型	2010 年实载货车载货量(吨)	轴数	交调车型	当量标准小客车换算系数
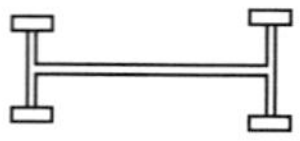	1.60～2.19	2 轴 4 胎	小型货车	1.0
	4.5～5.70	2 轴 6 胎	中型货车	1.5
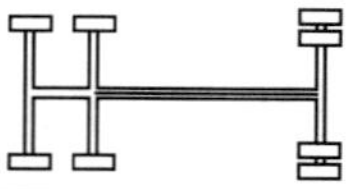	11.32～14.30	3 轴单车	大型货车	2.0
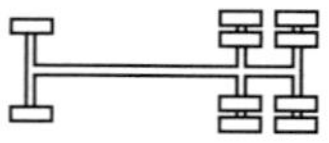	11.92～14.65			
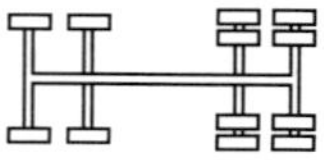	17.66～23.92	4 轴单车	特大型货车	3.0

续上表

轴　型	2010 年实载 货车载货量(吨)	轴数	交调车型	当量标准小客车 换算系数
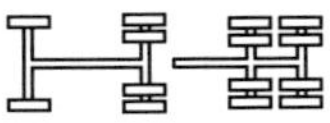	15.00～18.96	4 轴半挂列车	拖挂车、集装箱车	3.0
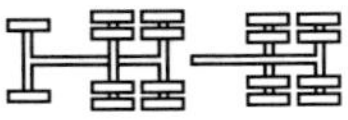	20.98～26.23	5 轴半挂列车		
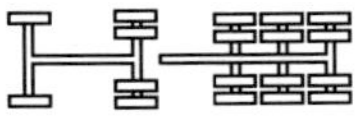	24.88～32.30			
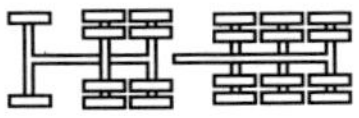	28.24～34.41	6 轴半挂列车		
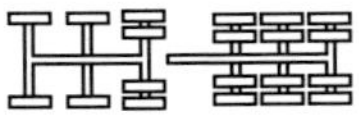	29.87～35.24			

省(市)的交通量分布是把各个路段(含重车和空车)的标准小客车当量车次汇总在省(市)高速公路路网上。